羅光全書

冊廿六

福音生活

宗徒訓示

臺灣學生書局印行

冊廿六 總目錄

廿六之一 福音生活

2. 價值觀…………………………………………一四

三、耶穌基督……四九

廿六之二 宗徒訓示

二、傳報救恩

四、救恩生活……三八七

五、救恩工作……四二三

六、永生幸福

羅光全書

冊廿六之一

福音生活

臺灣學生書局印行

詮釋者的話

政治人、明星、大學生都誠懇地在尋人生的燈塔，也嚴肅地實行求靜。耶穌的福音在人海中發射光明，可以引領航道。

日常事務卻繁雜，沒有捧讀福音反省的時間。一本小冊，揀錄了耶穌的訓言，分類排編，每條加有簡單的詮釋，正是大家所需要的幫助。我就十分虔誠地把這本小冊，獻給大家。

福音生活

目錄

二、天父……………………………二九

九、力行

一、人生的目的

1. 永生

人生有什麼目的？

耶穌說：「『你要以全部的心志、情感，和理智愛主──你的天主。』這是第一條最重要的誡命。第二條也一樣重要：『你要愛鄰人，像愛自己一樣。』梅瑟全部的法律和先知的教訓都是以這兩條誡命為根據的。」（馬竇福音 第二十二章第三十七──四十節）

耶穌說：「第一重要的就是：『以色列啊，你要聽！主──我們的天主是唯一的主。你要以全部的心志、情感、理智，和力量愛主──你的天主。』其次是

：『你要愛鄰人，像愛自己一樣。』沒有其他的誡命比這兩條更重要的了。」（馬爾谷福音 第十二章第二十九節）

要看生命由何而來

宇宙萬物不能是自有的，且也不能自己繼續存在，需要由天主創造，由天主支持和照顧。我們人更是天主按自己的肖像造的，又被天主立爲萬物的統馭者，利用萬物爲發展人的生命，天主對於人特別鍾愛。中國易經說『天地之大德曰生。』宋朝理學家朱熹說『上天有好生之德。』整個宇宙顯示天主的愛。每個人的一生，更是在天主的愛中成長。雖然人的一生，有許多痛苦；痛苦也是天主爲玉成人的人格。

耶穌指明人生的目的，在於全心全力愛慕天主。愛天主，是愛宇宙萬物的創造者，愛我們生命的根源，愛我們生命的主人，愛我們生活的監護者，愛一切恩愛的施主；更是愛我們生命的歸宿。

人按天主肖像而造

宇宙被造以前，道已經存在。道與天主同在；道是天主。在太初，道就與天主同在。天主藉著他創造萬有；在整個創造中，沒有一樣不是藉著他造的。道就是生命的根源，這生命把光賜給人類。光照射黑暗，黑暗從來沒有勝過光。（若望福音 第一章第一—五節）

道是聖言，是天主認識自己的知識，是天主的智慧，是天主的理想；稱爲天主的肖像，天主的聖子。

天主用自己的理想—聖言創造了宇宙萬物，又按照自己的理想造了人；所以說人是按照天主的肖像造的，人相似天主。聖言就是生命的根源，生命就是愛，愛就是光明，天主造人，是使人分享祂的生命；這一切都是愛、是施予，不是接受。

愛是交流的，萬物中祗有人相似天主，可以有愛的意識；知道愛，願意愛，接受天主的愛，可以回答天主的愛。人生的目的，所以是全心全力愛天主。

救主

我來的目的是要使他們得生命，而且是豐豐富富的生命。（若望福音 第十章 第十節）

天主第二位聖子降生成人，稱爲耶穌，作人類的救主，號稱基督。

耶穌基督乃天主聖言，是宇宙萬物的創造者，是生命根源。祂降生人世，給人帶來更豐富的生命。祂把祂自己的天主性生命給予人，使人成爲祂的弟兄，成爲天主的義子。人，具有從父母來的本性生命，又具有從基督來的神性生命。天主造人時，造一男一女，心身純潔，赤誠坦白，享有不死的恩惠。但是舊約聖經記載天主給他們一個考驗，看他們服從不服從。若服從，子孫萬代跟他們一樣享福；若不服從，則變爲天主的仇敵，喪失一切特恩，常傾於惡。他們沒有勝過考驗，脫離天主，喪失了天主的恩惠，又不能達到生命的歸宿。最後天主派遣聖子降生。救贖人類，引人歸向天主，成爲天主的義子。

人的生命，稱爲永生

時刻已經到了，求你榮耀你的兒子，好使兒子也榮耀你。你把管理全人類的權柄給了他，好使他把永恆的生命賜給你所付託給他的人。認識你是唯一的眞神，並且認識你所差來的耶穌基督，就是永恆的生命。我已經在地上榮耀了你；我已經完成了你所付託給我的使命。（若望福音　第十七章第一—四節）

神性的生命是永恆的生命，稱爲永生。

耶穌基督在蒙難被釘死的前一晚，跟十二宗徒遵照梅瑟（摩西）所定的典禮舉行「巴斯卦」晚餐。向宗徒們作了長篇的談話，好似一篇遺囑。在結束談話時，祂向天父祈禱，祂說：祂已經完成了父所付託給祂的使命，祂將受苦受辱，被冤枉釘死十字架。在受辱以後，聖父要光榮祂，而把統治宇宙的權交給了祂。

耶穌基督爲光榮聖父，把永恆的生命，賜給信徒。永恆的生命是『認識聖父爲唯一的天主，和祂所派的救主』基督所賜的生命爲心靈的生命，心靈的生命爲知和愛。認識而又愛天父和基督就是永恆的生命，在現世開始，在來生完成。

永生來自救主基督

正好像梅瑟在曠野舉起銅蛇，人子必須被舉起，要使所有信他的人都得到永恆的生命。天主那麼愛世人，甚至賜下他的獨子，要使所有信他的人不至於滅亡，反而得到永恆的生命。因為天主差遣他的兒子到世上來，不是要定世人的罪，而是要藉著他來拯救世人。（若望福音 第三章第十四——十七節）

舊約聖經記載以色列民族在曠野時，曾遭到火蛇的攻擊，很多人被咬死，天主啓示梅瑟（摩西）打造一條銅蛇，懸在柱子上，舉首望銅蛇的人就可痊癒。耶穌說這銅蛇象徵祂，祂將被舉起釘在十字架上，瞻望祂而信祂的人，必得永恆的生命。

人的生命，是身體和心靈結合一體的生命。人死時，身體的生命就絕了，靈魂仍然存在。然而靈魂也是受造物，自己不能回歸生命根源的造物主；而且因著原始祖宗不服從天主而與天主為仇，更不能回歸天主。耶穌基督受難被釘死，代人贖罪，使人和天主和好，又以自己的生命賜給人。人的心靈加上基督的生命，乃能有認識而愛天主的永生。

由基督而走入永生

耶穌說：「我就是道路、眞理、生命；要不是藉著我，沒有人能到父親那裡去。你們既然認識我，你們也會認識我父親的。從此，你們認識祂，你們已經看見祂了。」（若望福音　第十四章第六節）

人不能夠從宇宙萬物真正認識天主，天主是絕對無限的，是不可見不可聽到的。老子說「道」不可認識，乃稱爲「無」。人更不能升入天主的生命裡，享有天主的生命。祇有耶穌爲天主聖子，和天主同性同體，祂才能教人認識天主，提攜人進入天主的生命。耶穌所以向宗徒們說：祂是走向天父的道路，祂啓示天主的真理，祂賜給神性的生命。

基督教給人的道路，是祂的福音。三年的工夫，祂講授永生之道，又以靈蹟作證。福音收集了祂的教訓，從福音裡我們知道天主爲我們的天父；我們知道天父的最大誡命是愛天主在萬有之上，及愛人如己；我們知道在生活裡，必須忍受痛苦，背著十字架跟隨基督走；我們知道基督常照顧我們；我們知道死亡不能毀滅生命，祇是把暫生改爲永生。

由聖洗而取得神性生命

耶穌回答：「我鄭重地告訴你，人要不是從永和聖神重生，就不能成為天主國的子民。人的肉身是由父母生的，他的靈性是由聖神生的。不要因為我說：『你必須重生』而驚奇。風隨意吹動，你聽見它的聲音，卻不知道它從哪裡來，往哪裡去。凡從聖神生的，也都是這樣。」（若望福音 第三章第五──八節）

耶穌基督賜給人天主神性的生命，經過聖洗而賜給，耶穌在離世升天以前，吩咐宗徒們去全世界宣報救恩的福音，信而領洗的人便能得救。

聖洗典禮在外面的儀式，是用水，用一句「因父及子及聖神之名，給你授洗」的言詞。在內面的意義，則是天主聖神赦人的罪，賜給神性生命，又賜給人信望愛三德。人領洗，稱為重生或新生，即是在父母所給的生命外，取得耶穌的神性生命。神性生命為心靈的生命，為認識和愛天主的生命。領了洗，人的本性生命未變，人的心則能因著信仰而愛天主，接受天主的誡命，參加教會的團體。

基督以血肉養育神性生命

耶穌對他們說：「我就是生命的食糧；到我這裡來的，永遠不餓；信我的，永遠不渴。但是我對你們說過，你們已經看見了我，仍然不信。凡是父親所賜給我的人都會到我這裡來。到我這裡來的，我絕對不會拒絕他，因為我從天上下來，不是要憑我自己的意思行事，而是要實行差我來那位的旨意。差我來那位的旨意就是：要我保守他所給我的人，連一個也不失掉，並且在末日要使他們復活。因為父親的旨意是要使所有看見兒子而信他的人獲得永恆的生命；在末日，我要使他們復活。」

耶穌對他們說：「我鄭重地告訴你們，如果你們不吃人子的肉，喝他的血，你們就沒有眞生命。吃我肉，喝我血的，就有永恆的生命；在末日我要使他復活。我的肉是眞正的食物，我的血是眞正的飲料。那吃我的肉，喝我的血的，常在我生命裡，而我也在他生命裡。永生的父親差遣了我，我也因祂而活；同樣，吃我肉的人也要因我而活。這就是從天上降下來的食糧；那吃這食糧的，要永遠活著。這食糧不像你們祖先吃過的，他們吃了，還是死了。

」（若望福音 第六章第三十五—四十節、第五十三—五十八節）

耶穌用血肉養育我們的神性生命，祂說人要吃祂的肉，喝祂的血

耶穌的這一番話，誰聽了也會說太生硬，祂怎麼可以把自己的肉給信徒們吃，把自己的血給信徒喝呢？可是祂卻不因爲聽眾裡有許多人離開了祂，就改變了口氣；而且還問十二宗徒是不是也要離開？不過，祂加了一種解釋，祂所說的肉和血，不是肉體的血肉，而是精神性的血肉，是祂被釘死而復活以後，祂的精神性體的血肉。這樣祂使信從的人得到永恆的生命又得到發育永恆生命的能力。

我們衷心感激耶穌基督對我們的愛心，我們誠心相信祂的許諾已經實現。我們用當日，聖伯鐸答覆主的話「祇有祢有生命之道。」

基督實現祂的許諾，以血肉作我們的飲食

他們吃飯的時候，耶穌拿起餅來，先獻上感謝的禱告，然後掰開，分給門徒，說：「你們拿來吃；這是我的身體。」

接著，他拿起杯來，向天主感謝後，遞給他們，說：「你們都喝吧；這是我的血，是印證天主跟人立約的血，為了使許多人的罪得到赦免而流的。我告訴你們，我絕不再喝這酒，直到我跟你們在我父親的國度裡喝新酒的那一天。」他們唱了一首詩，就出來，到橄欖山去。（瑪竇福音　第二十六章第二十六—五十節）

被釘死的前一晚，耶穌知道自己要離開人世了，就同十二宗徒舉行巴斯卦晚餐。當以色列民族在埃及爲奴天主派遣梅瑟（摩西）申請埃及王釋放以色列人，埃及王不許，天主多次顯靈，最後，在一夜中殺死了埃及全國人畜的頭胎，埃及太子也被殺，埃及王才放以色列人出國。在殺埃及人畜頭胎的夜晚，天主命以色列人每家殺一羔羊，以羊血塗門楣，以火烤羊闔家吃羊肉，奉天主命殺埃及人畜頭胎的天使，看見門限有羊血，便過門不入，家中頭胎因

得保全。以色列人代代乃舉行這種吃烤羊肉的晚餐，稱爲巴斯卦節。這種巴斯卦的羔羊，象徵基督，祂被釘死，祂的血贖人的罪，使人免遭永遠死亡的大禍。所以祂在受難的前一晚，舉行了巴斯卦晚餐，在晚餐裡，使麵餅變成祂的肉，使葡萄酒變成祂的血，分給了宗徒們，吩咐他們以後照樣舉行分餅禮。

基督創立了彌撒祭祀，祝聖了新約的司祭

他們吃飯的時候，耶穌拿起餅來，先獻上感謝的禱告，然後擗開餅，分給門徒，說：「你們吃；這是我的身體。」他又拿杯來，向天主感謝後，遞給他們；他們都喝了。耶穌說「你們都喝吧；這是我的血，是印證天主跟人立約的血，為了使許多人的罪得到赦免而流的。我告訴你們，我絕不再喝這酒，直到我跟你們在我父親的國度裡喝新酒的那一天。」他們唱了一首詩，就出來，到橄欖山去。（馬爾谷福音 第十四章第二十二—二十六節）

在巴斯卦晚餐裡，耶穌變麵餅爲祂的體，變酒爲祂的血，體血分開就是死亡，如同在加爾瓦略山上作死亡的犧牲，作贖罪的祭祀。基督又吩咐門徒將來照樣去做。授給宗徒和繼承人舉行祭祀的權，爲新約的專任司祭。其他信仰基督和基督結成一體的人，都分有基督的司祭身份，奉獻自己的祈禱和克苦。

我們參與彌撒聖祭，是參與重新舉行當日加爾瓦略山的十字祭祀，基督把自己的血和身體分開，祭祀天父，替人贖罪，崇拜聖父。我們把我們所有艱難困苦，同基督的祭祀相合，一同奉獻。彌撒聖祭中，我們領受基督的聖體，基督和我們的心靈結成一體，充實我們心靈的精神力量，發揚神性的生命。同時，凡是參加聖祭又領聖體的人，都和基督結成一體，彼此也因基督而互相結合爲一體。彌撒聖祭乃是愛的聖事。

2. 價值觀

愛天主在萬有之上

「沒有人能夠伺候兩個主人。他要不是厭惡這個，喜愛那個，就是重視這個，輕看那個。你們不可能同時作天主的僕人，又作金錢的奴隸。」（瑪竇福音 第六章第二十四節）

「沒有人能夠伺候兩個主人，他要不是厭惡這個，喜愛那個，就是看重這個，輕看那個。你們不可能同時作天主的僕人，又作金錢的奴隸。」（路加福音 第十六章第十五節）

我們生活的目的，在愛天主，在追求永生，實際上，一般人所追求的在於自己的享受，追求有錢；錢可以買到供人享受的一切。孔子曾教訓人：錢可以拿，才拿；不可以拿，就不拿。又教人要像顏回，住在陋巷裡，窮得吃乾飯喝清水，心裡卻因修德而快樂。

耶穌教訓人，在金錢和天主之間，祇能選擇一項，選擇愛天主。清心寡慾，知足常樂。金錢並不是罪惡，但作金錢的奴隸，服侍金錢，則造成罪惡。我們的心靈是精神，必要歸向絕對精神的天主。

眞福不變

「你們不要在地上為自己積蓄財寶，因為在地上有蟲蛀，有鏽蝕，在地上也有賊挖洞偷竊；但該在天上為自己積蓄財寶，在那裡沒有蟲蛀，沒有鏽蝕，那裡也沒有賊挖洞偷竊。因為你的財富在那裡，你們的心也必在那裡。」（瑪竇福音　第六章第十九—二十一節）

世上沒有一種東西長存不變的。宋朝有名詞人辛棄疾曾作浪淘沙詞說：『身世酒杯中，萬事皆空。古來三五個英雄，雨打風吹，何處是漢殿秦宮？夢入少年叢，歌舞匆匆。老僧夜半誤鳴鐘，驚起西窗眠不得，捲起西風。』人事的變遷有如西風捲落葉，皇帝英雄，市販走卒，都過去了，沒有蹤跡。少年的歌舞，也像一陣夢。人們心裡所留下的，常是愁，古來詩人乃藉酒消愁；然而用酒消愁，愁更愁。若是想積蓄財寶，到頭來，都是一場空，死的時候，什麼都不能帶走。

追求天主的人，生命歸向天主。天主是愛，他便因愛天主而愛人。對於家庭是愛，對於社會是愛，對於國家是愛，對於人類是愛，對於萬物也都是愛。因愛天主而愛人愛物，他的心常在天上，世物的變遷，對他沒有關係，心靈常安寧。

精神比物質更可貴

「天國好比財寶藏在田地裡。有人發現了，就把它掩蓋起來，然後很高興地把自己所有的都變賣了，去購買那塊田地。」
「天國又好比一個商人尋找貴重的珍珠。當他發現了一顆極貴重的珍珠，就去賣掉他所有的一切，來購買那顆珍珠。」
「天國又好比魚網撒在湖裡，捕捉各樣的魚類。網一滿，漁夫把它拉上來，坐在岸上，把魚兒分類，揀好的放在桶裡，壞的就扔掉。世界的末日也像這樣：天使要出去，從好人中把壞人分別出來，投在炎熱的火爐裡。在那裡，他們要哀哭，咬牙切齒。」（瑪竇福音　第十三章第四十四—四十九節）

天國爲天主的國，爲信仰天主而有分享天主的聖善和永生的權利。

選擇天國，是選擇天主的規誡，堅守不諭，絕不爲取得世上的事物而違背。選擇天國，是選擇耶穌的教訓，遵守福音的勸諭。選擇天國，是選擇精神的美善，不爲世物而予以放棄。

天國由信仰建立；爲取得基督的信仰，應該不辭辛勞，不怕危險，不畏犧牲。爲保持信仰，更要不懼權威，不屈於政治勢力。在羅瑪皇帝強迫信徒背教時，成千成萬的信徒，殉難成仁。我們中國教會在拳匪和共黨迫害教會時，也有成千的信友，寧死不屈，爲信仰而殉身。

人世間的誘惑

那時耶穌被聖神領往曠野為受魔鬼的試探。他四十天四十夜禁食，後來就餓了。試探者就前來對他說：「你若是天主子，就命這些石頭變成餅罷！」他回答說：「經上記載：『人生活不只靠餅，而也靠天主口中所發的一切言語。』」那時，魔鬼引他到了聖城，把他立在殿頂上，對他說：「你若是天主子，就跳下去，因經上記載：『他為你吩咐了自己的天使，他們要用手托著你，免得你的腳碰在石頭上。』」耶穌對他說：「經上又記載：『你不可試探上主，你的天主！』」魔鬼又把他帶到一座極高的山上，將世上的一切國度及其榮華指給他看，對他說：「你若俯伏朝拜我，我必把這一切交給你。」那時，耶穌就對他說：「去罷！撒殫！因為經上記載：『你要朝拜上主，你的天主，唯獨事奉他。』」於是魔鬼離開了他，就有天使前來伺候他。（瑪竇福音 第四章第一——十節）

耶穌在開始傳道時，先在曠野裡獨自祈禱，守齋，克苦。四十天後，覺得饑餓。誘惑者惡魔向耶穌建議說：先把石頭變成饅頭充飢；再從耶路撒冷城中聖殿的高塔跳下，絲毫不傷，引人驚奇，贏得擁戴；然後從高山遠眺世界，向惡魔致敬，就取得統治一切國家的權力。

耶穌答說：人不單靠飽食以維持生命，須遵守天主聖言所定規律；人不可以冒險僥倖，要求天主顯靈，以奇蹟炫耀世人；人祇能敬拜天主，不能拜惡魔以取權力。這三種誘惑：身體的享受，作秀以取名，以鬼計奪權，就是人們常遇到的誘惑，也是惡魔的欺騙。我們要答覆說：「惡魔，走開，我只敬拜主，我的天主。」

有錢的人難進天國

耶穌剛要上路，有一個人跑過來，跪在他面前，問他：「良善的老師，我該做甚麼才能夠得到永恆的生命呢？」

耶穌問他：「你為甚麼稱我為良善的呢？天主以外，再也沒有良善的。你一定曉得這些誡命：『不可殺人；不可姦淫；不可偷竊；不可作假證；不可欺詐；要孝敬父母。』」

那個人回答：「老師，這一切誡命我從小就都遵守了。」

耶穌定睛看他，心裡很喜愛他，就說：「你還缺少一件，去賣掉你所有的產業，把錢捐給窮人，你就會有財富積存在天上；然後來跟從我。」那個人聽見這話，臉色變，垂頭喪氣地走了，因為他很富有。耶穌環視左右的門徒，對他們說：「有錢人成為天主國的子民是多麼難哪！」

門徒聽這話大感驚奇；但是耶穌又說：「孩子們哪！要成為天主國的子民是多麼難哪！有錢人要成為天主國的子民，比駱駝穿過針眼還要難！」

這時候，門徒更為驚訝，彼此對問：「這樣說來，有誰能得救呢？」

耶穌定睛看他們，說：「人是不能；天主則不然；因為在天主，萬事都能。」

（路加福音　第十九章第十八—二十七節）

富貴，人們常苦心追求，求得了以後，又要苦心保守。富貴好比白髮三千丈，三千煩惱擾人心。中國古代聖賢，如同孔子孟子都教訓人莫貪富貴。

耶穌則更教訓人說富貴是禍，富貴阻人進入天國；因爲富貴有錢，錢是物質，天國是精神，心裡堆滿了物質，進不了精神國度。但若手裡有錢心卻不放在錢上，他的心則可以進入精神國度。我們教會的歷史上，有好幾位國王和王后也被奉爲聖人。一切都在於人的心。耶穌曾經說過：『你的寶藏在那裡，你的心也在那裡。』你的心把富貴看作你的寶藏，心常牽在富貴上，心常牽掛現世的世物，便離開精神，離開天主。你的心若把天主作爲自己的寶藏，心常念著天主，用金錢和爵位爲愛天主愛人，則可以進天國，但這種事很難，所以基督說：還是變賣一切，棄捨一切，一無牽掛，全心事奉天主。

要怕失掉精神的生命

「所以，不要怕人，一切隱藏的事都會被張揚出來，秘密的事也會被洩露。我在暗中所告訴你們的，你們要在光天化日之下說出來；你們私下聽到的話，也要當衆宣佈。那只能殺害肉體、卻不能殺滅靈魂的，不用害怕；要懼怕的是天主，只有他能把人的肉體和靈魂都投進地獄。兩隻麻雀固然用一個銅錢就買得到，但是你們的天父若不許可，一隻也不會掉在地上。

至於你們，連你們的頭髮也都數過了。所以不要怕，你們比許多麻雀要貴重得多呢！」（瑪竇福音 第十章第二十六—三十一節）

要怕失掉精神的生命，不怕失掉物質的生命

生命是人最貴重的物件，而且就是人自己；丟了生命，人就沒有了。所以人最怕失掉自己的生命。但是孟子說人還有比生命更貴重的東西，那就是仁義；所以要殺身成仁，捨生取義。使人失落身體生命，是人世間的威力，或是國家的權力，或是私人的暴力。使人失落心靈生命，是天主的裁判，按人的罪惡，罰受永遠的痛苦。人該怕的不是人世的威力，該怕天主的裁判。

天主的裁判，根據人的善惡，害怕天主的裁判，就要行善避惡。

慎重答應天主的召喚

耶穌又用比喻對他們說：「天國好比一個國王為自己的兒子預備婚宴。他派遣僕人去催促他所邀請的客人來參加婚宴，可是他們不願意來。他再派遣另一批僕人出去，吩咐他們告訴客人：『我的筵席已經擺好了，公牛和肥畜都宰了，一切俱備，請你們來赴宴。』可是，那些被邀請的客人還是不加理會，各忙各的：一個到田裡去，一個去看自己的舖子，其餘的抓住那些僕人，拳打腳踢，把他們殺了。國王大為震怒，派兵去除滅那些兇徒，燒毀他們的城市。然後他對僕人說：『我的筵席已經擺好，但是先前所邀請的人不配享受。現在你們到大街上去，把碰到的人統統請來赴宴。』於是僕人到街上去，把看到的人，無論好壞都請來，使喜堂上坐滿了客人。「國王出來會客的時候，看見一個人沒有穿喜宴的禮服，就問他：『朋友，你到這裡來怎麼不穿禮服呢？』那個人一言不答。國王就吩咐僕人：『把他的手腳都綁起來，扔到外面的黑暗裡。在那裡，他要哀哭咬牙切齒。』」（瑪竇福音　第二十二章第一—十三節）

台灣剛光復時，民生貧苦，我們教會向大家宣講耶穌福音，慷慨賙濟貧家。聽道的人很擁擠，領洗進教者成百成千。過了三十年，台灣經濟奇蹟出現了，人民都忙著賺錢，忙著享受。我們教會仍舊向大家宣講福音，但是來聽的人聊聊無幾，有如天亮時的幾顆星晨。已經領洗的人也都忙著自己求錢求名求位，不管自己的宗教生活。

耶穌的婚宴比喻早已預先說到這種情景了！基督講道時，就說被派遣向窮苦人講道。接受福音的人，要有婚宴的禮服就是爲接受基督信仰，而不是爲現世日常生活的需要而來。

政教分離

法利賽人出去，彼此商議要怎樣從耶穌的話找把柄來陷害他。他們差派了自己的徒弟，會同希律黨黨徒去見耶穌，問他：「老師，我們知道你是誠實的人；不管人怎麼想，你總是忠實地把天主的道教導人，因為你不看情面。請告訴我們，向羅馬皇帝凱撒納稅是否違背我們的法律呢？」

耶穌知道他們的惡意，就說：「假冒為善的人哪，為甚麼想陷害我？拿一個納稅用的銀幣給我看吧！」

他們給他一個銀幣。耶穌問他們：「這面像和名號是誰的？」

他們回答「是凱撒的。」

於是耶穌對他們說：「那麼，把凱撒的東西給凱撒；把天主的東西給天主。」

他們聽見這話，十分驚訝，就離開他走了。（瑪竇福音　第二十三章第十五—二十二節）

權責分明，該歸誰的就歸誰，社會上常喊政教分離，教會不干涉政治，基督自己早已訂下了這項原則。法利賽人給耶穌出了一個政治問題。若答說該給凱撒完稅，就被指罵爲賣國賊；若答說不該給凱撒完稅，就被控告反對羅馬皇帝。卻不料耶穌宣佈了一項原則，作了千古不變的定律。私人的生活，有宗教生活，有平日工作生活，兩者要平衡。不要星期日因出遊而不進教堂參加彌撒或禮拜，也不要因進教堂而拋開家裡的病人。

社會生活，有屬於天主的，有屬於政府的。倫理道德是屬於天主的，不能因政府的法律或政策而違背；國家建業，社會安全和政府體制，是屬於國家的，不該因宗教信仰而加以反抗。

政府不干涉宗教，宗教不參與政治。

無錢一心輕

「你們這小小的一群，不要害怕，因為你們的父親樂意把他的國賜給你們。要賣掉你們所有的，把錢賙濟窮人；要為自己預備不會破損的錢袋，把財寶存在天上。在那裡，財寶是使用不盡的；因為盜賊偷不到，也沒有蟲蛀蝕。你們的財寶在哪裡，你們的心也在那裡。」（路加福音 第十二章第三十二—三十四節）

美國波斯頓教區曾送給田耕莘樞機一尊貴重的聖爵，爵身爲金質，周圍鑲了近一百顆細小的鑽石。在歷史博物館展覽一次，後來藏在主教公署就被賊偷了。我痛惜，心裡卻輕鬆了，不常掛念聖爵，怕被失掉，因此，我自己有幾件友人送的胸佩金質十字和戒指，嵌有貴重寶石，不能放在輔仁大學天主教文物館，怕被賊偷，便贈給故宮博物院。有寶藏，心多煩惱。在生活中飯飽衣暖，心滿意足，可享心神安寧的幸福，心靈可以升向天主，發揚精神的生命。生活有剩餘，把金錢物品，捐給社會福利事業，賙濟貧乏。這點愛心，天主會很看重。絕不會使你因幫助別人而自己受窮苦。人可以缺少正義感，天主是正義的主人。對於愛心惡心，決不輕易放過。祂的賞罰是永福永苦。

二、天　父

認識天父是我們的幸福

就在這時候，耶穌在聖神的感動下充滿著歡樂，說：「天父啊！天地的主，我感謝你，因為你向聰明、有學問的人所隱藏的事，卻向沒有學問的人啓示出來。是的，父親啊，這樣的安排都是出於你的美意。

「父親已經把一切都給我了。除了父親，沒有人知道兒子是誰；除了兒子和兒子所願意啓示的人，也沒有人知道父親是誰。」

於是耶穌轉身向著門徒，悄悄地對他們說：「你們能看見這一切是多麼幸福啊！我告訴你們，許多先知和君王想看你們所看見的，卻沒有看到，想聽你所聽見的，卻沒有聽到。」（路加福音　第十章第二十一—二十四節）

耶穌三年講道，特別宣講天父的愛，使人們稱呼天主爲「父」。耶穌基督爲天主聖子，和聖父同性同體，祇有祂認識聖父。聖父深愛聖子，也喜歡人們認識聖子，愛敬聖子。爲重建人類，爲再立宇宙的秩序，聖父把主管宇宙人物的權，交給聖子。人世的人，多自命不凡，看天父和聖子的宣召，視爲不屑關心；天父卻宣召謙遜和赤子心情的人，立爲天國的子嗣。我們接受天父宣召，體驗天父的慈愛，認識聖父，認識聖子，我們才真是有福的人。

天主經

「你們禱告的時候，不可像異教徒，用許多重複、沒有意義的話。他們以為只要長篇大論，天主就會垂聽。不可像他們那樣；在你祈求以前，你們的天父已經知道你們所需要的。因此，你們要這樣禱告：

我們在天上的父親；
願人都尊崇你的聖名；
願你的旨意實現在地上，

如同在天上一樣。
賜給我們今天所需要的飲食。
饒恕我們對你的虧負，
正如我們饒恕了虧負我們的人。
不要讓我們受誘惑的考驗；
救我們脫離那邪惡者的手。
你們饒恕別人的過錯，你們的天父也會饒恕你們；你們不饒恕別人的過錯，
你們的天父也不會饒恕你的過錯。」（瑪竇福音　第六章第七－十五節）

最高妙的一篇祈禱文！最平實的一篇祈禱文！

我們所禱告的，是巍巍在天的上帝，以往黃帝拜祭上天自稱小子，我們則稱呼上帝爲「天父」。懷著「大孝尊親」的心情，求天父的聖名，受大家的尊敬，求使大家誠心接受天父的教訓，求使天父的精神主宰人們的心靈，求使人們俯首遵行天父的意旨，克守規誡。爲我們自己祇求每天的食糧，再求天父寬赦我們的過犯，許下同時也寬恕我們的弟兄，最後祈求，使我們不受邪惡的誘惑，脫免一切的危害。

天主和人的關係，乃父子的關係，乃愛心的關係。

誠心依賴天主

「沒有人能夠伺候兩個主人。他要不是厭惡這個，喜愛那個，就是重視這個，輕看那個。你們不可能同時作天主的僕人，又作金錢的奴隸。」

「所以我告訴你們，不要為了生活上所需的飲食，或者身上所穿的衣服操心。難道生命不比飲食重要？身體不比衣服重要嗎？你們看天空的飛鳥：牠們不種不收，也不存糧在倉裡，你們的天父尚且飼養牠們！你們豈不比鳥兒更貴重嗎？你們當中又有誰能夠藉著憂慮多活幾天呢？」

「為甚麼要為衣服操心呢？看看野地的百合花怎樣生長吧！它們既不工作又不縫衣；可是我告訴你們，甚至像撒羅門王那樣的榮華顯赫，他的衣飾也比不上一朵野花那樣的美麗。野地的花草今朝出現，明天枯萎，給扔在火爐裡焚燒，天主還這樣打扮它們，他豈不更要賜衣服給你們嗎？你們的信心太小了！所以，不要為你們吃的、喝的，或穿的操心；這些事是不信的人所追逐的。你們的天父知道你們需要這一切東西。你們要先追求天主主權的實現，遵行他的旨意，他就會把這一切都供給你們。因此，你們不要為明天憂慮，

明天自有明天的憂慮；一天的難處一天擔當就夠了。」（瑪竇福音 第六章第二十四－三十四節）

今天，大家所操心的，在於豐衣，美食，娛樂，華屋。想法取得，心靈便煩惱。取得了怕失落，心靈不安。失落了，心靈便痛苦。人心那能安定快樂呢？簡樸一點，有了適合自己的衣食住，心靈滿足不多貪。想到一切都是天父的恩賜，歡心予以接受。不受世物變幻的牽連，生活安定又幸福。

在鄉間，在山上，我們看到樹木花草，小鳥，蝴蝶，自然生長悠然快樂，中國古代詩人，常以自然美景，配合自己的感情，自然美景乃是天父的愛。

天父的愛心

「你們祈求，就得到；尋找，就找到，敲門，就給你們開門。因為凡祈求的，就得到；尋找的，就找到；敲門的，門就開了。你們當中有誰，兒子要麵包，卻拿石頭給他？要魚，卻拿蛇給他？你們雖然邪惡，還曉得拿好東西給自己的兒女，你們在天上的父親豈不更要把好東西賜給向他祈求的人嗎？」

（瑪竇福音 第七章第七—十一節）

兒女和父母，現在因著代溝，彼此不溝通；又因著工作，彼此少見面，兒女和父母形成了陌生人。兒女心中有事，不向父母說，父母祗想自己的職業，忽略照顧自己的兒女；家庭的天倫樂趣，便煙消雲散了。

人們對於天父，更加疏遠，忙自己的事，想自己的計劃，有的根本心中沒有天父的信仰，從未能體驗天父的存在。人的能力有限，更不能是自己生命的主人，生活很多痛苦。爲什麼不能敞開自己的心，請天父降到心中來，事事和祂談。天父非常喜愛誠心依恃祂的人，知道滿足兒子的需求，使兒女幸福。

天父關心我們

「五隻麻雀固然用兩個銅錢就買得到，可是天主一隻也不忘記；就是你們的頭髮他也都數過了。所以，你們不要怕，你們比許多麻雀要貴重多了！」（路加福音　第十二章第六節）

天父看重我們，數清了我們的頭髮，沒有祂的許可，一根也不會掉。掉一根頭髮，小事小小事，天父卻注意，還需有祂的許可。我們每天別的大小事，不更有天父的注意嗎？祂雖掌管宇宙，並不疏忽一隻麻雀，使牠好好地活，難道不關心兒女，叫他們快樂地生活嗎？

祇是我們人不這樣想，我們想自己做一切事，自己要作主人，結果滿心煩惱，天天憂慮，生活好苦！即使有錢有勢，心靈並不安定，不覺得幸福。

自己承認是個受造的人，自己承認不是宇宙的主人翁，三尺頭上有神明，有自己的天父。祂是主人，是宇宙和生命的主人，但祂很愛我們，較比生身的父親還更愛，爲什麼不誠心信賴祂呢？

天父赦罪

耶穌繼續說：「某人有兩個兒子。那小兒子對父親說：『爸爸，請你現在就把我應得的產業分給我。』父親就把產業分給兩兒子。過幾天，小兒子賣掉了分得的產業，帶著錢，離家走了。他到遙遠的地方，在那裡揮霍無度，過放蕩的生活。當他花盡了所有的一切，那地方發生了嚴重饑荒，他就一貧如洗。只好去投靠當地的一個居民；那人打發他到自己的農場去看豬，他恨不得拿餵豬的豆莢充飢。可是，連這個也沒有人給他。最後，他醒悟過來，說：『我父親那兒有許多雇工，他們糧食充足，我反倒在這裡餓死嗎？我要起來，回到父親那裡去，對他說：爸爸，我得罪了天，也得罪了你。我再也不配作你的兒子；請把我當作你的雇工吧！』於是他動身回到他父親那裡去。

「他離家還遠，父親就望見了他。父親心裡充滿愛憐，迎向前去，緊緊地擁抱著兒子，不停地親吻他。兒子說：『爸爸，我得罪了天，也得罪了你；我再也不配作你的兒子。』可是父親吩咐僕人說：『趕快拿最好的衣服給他穿上，拿戒指給他戴上，拿鞋子替他穿上，然後把那頭小肥牛牽來宰了。讓我們設宴慶祝！因為我這個兒子是死而復活，失而復得的。』於是大家歡宴起來。」

「那時候，大兒子正在農場。他回來，離家不遠，聽見音樂和跳舞的聲音。他叫一個僕人過來，問他發生了甚麼事。僕人回答：『你弟弟回來了，你父親看見他無災無病地回來，把小牛宰了。』大兒子非常生氣，不肯進去；他父親出來勸他。他卻對父親說『你看，這些年來，我像奴隸一樣地為你工作，沒有違背過你的命令，你給過我些甚麼呢？連給一頭小山羊讓我跟朋友們熱鬧一番也沒有過。可是你這個兒子，他把你的財產都花在娼妓身上，現在回來，你就為他宰了小肥牛！』父親對他說：『兒啊，你常跟我在一起，我所有的一切都是你的。可是你這個弟弟是死而復活，失而復得的；我們為設宴慶祝是應該的。』」（路加福音　第十五章第十一—三十二節）

耶穌的這個譬喻，令我們心中充滿了安慰，信心和喜樂。我們那一天不開罪天父呢？大過小過總免不了，不是在言行上，便是在心裡思慮感情上；而且漠不關心，沒有什麼罪過感，放心上床睡覺。但是若一個兒子或女兒，白天開罪了父親或母親，晚晌，向他們誠心說一句『對不起，下回不敢了！』父母怎能不高興。我們晚晌回心反省一下，向天父求恕，天父必定開心。

有些青年浪費了天父所賜的智力，所賜的體力，所賜的青春；結果失敗了，人財兩空，心靈苦悶。這時，該振作起來，到聖堂去，向天主悔過求恕，心靈必定平安，得有安慰，得有光明，看清前途，努力自強。

安往永生

約在中午的時候，日光消失了，黑暗籠罩大地，直到下午三點鐘。懸掛在聖殿裡的幔子裂成兩半。耶穌大聲呼喊：「父親哪！我把自己的靈魂交在你手裡。」說了這話，他氣斷而死。（路加福音 第二十三章第四十四—四十六節）

我們一生最痛苦的一刻，最重要的一刻，又是最渺茫的一刻，最昏沈的一刻，就是臨終去世的一刻，結束一生的歲月和工作，邁向永恆的新生。病痛昏迷了理智，訣別僵硬了感情，不知道說什麼，不能夠說什麼！耶穌基督冤枉被釘在十字架上，三小時疼痛深入心底，血流漸盡，唇焦舌乾，口渴難忍。祂喊了一聲口渴，就抬頭向天父說：『父親啊！我將我的靈魂交付在祂手中。』然後垂頭斷了氣。祂在喊口渴以前，把母親瑪利亞托給了愛徒若望。

人在臨終時，沒有旁人，就是至親的人，也不能給與協助。醫生已經束手，親人祇能痛心旁觀，唯一可以協助渡過難關的，有天父，耶穌基督，還有聖母瑪利亞，誠心信賴，安往永生。

光榮天父

「現在我心裡愁煩，我該說甚麼好呢？我該求父親救我脫離這時刻嗎？但是，我正是為此而來，要經歷這苦難的時刻的。父親哪，願你榮耀你的名！」當時，有聲音從天上下來，說：「我已經榮耀了我的名，我還要再榮耀它！」站在那裡的群眾聽見這聲音，就說：「打雷了」另有些人說：「有天使在跟他講話！」

但是耶穌對他們說：「這聲音不是為我，而是為你們發的。現在這世界要受審判；現在世上的統治者要被推翻。我從地上被舉起的時候，我要吸引一切來歸我。」（他這話是指著自己將怎樣死說的。）（若望福音 第十二章第二十七—三十三節）

耶穌被釘在十字架上，犧牲了自己的性命。祂死了，祂的死亡卻是救贖的完成，人們因著祂的死亡，乃能歸向聖父。祂死了，祂愛人類的愛從十字架流出，吸引了無數的人歸向祂，祂願他們歸向天父，光榮天父的聖名。

耶穌在遭難的前日，在最後一次講道時，想到十字架的苦刑，心中煩悶。想求天父免了祂的這椿痛苦嗎？祂知道自己就是爲受這種苦刑而來，以救世人。祂便求天父光榮自己的聖名，天父答說因著聖子的傳道，祂的聖名已經受到榮耀，但還要因著聖子的苦難，繼續榮耀自己的聖名。這是基督的大孝，祂求光榮天父的聖名，我們既因耶穌而成天父的子女，我們也要宣揚天父聖名，以全孝道。

不求自榮

耶穌回答：「如果我榮耀自己，我的榮耀就毫無價值。那位榮耀我的是我的父親，就是你們所說是你們天主的那一位。你們從來不認識他，我卻認識他。如果我說我不認識他，我就跟你們一樣是撒謊者了。可是我認識他，並且遵守他的教訓。你們的祖宗亞伯郎曾歡歡喜喜地盼望著我來的日子；一看見了，他就非常快樂。」（若望福音　第九章第五十四—五十六節）

基督大孝尊親，常求天父的光榮。祂講道，行靈跡，祇是爲榮耀天父，不爲求自己的光榮。但是天父不自私自利，聖子光榮祂，祂也光榮聖子。聖保祿宗徒在致斐里伯人書上說聖父因聖子死在十字架上，「爲此，天主極其舉揚祂，賜給了祂一個名號，超越其他所有名號，致使上天，地上和地下的一切，一聽到基督的名號，無不屈膝叩拜，一切唇舌無不明認基督是主。」

天父是愛，又是正義。我們若能追隨基督，常求光榮天父的聖名，天父必定不會使我們的名字受人輕鄙。但是，我們卻事事求自己的光榮，把自己的名字，把自己的地位放在別人以上。這樣，求自己光榮的光榮，耶穌說毫無價值。而且常引人反感，被人輕視；人們看不起驕傲人。

不屬於世界

「我為他們祈求；我不為世人祈求，而是為你所賜給我的人祈求，因為他們是屬於你的。我所有的，都是你的，你所有的，也都是我的。我的榮耀是藉著他們彰顯出來的。我現在到你那裡去，不再留在世上，他們卻在世上。聖父啊！求你藉著你的名，就是你賜給我的名，保守他們，使他們合而為一，如同你和我是合一的。我跟他們同在的時候，我藉著你的名，就是你賜給我的名，保守他們。我保護他們，其中除了註定滅亡的那個人以外，沒有一個失掉的；這正應驗了聖經的話。現在，我到你那裡去，我還在世上的時候說這些話，為要使他們心裡充滿我的喜樂。我把你的信息給了他們；世人憎恨他們，因為他們不屬於這世界，正如我不屬於世界一樣我不求你從世上把他們帶走，但我求你使他們脫離那邪惡者。正如我不屬於世界。他們也不屬於世界。求你用眞理使他們把自己奉獻給你；你的話就是眞理。正如你差遣我進入世界，我也差遣他們進入世界。為了他們的緣故，我把自己奉獻給你，好使他們也眞誠地奉獻給你。」

「我不但為他們祈求，也為那些因接受他們的信息而信我的人祈求。願他們都合而為一。父親哪！願他們難我們的生命裡；正如你在我命裡，我在你生命裡一樣。願他們都合而為一，為要使世人信我是你所差遣的。你給我的榮耀，我也給了他們，為要使他們合而為一，像我們合而為一一樣。我在他們的生命裡，而你在我的生命裡，為要使他們完全合一，好使世人知道你差遣我，也知道你愛他們，像你愛我一樣。「父親哪！你已經把他們賜給我；我在哪裡，願他們也跟我同在那裡，為要使他們看見你賜給我的榮耀。」（若望福音 第十七章第九—二十四節）

基督遭難的前夕，在最後晚餐結束時，向聖父祈禱，求聖父保護信從祂的人，不染世俗污穢，與祂結合為一體。信從基督的我們，是天父的子女；我們當然活在世俗裡，不逃避世界；但是我們信從基督，基督不屬於世俗，而是屬於天父，我們也就屬於天父。飲食，衣服，住宅，和其他的事物，用為維持我們生命；我們的生命則不屬於世界，而屬於天父，由祂主宰。天父把主宰的權交給了基督，我們信從基督的人，和基督結成一體，我們所體驗的，不是基督的主宰，而是基督的愛，基督本和聖父結成一體，信從基督的我們，我們在基督的生命裡，也就進入天父的生命裡，我們彼此的生命也因而彼此相結合。這種生命乃是愛的生命，愛天主，愛人。

效法天父

接著，耶穌對他們說：「我鄭重地告訴你們，兒子憑著自己不能做甚麼；他看見父親做甚麼，才做甚麼。父親所做的，兒子也做。父親愛兒子，把自己所做的指示兒子。他要把比這更重大的事指示兒子，要使你們驚奇。父親怎樣使已經死了的人復活；同樣，兒子也要隨著自己的意思賜生命給人。父親自己不審判人；他把審判的權交給兒子，為的要使人都尊敬兒子，像尊敬父親一樣。那不尊敬兒子的，就是不尊敬差遣他來的父親。

「我鄭重地告訴你們，那聽我話，又信差我來的那一位的，就有永恆的生命。他不至於被定罪，而是已經出死人生了。我鄭重地告訴你們，時刻將到，現在就是了，已死的人要聽見天主兒子的聲音；那聽見的，都要活過來。正如父親本身是生命的根源，他也使兒子成為生命的根源。他又把審判的權賜給兒子因為他是人子。你們不要為這事驚訝；因為時刻將到，所有在墳墓裡的人都要聽見他的聲音，而且要從墳墓裡出來：行善的，將復活而得生命；作惡的，將復活而被定罪。」（若望福音　第五章第十九—二十九節）

愛的生命乃連繫相結合的生命，基督說祂除非聖父所作所言，祂自已不作什麼！祂所作的所言的就是聖父的言行。這點似乎和中國古來所說的『法天』相符合，也有點像孔子說自己述而不作。不過，中國的法天，是法自然界的天道，孔子的述而不作，是述說古代聖人的話；基督所法的所述的，是效法天父，述說天父的聖訓，祂是天父的聖子聖言，祂知道天父的一切，祂把這一切教給我們。

在人世，天父不可見，不可聽；基督降生人世，則可見可聽。基督說看見祂，就看見聖父，聽到祂，就聽到聖父。我們爲效法聖父，爲聽聖父的教訓，祗要翻開福音去讀，就成了。

回歸天父

瑪利亞還站在墳墓外面哭位。她一邊哭，一邊低頭往墓裡看，看見兩個穿著白衣的天使，坐在原來安放耶穌身體的地方，一個在頭這邊，一個在腳那邊。

他們問瑪利亞：「婦人，你為甚麼哭呢？」

她回答：「他們把我的主移走，我不知道他們把他放在哪裡！」說了這話，瑪利亞轉身，看見耶穌站在那裡，可是還不知道他就是耶穌。耶穌問她：「婦人，你為甚麼哭呢？你在找誰？」瑪利亞以為他是管園子的人，所以對他說：「先生，如果是你把他移走的，請告訴我，你把他放在哪裡，我好去把他移回來。」

耶穌說：「瑪利亞！」

瑪利亞轉身，用希伯來話對他說：「拉波尼！」（意思就是「老師」）

耶穌說：「你不要拉住我，因我還沒有上去見我的父親。你往我的弟兄那裡去，告訴他們：『我要上去見我的父親，也就是你們的父親；去見我的天主，也就是你們的天主。』」

於是，瑪達肋納瑪利亞去告訴門徒，說她已經看見了主，又傳達主對她說的話。（若望福音　第二十章第十一—十八節）

基督完成了救贖工程，結束了在人世的生命，從死亡裡復活了，以後的生命呢？祂說是『我要上去拜見我的父親，也就是你們的父親，上去拜見我的天主，也就是你們的天主。』結束人世的生命，上去敬拜見天父，達到生命的目的。

人的生命，在死亡時不會毀滅，而是更換生活的時空，進入永恆的非物質生活，歸向生命的根源，基督說永生就是認識聖父和所派遣救人的聖子。死後，歸向天父，面見天父，直接看到絕對真美善的天主聖三，怎麼能夠不滿心喜悅地欣享絕對的真美善，全心愛慕呢？永生就是全心愛慕的生活。

三、耶穌基督

耶穌是聖言

宇宙被造以前，道已經存在。道與天主同在；道是天主。在太初，道就與天主同在。天主藉著他創造萬有；在整個創造中，沒有一樣不是藉著他造的。道就是生命的根源，這生命把光賜給人類。光照射黑暗，黑暗從來沒有勝過光。有一個人，名叫若翰，是天主所差遣的使者。他來為那光作證，為要使大家聽見他的信息而信。他本身不是那光，而是要為光作證。那光是眞光，來到世上照亮全人類。

道在世上，天主藉著他創造世界，而世人竟不認識他。他來到自己的地方，自己的人卻不接受他。然而，凡接受他的，就是信他的人，他就賜給他們特權作天主的兒女。這樣的人不是由血統關係，不是由人的性慾，也不是由男人的意願生的，而是由天主生的。

道成為人，住在我們當中，充滿著恩典和眞理。我們看見了他的榮耀，這榮耀正是父親的獨子所當得的。（若望福音 第一章—第一十四節）

道是聖言，聖言是天主聖子，聖子和聖父同性同體，聖子是天主。聖子降生成人，是耶穌基督。

天主是絕對的精神，永恆生活。完全認識自己，認識自己，天主不用思索，不用觀念，直接明見自己。在認識中明見的自己，稱爲聖言。明見自己爲絕對的真美善，天主愛自己；所愛的自己，稱爲聖神。聖父聖子聖神，三位一體。天主創造宇宙萬物，根據自己聖言的理念而創造，因此，萬有一切都是由聖言而造的，萬物的生命，由聖言而來，聖言又是生命的光。

愛和恨的指標

八天後，嬰見行割禮的日子到了，就為他取名叫耶穌；這名字是他未胎以前天使替他取的。按照梅瑟法律的規定，潔淨的日期滿了以後，若瑟和瑪利亞帶小孩子上耶路撒冷去，要把他奉獻給主。這是依照主的法律所寫：「頭胎的男孩都要奉獻給主。」他們也要依照主的法律所規定的，獻上一對斑鳩或兩隻小鴿子作祭品。當時，在耶路撒冷有一個人，名叫西默盎。他是敬畏天主的義人，一向盼望以色列得到拯救。聖神跟他同在；他得到聖神的指示，知道自己在離世以前會看見主所應許的基督。由聖神的感動，他來到聖殿。這時候，耶穌的母剛抱著孩子耶穌進來，要履行法律所規定的事。西默盎把孩子抱在懷裡，頌讚天主說：

主啊，你已實現了你的應許；
如今可讓你的僕人平安歸去。
我已親眼看見你的救恩，
就是你為萬民所預備的；
他要成為啓示外邦的亮光，
成為你子民以色列的榮耀。

孩子的父母對西默盎所說關於孩子的事覺得驚訝。西默盎給他們祝福，並且向孩子的母親瑪利亞說：「這孩子被天主揀選，是要使以色列中許多人滅亡，許多人得救。他要成為許多人毀謗的對象，並因此揭露了這些人心底意念。憂傷要像利劍刺透你的心。」

有一個女先知，名叫安娜，是阿協爾支施法奴耳的女兒。她已經老了，曾結過婚，跟丈夫一起生活了七年，以後寡居，現在已經八十四歲。她沒有離過聖殿，日夜敬拜天主，禁食、禱告。正在這時候，她也來，頌讚天主，並且向所有期待天主來救贖耶路撒冷的人宣講這孩子的事。（路加福音 第二章第二十一—三十八節）

耶穌的名字，由天父派遣天使分別告訴瑪利亞和若瑟，這個名字表示天主和我們同在。耶穌是天主聖言，聖言和聖父同性同體，祂就是天主。聖言降生人世，取了人性，天主性和人性結成一個人稱，名叫耶穌。耶穌對我們人來說，真是天主和我們同在。耶穌不僅在人世生活三十三年多，和我們同在，而且祂遭難的前一晚，向宗徒們許下，祂將和信徒們同在，直到世界末日。

耶穌基督現在活在教會裡，活在福音裡，而且實實在在活在聖體裡，作我們的引導，作我們的力量，作我們的安忍。但是反對的人則常攻擊，咀咒、毀謗。耶穌基督今天仍舊是愛慕和仇恨的指標。

宣講天父

於是，若翰允許了他。耶穌受了洗，一從水裡出來，天為他開了；他看見天主的神好像鴿子降下來，落在他身上。接著，從天上有聲音說：「這是我親愛的兒子，我喜愛他。」（瑪竇福音　第三章第十六節）

耶穌基督開始講道了，向人們宣講天父。從來沒有一個宗教，更沒有一個人，曾經向人們宣講上帝，或皇皇上天，是我們人的天父。耶穌基督向人宣講父，宣講人們對父的愛心。天父為證明耶穌所講的是真的，親自聲明耶穌是自己的愛子，人們應聽從祂。耶穌說明沒有人能知道天父，祇有祂。祂是天主聖子，祂就是天主。沒有人上過天，見過天父，祇有祂是從天上來的，祂見過聖父。

人類的歷史，開始了一個新紀元，天主走進了人類的歷史，人類被攝升到天主的生命裡。

顯露天主性

說了這些話後約八天，耶穌帶著伯鐸、若翰和雅各到山上禱告耶穌在禱告的時候外貌改變了；他的衣服也變成潔白發光。忽然有兩個人出現跟他說話，這兩個人是梅瑟和厄利亞。他們在榮耀中顯現，跟耶穌論他將在耶路撒冷以死來完成使命的事。伯鐸和他的同伴都睡了；他們一醒過來，看見耶穌的榮耀以及跟他站在一起的兩個人。那兩個人要離開耶穌的時候，伯鐸對耶利說：「老師，我們在這裡眞好！讓我們搭三座帳棚，一座給摩西，一座給厄利亞。」（他實在不知道他在說些甚麼。）他還在說話的時候，有一朵雲彩出現，它的影子籠罩他們，雲彩移近的時候，門徒都很害怕。忽然有聲音從雲裡傳出來，說：「這是我兒子，是我所揀選的。你們要聽從他！」那聲音停止後，只有耶穌一個人在那裡。在那些日子，門徒對這件事守口如瓶，沒有向任何人提起。（路加福音 第九章第二十八—三十六節）

天主聖子降生成人，除了罪惡，完全和我們人一樣，在納匝肋生活三十年，沒有一點特殊的事，引人注意。開始傳道了，顯行靈蹟，大家乃非常驚訝，彼此相問：他究竟是誰？連宗徒們都不清楚，傳道三年，生命快要結束了，且要被判處死刑，和強盜們一起結束生命。需要給宗徒一個明顯的證據，啓示他們認識祂是天主聖子。一次在山上祈禱時，顯出了天主性的光輝；而且叫他們聽到天主聖父的聲音。三個門徒又害怕，又高興，在心靈上留下了深刻不滅的印象。後來聖伯鐸給信友寫信說，自己宣講耶穌是天主聖子，不是幻想，不是虛構，乃是自己在山上親眼所見親耳所聽的事實。

魔鬼誘惑

他們上了船，風就停了。船上的門徒都向他下拜，說：「你眞是天主的兒子。」（瑪竇福音　第十四章第三十二節）

救贖的功程，對魔鬼很有關係

門徒因平息風浪，相信耶穌是天主聖子；當時也有附魔的人喊叫耶穌是天主聖子，耶穌卻禁止他們，不許喊叫。魔鬼不是人死後變鬼，是違命的天使，遭受火獄的永罰。卻嫉妒人類的地位，人類違命卻得有救主，可以得救，因此，常想傷害人，有時傷害人的身體，更多時則誘人作惡，使人不得救。耶穌爲人類救主，首先就打擊魔鬼。魔鬼惡意惡聲地抗議，向人宣揚耶穌是天主聖子。

我們人時刻脫不了魔鬼的誘惑．內心的情感常被魔鬼用爲誘惑的利器。基督的教訓具有打擊魔鬼的神能。基督開始傳道時，在曠野對付魔鬼的誘惑，便是利用聖經的天主聖言。

倫理規律

他們來到了海的對岸革辣撒人的地方。耶穌一下船，即刻有一個附邪魔的人，從墳墓裡出來，迎著他走來，原來那人居住在墳墓裡，再沒有人能捆住他，就是用鎖鏈也不能，因為人屢次用腳鐐和鎖鏈將他捆縛，他卻將鎖鏈踩斷，將腳鐐弄碎，沒有人能制伏他。他晝夜在墳墓裡或山陵間喊叫，用石頭擊傷自己。他從遠處望見了耶穌，就跑來，跪在他前，大聲喊說：

「至高天主之子耶穌，我與你有什麼相干？我因著天主誓求你，不要苦害我！」因為耶穌曾向他說：「邪魔，從這人身上出去！」耶穌問他說：「你名叫什麼？」他回答說：「我名叫『軍旅』，因為我們眾多。」他再三懇求耶穌不要驅逐他們離開此地。那時，在那邊山坡上，有一大群豬正在牧放，他們懇求耶穌說：「請打發我們到那豬群，好讓我們進入牠們內。」耶穌准許了他們，邪魔就出來，進入了豬內。那群豬約有二千，便從山崖上直衝到海裡，在海裡淹死了。放豬的人就逃去，到城裡和鄉下傳報開了；人都出來看是發生了什麼事。他們來到耶穌跟前，看見那個附魔的人，即為「軍旅」所附的人，坐在那裡，穿著衣服，神志清醒，就害怕起來。看見的人就把附魔的人所遇到事，和那群豬的事，都給他們述說了。他們便請求耶穌離開他們的境界。當耶穌上船時，那曾附過魔的人，懇求耶穌讓他同耶穌在一起。耶穌沒有允許他，但對他說：「你回家，到你的親屬那裡，給他們傳述上主作了何等大事，怎樣憐憫了你。」那人就走了，在十城區開始傳揚耶穌為他所作的何等大事，眾人都驚奇不已。（路加福音　第五章第一——二節　）

不要相信滿地是鬼，也不要相信地上絕無鬼。人死後，靈魂不會到地上和人接觸，魔鬼則是有天主的許可來考驗人。在福音上，我們看到很多附魔的人，因爲基督開始救贖工程，使人得救，魔鬼群體出動和基督對抗。這篇福音記載那一個附魔的人，所附的魔，不是一個，而是一隊「軍旅」。

人世間的人沒有附魔，自己作主，卻盡量少穿衣服，裸露乎倜體，以炫耀人群。倫理的規律，父母朋友和師長的教訓，國家的法律，都捆不住他們，他們掙斷一切，自由自在。但是他們可憐的結局，形成了豬群，被淹沒在波浪洶湧的人海裡。基督來救這等人，解除他們心頭的妄想，神志清醒，作一個正常的人。

痛苦

太陽下山的時候，許多患各樣疾病的人被親友帶來見耶穌；耶穌一一替他們按手，治好了他們。又有鬼從好些人身上出來，喊叫：「你是天主的兒子！」

耶穌斥責他們，不許他們說話，因為他們知道他就是基督。（路加福音　第四章第四十—四十一節）

人們的痛苦何其多！各種病症捉弄人，使人苦惱；心靈憂苦的人更多，每個人心裡都有一種隱痛。耶穌基督降生人世，解救人們的痛苦，醫好各種疾病。祂升天以後，福音的訓言，仍在安慰人心，指導迷津。

耶穌基督，昨天今天明天，以往現在將來，常是天主聖子。祂常是人類的救主，常解救人的痛苦，靜心誠心聽祂的教訓，心靈必得到安定。身體的病苦呢？苦痛不是禍，愛心接受乃是福。

天主子

耶穌到了該撒利亞腓立比的境內；在那裡他問門徒：「一般人說人子是誰？」他們回答：「有的說，你是施洗者若翰；有的說，你是厄利亞；也有的說，你是耶利米或其他先知中的一位。」

耶穌問他們：「那麼，你們說我是誰？」

西滿伯鐸回答：「你是基督，永生天主的兒子。」

耶穌說：「若翰的兒子西滿，你眞有福了；因為這眞理不是人傳授給你的，而是我天上的父親向你啓示的。我告訴你，你是伯鐸，是磐石；在這磐石上，我要建立我的教會，甚至死亡的權勢也不能勝過它。我要給你天國的鑰匙，你在地上所束縛的，在天上也要束縛；你在地上所釋放的，在天上也要釋放。」（瑪竇福音 第十六章第十三—十九節）

猶太當時的社會人士，都議論著耶穌是誰呢？祂講道不和別的經師先知一樣，不是解釋舊約的話，而是肯定新的人生之道；而且顯靈赦罪，叫死人復活。大家議論紛紛，各自猜想。耶穌最後詢問自己的宗徒：『你們說我是誰？』伯鐸答說：『你是永生天主的兒子』。

伯鐸既有這種信仰，可以繼承基督的救贖工程。基督乃聲明建立自己的教會，教會絕不會被反對者所摧毀，這個教會延續到現在，直到世界末日。

天主的聖者

在會堂裡，有一個污鬼附身的人，大聲喊叫：「納匝勒的耶穌，你為甚麼干擾我們？你是來除滅我們的嗎？我知道你是誰；你是天主的聖者！」耶穌命令那污鬼說：「住口，快從這個人身上出來！」污鬼在大家面前把那個人摔倒，就從他身上出來，一點兒也沒有傷害他。大家驚訝不已，彼此議論說：「這是甚麼話呢？這個人居然有權威和能力指揮污神，污神竟出來了！」於是耶穌的名聲傳遍了那一帶地區。（路加福音第四章第三十三—三十七節）

耶穌基督降生人世，救贖人類脫離罪惡。祂是天主聖子，絕對真，絕對美，絕對善，祂來洗滌人類的罪污，祂不能沾染罪污。祂來教訓人行善，祂自己應該是聖善。祂來打擊魔鬼，祂不能被魔鬼所控制。祂本體是聖的，是光明。魔鬼也祇得承認說：「你是天主的聖者。」

人世社會流滿罪污，充塞穢氣，一位品德清高者，卻能放溢善德的清風，孔子曾說君子是草上的風，草必隨風而偃。聖人的品德，乃能起「德化」。

現在台灣社會，很需要德化的聖者。

基督曾經說，不是常呼喚我的名字，或顯靈跡的人，是我的門徒，而是那遵守天父的訓話的人，才是我的門徒。這種門徒，「就是天主的聖者」。

耶穌是生命本體

「我是眞葡萄樹；我父親是園丁。所有連接著我而不結果實的枝子，他就剪掉；能結果實的枝子，他就修剪，使它結更多的果實。我對你們所講的信息已經使你們潔淨了。你們要常跟我連結，我就常跟你們連結。要是不跟我連結，你們就不能結出果實，正像枝子不跟葡萄樹連接就不能結果實一樣。（若望福音　第十五章第一—四節）

耶穌基督賜給領洗的信徒一種神性生命，這種生命就是祂自己的生命，好比父母把自己的生命分給兒女，父母和兒女結成一體，中國古代稱兒女的身體爲父母的遺體。耶穌乃說：「我是葡萄樹，你們是葡萄枝。」枝葉的生命，靠和樹幹連結，一旦分離就枯死了。

我們的生命，從出母胎以後，自己獨立存在。嬰兒三年靠母親餵養，長大以後，就自己生活了。這是因爲父母祗是生命的傳遞者，不是生命的根源，生命的根源是造物主。耶穌基督乃是我們神性生命的根源，祂和我們的關係是頭和肢體的關係。聖保祿宗徒所以說我們是基督的肢體，基督是我們的頭，彼此合成一個神妙身體。

基督是善牧

「我是好牧人；好牧人願意為羊捨命。雇工不是牧人，羊也不是他自己的。他一看見豺狼來，就撇下羊逃跑；豺狼抓住羊，趕散了羊童。雇工跑掉，因為他不過是一個雇工，並不關心羊群。我是好牧人。正如父親認得我，我認得父親。同樣，我認得我的羊；牠們也認得我。我願意為他們捨命。我還有其他的羊不在這半圈裡，我也必須把牠們領來；他們會聽我的聲音。牠們兩下要合成一群，同屬於一個牧人。

「父親愛我；因為我願意犧牲我的生命，為要再得到生命。沒有人能奪走我的生命，是自願犧牲的；我有權犧牲它，也有權再得回它。這是我父親命令我做的。」（若望福音 第十一章第十一—十八節）

猶太民族，原來是游牧民族，建立國家以後，人民仍舊以牧羊爲業。舊約聖經常以猶太民族的統治者爲牧人，人民爲羊群。基督用這種生活象徵祂和信徒的關係，祂是牧人，信徒是羊群。

基督說自己是好牧人，關心自己的羊，保護自己的羊，尋找迷失的羊，引領牠們到青草的牧場和水泉，而且遇到猛獸攻擊羊群，祂抵抗猛獸，不惜被猛獸殺死。

兩千年後，基督雖然已經升天，卻時常照顧自己的信徒。我們每個人常常體驗到基督在我們身邊，在我們心裡。苦悶時，祂安慰我們，悲傷時，祂支持我們；跌倒失敗時，祂扶持我們。上聖堂去，祂在等待我們。翻開福音，祂在教導我們。時時刻刻，在心裡我們可以遇見祂。

看見基督就看見天父

耶穌說：「我就是道路、眞理、生命；要不是藉著我，沒有人能到父親那裡去。你們既然認識我，你們也會認識我父親的。從此，你們認識他，你們已經看見他了。」（若望福音 第十四章第六節）

我們的生命來自造物主—我們的天父，生命的目的是回轉到生命的根源。天父沒有形像，沒有聲音，我們不能看見，祇有從宇宙萬物裡摸索祂的形跡。耶穌基督乃是天主聖子，和聖父同性同體，祂認識天父，祂知道天父，祂來教導我們走向天父的道路。祂的教訓，在於宣講天父的愛，光照我們的心去體驗天父的愛；因著愛，我們和天父相結合，我們便同天父永遠生活。

基督既是聖言，就是天父的肖像，誰看見祂，就看見天父。人們有眼有耳朵，常要求看見自己所敬拜的神；以色列民族原本敬拜唯一的天主，天主不可見，他們便造出許多邪神肖像。新約時代天父派遣聖言降生，代表祂自己。我們可以敬拜基督以崇敬天父。

光明

耶穌高聲呼喊：「信我的，不僅是信我，也是信差我來的那位。看見我的，也就是看見那差我來的。我作光，來到世上，為要使信我的人不住在黑暗裡。那聽見我的信息而不遵守的，我不審判他。我來的目的不在審判世人，而是要拯救世人。那拒絕我、不接受我信息的人自有審判他的；在末日，我所講的話要審判他！因為我沒有憑著自己講甚麼，而是那位差我來的父親命令我怎麼說，怎麼講。我知道他的命令會帶來永恆的生命。所以，我講的是父親要我講的。」（若望福音　第十二章第四十四──五十節）

人生的道路，不平坦，不正直，上山下坡，過河渡澗，許多時候在漫草叢生中找不到路，更有時候在黑暗裡摸索道路，處處碰壁，碰得頭破血流。我們找老師，喊朋友，請他們指點；可是，大家都是人，老師朋友可以指點的不多；有時，不幸，瞎子引瞎子，一起掉進坑裡。

耶穌基督是天主聖言，是天主的理智。祂知道宇宙的一切，祂看到人生的來源和終結，祂實實在在是我們生活的光明。每天翻開福音，誠心謙虛地閱讀，可以得到人生問題的光明，事情複雜，人心不可測，前途昏黑，我們尋找幾分安靜的時間，回進自己的心，向基督請教，心中有光明。

基督導師

至於你們卻不要被稱為「辣彼」，因為你們的師傅只有一位，你們眾人都是兄弟；也不要在地上稱人為你們的父，因為你們的父只有一位，就是天上的父。你們也不要被稱為導師，因為你們的導師只有一位，就是默西亞。你們中那最大的，該作你們的僕役。凡高舉自己的，必被貶抑；凡貶抑自己的，必被高舉。」（瑪竇福音 第二十三章第八節）

目前，我們社會裡，「師道」處在迷糊的霧裡，學生不知道怎麼對待老師，老師也不知道怎樣接待學生，大家停止在傳遞知識的範疇上，改換了傳統的「傳道解惑」。師道的尊嚴地位，改變成賺錢的職業。老師原來是以品德作人模範，現在卻是以一紙文憑領薪金。雖然每年教師節全國仍舊提出孔子作至聖先師，但是多少老師連一本論語都沒有讀。

耶穌更直截了當地說：「你們的導師祇有一位，就是默西亞基督。」導師引導門生走向天主，走向生命的目標；指示門生走向天主的道路，講授天主的規誡；說明人性的優點和弱點，供給門生修身養性的方法和能力。耶穌基督知道天主的一切，更知道人的一切；祂乃是我們唯一的導師。

應在天父家裡

若瑟和瑪利亞按照天主的法律履行了一切所規定的事，就回加利利，到他們的本鄉納匝肋去。孩子漸漸長大，健壯而有智慧；天主的恩寵跟他同在。

耶穌的父母每年都上耶路撒冷守逾越節。耶穌十二歲的時候，他們照常前往守節。節期完了，他們動身回家，孩童耶穌卻留在耶路撒冷；他的父母不知道這事，以為他在同行的人群中，走了一天的路程才開始在親友當中尋找他。他們找不到他，就回耶路撒冷去找。到第三天，他們才在聖殿裡找到他。他正坐在猶太教師中間，邊聽邊問；所有聽見他的人都驚奇他聰明的對答。他的父母看見他，覺得很驚異。他的母親對他說：「孩子，為甚麼你這樣待我們？你父親和我非常焦急，到處找你呢！」耶穌回答：「為甚麼找我？難道你們不知道我必須在我父親的家裡嗎？」可是他們都不明白他這話的意思。

於是，耶穌就跟他們回納匝肋城去，事事都順從他們。他母親把這一切事都珍惜地記在心裡。耶穌的身體和智慧一齊增長，深得天主和人的喜愛。（路加福音 第二章第三十九—五十二節）

耶穌答覆母親的責備，因爲祂使父親和母親辛苦地尋找祂，祂說：「你們難道不知道我應該在我父親家裡嗎？」瑪利亞明明說祂的父親若瑟在找祂，耶穌卻說應該在祂的父親家裡。祂所在的地方是天主的聖殿，聖殿是天主的家，耶穌明明說祂的父親是天主。十二歲的耶穌，明白表現自己有天主聖子的意識。

瑪利亞和若瑟則表現父母對兒子的關心，三天三夜尋找，直到找到爲止，今天我們社會裡，父母在外工作，兒女沒有人照管，婦人以賺錢求名，自創事業，把教育子女看作沒有價值，不知道培植一個好人，比作什麼事業都更有價值。

「應該在我父親的家裡」。我們進聖堂，是進天父的家，也就是我們的家。在聖堂裡，我們敬拜天父，同天父交談，稟告我們的生活狀況，述說我們心中的喜樂，訴說我們的祈望。天父會聽我們，會給我們安慰，會賜我們勇力。

人子

耶穌講完了這些比喻，離開那地方，回到自己的家鄉。他在會堂裡教導人；聽見的人都很驚訝，說：「他從哪裡得到這樣的智慧？他還行神蹟呢！他不是那個木匠的兒子嗎？他的母親不是瑪利亞嗎？雅各、若瑟、西滿、和猶大不都是他的弟弟嗎？他的妹妹們不住在我們這裡嗎？他這一切究竟從哪裡來的呢？」於是他們厭棄他。

耶穌對他們說：「在本鄉本家以外，先知沒有不受人尊敬的。」因為他們不信，他在那裡沒有行很多神蹟。（瑪竇福音　第十三章第五十三—五十八節）

耶穌是天主聖子，也是瑪利亞的兒子。若瑟是瑪利亞的丈夫，大家便看耶穌是若瑟的兒子。

耶穌真真是人，不是天主聖子降來人世所取的外貌，祂是天主又是人。

福音紀述了耶穌的許多靈蹟，而且使死人復活，赦人的罪，顯示祂的天主神能，當時看見的人十分驚訝。

福音也述說了耶穌走路渴了，向撒馬里亞婦女要水喝；祂講道累了，在船上睡著，門徒們趕緊叫醒祂救命；祂對納音城一個寡婦動了慈心，復活已死了的獨子；祂面對瑪爾大和瑪麗的眼淚，自己也流淚了，復活了已經埋葬四天的拉匝祿。

我們不要如同納匝肋人，看耶穌是同鄉人而不信服，而是因祂充滿人情味，更誠心信賴祂。

基督是天父的肖像

斐里伯對耶穌說：「主啊，把父親顯示給我們，我們就滿足了。」耶穌回答：「斐里伯，我跟你們在一起已經這麼久了，你還不認識我嗎？誰看見我，就是看見父親。為甚麼你還說『把父親顯示給我們』呢？我在父親的生命裡，父親在我的生命裡，你不信嗎？我對你們說的話不是出於我自己，而是在我生命裡的父親親自做他的工作。你們要信我，我在父親的生命裡，父親在我的生命裡；如果不信這話，也要因我的工作而信。我鄭重地訴你們，信我的人也會做我所做的事，甚至要做更大的；因為我到父親那裡去。你們奉我的名，無論求甚麼，我一定成全，為要使父親的榮耀藉著兒子顯示出來。你們奉我的名，無論向我求甚麼，我一定成全。」（若望福音 第十四章第八——十四節）

耶穌基督降來人世，爲補贖人類的罪惡，引人歸向聖父；祂有一種使命，向人講明天父是誰。天父是宇宙萬物的造主，祂照顧天空的飛鳥和田間的野花，祂使太陽照亮善人和惡人；天父充滿對人的愛心。

祂是天主聖言，是天主所認識的天主，就是天主自己。誰看見祂就是看見天父，誰聽見祂就聽見天父。

我們看耶穌是我們的救主，是引我們歸向天父的導師；可是我們同時也看祂是我們的天父，因為聖子和聖父同性同體。我們愛天父不必去推測天父的面貌，不必去幻想天父的形體，我們祗看耶穌基督，就是看見天父。

我們所見的基督，有被釘十字架的基督，有聖體櫃麵餅形內的基督；這兩者都是顯示愛心的基督。

宗徒膽怯

耶穌說：「現在你們信了嗎？時刻到了，現在已經是了，你們都要分散，各人回自己的地方去，只留下我自己一個人。其實，我不是自己一個人，因為有父親跟我同在。我把這件事告訴你們，是要使你們因跟我連結而有

平安。在世上，你們有苦難；但是你們要勇敢，我已經克服了世界！」（若望福音 第十六章第三十一—三十三節）

在耶穌受難時，十二宗徒的表現實在太差勁。一個宗徒出賣耶穌，率引差役捕捉耶穌。別的九個逃跑了，躲藏起來。伯鐸平素很有衝勁，大著膽尾隨被捕的老師，進了大司祭的公署；但一個婢女指著他為耶穌的門徒，他竟一連三次極力否認，祗有耶穌最愛的宗徒若望，始終跟著祂，站在十字架旁。倒是幾個婦女和聖母瑪利亞，膽敢跟隨耶穌上山到刑場，守著十字架。

人世間常有這種事，當你有權有錢的時候，隨處都是朋友；一旦你栽根頭，失去了權位，散失了金錢，你睜眼看，四處無人，不知向誰伸手乞援。你抬頭看天罷！天上有天父，你反觀自心，心裡有基督。基督會解開你的孤獨，會給你勇氣。

猶太王

彼拉多又進總督府內，叫耶穌來，問他：「你是猶太人的王嗎？」
耶穌回答：「你問這話是出於你自己，或是聽別人談論到我呢？」
彼拉多說：「你以為我是猶太人嗎？是你本國人和祭司長們把你交給我的。你做了甚麼事呢？」
耶穌說：「我的國度不屬於這世界；如果我的國度屬於這世界，我的臣民一定為我戰鬥，使我不至於落在猶太人手裡。不，我的國度不屬於這世界！」
彼拉多說：「那麼，你是王了？」
耶穌回答：「我是王，這是你說的。我的使命是為眞理作證，我為此而生，也為此來到世上。凡是屬於眞理的人一定聽我的話。」（若望福音 第十八章第三十三—三十七節）

猶太人常信救主將是他們的民族英雄，重建他們的國家，成爲猶太人的國王。
耶穌基督盡力避免這種誤會，不稱自己是救主，祂自稱「人子」，「善牧」，「天主子」。

但是祂是人類的王，人類的精神王。祂創造宇宙萬物，按自己的肖像造了人，又受難救贖了人，聖父把掌管宇宙的全權賜給了祂。

耶穌基督的精神國，是仁愛的國，是正義的國；創造和救贖都是愛的工程，最後祂將審判人類，按每人的善惡決定賞罰，伸張正義。

認識天父

那時候，耶穌說：「天父，天地的主，我感謝你；因為你向聰明、有學問的人所隱藏的事，卻向那些沒有學問的人啓示出來。是的，天父啊，這樣的安排都是出於你的美意。

「我父親已經把一切都給我了。除了我父親，沒有人認識兒子；除了兒子和兒子所願意啓示的人，也沒有人認識父親。

「來吧！所有勞苦、背負重擔的人都到我這裡來，我要使你們得安息。你們要負起的軛，跟我學習，因為我的心柔和謙卑。這樣，你們就可以得到安息。我的軛是容易負的；我的擔子是輕的。」（瑪竇福音　第十一章第二十五—三十節）

耶穌曾經說明祂來爲救世，不是爲判世，在宇宙沒有終結以前，祂的目的是救世人，宇宙終結時，救人的工程結束，乃審判全人類的善惡。

在現世，基督承行聖父的旨意，關心貧苦弱小族群，安慰心身擔受壓力的人，使他們得到安息。

老弱重病的人，舉目無親，抬頭看基督，祂會使你們體驗親人般的愛。殘障孤苦的幼童，遭人捨棄，抬頭看基督祂會使你們感到母愛般的安慰。勞苦工作的婦女，費盡心力培養子女，你們抬頭看基督，祂會使你們見到子女的感恩。事業失敗，工作艱苦，你們抬頭看基督，祂會平靜你們的心，加增你們的勇氣。

祂所要求的不多不重，祇要你們誠心接受祂的教訓。

想看耶穌

耶穌進耶利哥城，正要從那城經過。當地有一個稅務長，名叫撒該，是個很有錢的人。撒該很想看看耶穌是怎樣的一個人，可是他身材矮小，在人群中無法看到耶穌。於是他跑在大家前頭，爬上一棵桑樹，要看看耶穌，因為耶穌就要從這條路經過。耶穌走到那地方，抬頭看撒該，對他說：「撒該，快下來！今天我必須住在你家裡。」

撒該急忙下來，非常高興地接待耶穌。大家看見都埋怨說：「這個人居然到罪人家裡作客！」撒該站起來對主說：「主啊，我要把財產的一半分給窮人；如果我欺詐過誰，我就還他四倍。」

耶穌對他說：「今天救恩來到這一家了，因為這個人同樣是亞伯郎的子孫。人子是要尋找和拯救迷失的人。」（路加福音　第十九章第一—九節）

耶穌是天主，看透人的心，也看重人的心。一個罪婦哭罪，用香油敷她的腳，耶穌看她比請祂赴宴的法利塞富翁更好，赦了她的罪。一個發不義的財之猶太人撒該，一心好奇，想看看耶穌，耶穌賞識他這片誠心，就到他家裡去，他喜出望外，趕緊宣佈改善生活，再不貪不義之財，而且要賠補以往的罪惡。耶穌很高興，找到了一隻迷失的羊。

在事務的繁劇裡，一個人很可能失去信仰的光明；在利益的衝突中，也可能失去良心的呼號；但祗要他在一秒鐘的喘息時，想到了天主基督，基督就可以改變他的一生，一秒鐘的誠心，成爲永恆的救恩。

臨終

耶穌看見他的母親和他所鍾愛的門徒站在旁邊，就對他母親說：「媽媽，瞧，你的兒子。」接著，他對那個門徒說：「瞧，你的母親。」從那時起，那門徒就接耶穌的母親到自己的家裡住。

耶穌知道一切事都成就了，為要應驗聖經上的話，就說：「我口渴。」在那裡有一個壺，盛滿著酸酒；他們就拿海絨浸了酸酒，綁在牛膝草的桿子上，送到他唇邊。耶穌嘗過後大聲說：「成了！」他垂下頭來，氣斷而死。

那天是逾越節的前夕，特別神聖的安息日就要到了。猶太人為要避免安息日有屍首留在十字架上，就去要求彼拉多叫人打斷受刑者的腿，然後把屍首取下來。兵士奉命去，把跟耶穌同釘十字架的頭一個和另一個的腿打斷。他們走近耶穌，看見他已經死了，就沒有打斷他的腿。但是，有一個兵士用槍刺他肋旁，立刻有血和水流出來。（這是親眼看見這事的人可靠的見證；他知道他的見證是真實的，爲要使你們相信。）（若望福音　第十九章第二十五—三十五節）

耶穌慘死在十字架上，神志清明，甘心忍苦。看到站在十字架旁的母親，祂臨終托母。聽到一同受釘十字架的兩個強盜中，右面的一個表示信仰祂是救主，祂許下引他升天。血流不止，唇焦口乾，祂說了一句口渴，生命快完了，祂聲明使命完成了，把靈魂托給聖父，垂頭斷氣。

生命的根源，自己斷了自己的性命！生命的主宰，甘受冤枉的死刑。一切都完了，卸下屍體，葬埋墓穴！

生命的主人，並沒有毀滅自己的生命。祇有祂的肉體喪失了生命，祂的靈魂活著，祂是天主更不能死。三天後，肉體又得了生命，和靈魂相連合而復活。

耶穌復活

星期日晚上，耶穌的門徒聚集在一起，門緊緊地關著，因為他們怕猶太人。那時候，耶穌顯現，站在他們當中，說：「願你們平安。」說了這話，他把自己的手和肋旁給他們看。門徒看見了主，非常歡喜。耶穌又對他們說：「願你們平安。正如父親差遣了我，我照樣差遣你們。」說完這話，他向他們吹一口氣，說：「領受聖神吧。你們赦免誰的罪，誰的罪就得赦免；你們不赦免誰的罪，誰的罪就不得赦免。」

當耶穌顯現時，十二門徒中之一的多默（綽號雙胞胎的）沒有跟他們在一起。所以其他的門徒把已經看見了主的事告訴多默。

多默對他們說：「除非我親眼看見他手上的釘痕，並用我的指頭摸那釘痕，用我的手摸他的肋旁，我絕對不信。」

一星期後，門徒又在屋子裡聚集；多默也跟他們在一起，門關著，可是耶穌忽然顯現，站在他們當中，說：「願你們平安。」然後他對多默說：「把你的指頭放在這裡，看看我的手吧；再伸出你的手，摸摸我的肋旁吧。不要疑惑，只要信！」

多默說：「我的主，我的天主！」

耶穌說：「你因為看見了我才信嗎？那些沒有看見而信的是多麼有福啊！」

（若望福音　第二十章第十九—二十九節）

耶穌復活後，顯現給婦女，給宗徒。婦女們在祂受難時，忠心不變，陪祂走苦路；耶穌喜獎她們的忠誠，先顯現給她們，給她們最大的安慰。宗徒們逃散了，是因爲膽小，缺勇氣，並不是違棄老師，耶穌復活後顯現給他們，談論將來繼續救世工程。

猶太的長老和司祭長，認爲耶穌基督已經死了，一切都完結了，可以安心了，不料耶穌復活了，建立了教會，開始了全球傳道的工作。猶太長老和司祭長則坐待羅馬軍隊毀滅耶路撒冷喪家亡國。

復活了的基督，已升了天，又再來人世，人們看不見祂，雖然反對祂，想迫害祂，卻打不著祂，逮不著祂，釘不著祂，便祇好殺祂的信徒。但是信徒常有新的，死了一批，又來一批，天主教會乃兩千年來，越遭迫害越加興旺。

和平

忽然耶穌迎上她們說：「願你們平安！」他們遂上前抱住耶穌的腳，朝拜了他。耶穌對她們說：「不要害怕！你們去，報告我的兄弟，叫他們往加里肋亞去，他們要在那裡看見我。」（瑪竇福音　第二十八章第九節）

正是那一週的第一天晚上，門徒所在的地方，因為怕猶太人門户都關著，耶穌來了，站在中間對他們說：「願你們平安！」說了這話，便把手和肋膀指給他們看。門徒見了主，便喜歡起來。耶穌又對他們說：「願你們平安！就如父派遣了我，我也同樣派遣你們。」（若望福音　第二十章第十九—二十三節）

耶穌基督爲和平使者。當祂降生在白冷的羊棚裡，牧人們眼見天使的隊伍，在天空唱歌說：「天主在天受光榮，良善的人在世享平安。」當基督死後第三天復活了，每次顯現，都祝福說：「祝你們平安！」

人類因著始祖違命，使人類成爲天主的仇敵，基督降來補贖人的罪，引人歸向天主，同天主和好，作爲天主的孝順子女，建立天主和人的和平。

人類因著慾情的衝動，加上魔鬼的誘惑，每人都自私自利，彼此傷害。基督以愛心教訓人，相幫人，彼此相愛，彼此寬容，建立人和人的和平。

人類因著貪求幸福，心常不足，有時心亂如麻，有時憤怒填胸，有時傷痛欲絕，基督安定我們的心，建立人和自己的和平。

四、聖　神

聖神是愛

有一個法利賽人，名叫尼哥德慕，是猶太人的領袖。他在晚上來見耶穌，說：「老師，我們知道你是從天主那裡來的教師。你所行的神蹟，要不是有天主同在，沒有人能行。」

耶穌回答「我鄭重地告訴你，人要是不重生，就不能看見天主國的實現。」

尼哥德慕問：「一個已經老了的人怎麼能重生呢？他能重進母胎再生下來嗎？」

耶穌回答：「我鄭重地告訴你人要不是從水和聖神重生，就不能成為天主國的子民。人的肉身是由父母生的，他的靈性是由聖神生的。不要因為我說：『你必須重生』而驚奇。風隨意吹動，你聽見它的聲音，卻不知道它從哪裡來，往哪裡去。凡從聖神生的，也都是這樣。」

尼哥德慕問鎮：「怎麼能有這樣的事呢？」

耶穌回答：「你是以色列的教師，連這事都不明白嗎？我實在告訴你，我們講論我們所確知的，我們見證我們所見到的；可是你們偏偏不願音領受我們的見證。我告訴你們關於這世上的事，你們尚且不信，我要是告訴你們天上的事；你們又怎麼會信呢？除了從天上降下來的人子，從來沒有人上過天。」（若望福音 第三章第一——十三節）

我們人的心，一方面想，一方面愛，我們是按照天主肖像造的。

我們認識自己，我們愛自己；認識自己，有自己的觀念；愛自己，有自己的形像。天主認識自己，直接認識自己，所認識的自己，稱爲聖言或聖子；天主愛自己所愛的自己，稱爲聖神，聖父，聖子，聖神，三位一體同是一個天主。聖子受聖父派遣，降生人世，引人歸向天主，以自己的生命給人，使人成爲天主的子女，人乃生於天主的生命。這種新的神性生命，由聖洗而賦給人；聖洗因聖神主動，乃爲重生的典禮。

聖神是天主的愛，爲天主對外的力。天主由聖子創造宇宙萬物，因聖子救贖人類；聖子因聖神的神力而工作，完成創造和救世兩大工程。

聖神降臨

「我當初沒有告訴你們這些事，是因為我一直跟你們在一起。現在我要回到那位差我來的那裡去，你們當中沒有人問我『你要到哪裡去？』可是，因為我把這些事告訴了你們，你們心裡竟充滿憂愁。然而，我實在告訴你們，我去，對你們是有益的；我不去，那安慰者就不會到你們這裡來；我去了，就差他來。他來的時候，他要向世人證明，他們對於罪，對於義，對於天主審判的觀念都錯了。他們對罪的觀念錯了，因為他們不信我；他們對義的觀念錯了，因為我往父親那裡去，你們再也看不見我；他們對審判的觀念錯了，因為這世界上的王已經受了審判。」

「我還有許多事要告訴你們，可是你們現在擔負不了。等到賜眞理的聖神來了，他要指引你們進到一切的眞理中，他不憑著自己說話，而是把他所聽到的告訴你們，並且要說出將來的事。他要榮耀我，因為他要把我所要說的告訴你們。我父親所有的一切都是我的，所以我說，聖神要把我所要說的告訴你們。」（若望福音　第十六章第五——十五節）

耶穌基督的救贖工程，有兩大部份：一部份是教導人們得救的路，一部份是犧牲自己的工作。耶穌離世升天以後，這兩類工作由教會因著聖神而繼續做。耶穌在末次晚餐裡，對宗徒們許下派遣聖神來引導他們。

五旬節，聖神降臨，宗徒們開始講道。以往三年多光景跟隨耶穌，日夜受祂的教誨，他們卻到最後晚餐時，還不明白懂得耶穌的教訓。聖神一來，光照了他們心靈，馬上懂得清楚了，馬上正確地宣講基督的信仰。

五旬節前，宗徒們膽小如同老鼠，耶穌受捕時，他們逃跑了，耶穌復活升天後，他們閉門不出，害怕被捕。五旬節後，公開佈道，被捕，被打，被殺，自以爲樂；聖神堅強了他們。

耶穌命宗徒傳道

十一個門徒到了加利境內，到耶穌吩咐他們去的那座山上。他們一見到耶穌，就都向他下拜；可是還有人心裡疑惑。耶穌走近他們。對他們說：「天主已經把天上和人間所有的權柄都賜給我了。所以，你們要往世界各地去，使所有的人都成我的門徒；奉父、子、聖神的名給他們施洗，並且教導他們遵守我所給你們的一切誡命。記住！我要常跟你們同在，直到世界的末日。」（瑪竇福音　第二十八章第十六—二十節）

耶穌升天時，吩咐宗徒們向全世界佈道，施行聖洗，許下將和他們同在。天主教從那一天，直到現在，將來一直到世界終窮的一天，繼續耶穌救世的工程，耶穌無形地留在教會內，因聖神的神力不停地工作。

我們信服基督的教訓，福音是我們的信仰。對著基督的信仰，我們的理智是一片茫然，我們不懂；但是我們的心靈卻安定，卻相信不疑，這就是聖神在光照我們的心靈。我們實踐耶穌的信仰，遵守福音的訓誡，我們感覺很多很大的困難，心靈上的壓力非常重；但是祇要我們有誠心，我們必定可以慷慨地向前；這就是有聖神的助力。

生活中痛苦多於快樂，許多時候，我們心中苦悶煩惱；但是我們舉目向天，信賴天父，心中可以安定；這就是聖神的安慰。

五、聖母，若瑟

瑪利亞、天主之母

在伊利莎白懷孕的第六個月，天主差遣天使加俾厄爾到加利利省一個叫納匝肋的城去，要傳話給一個童女，名叫瑪利亞；這童女已經跟達味家族一個名叫若瑟的男子訂了婚。天使到她面前，說：「願你平安！主跟你同在，大大降福給你。」

瑪利亞因為天使這話，十分驚惶不安，反覆思想這話的含意。天使對她說：「瑪利亞，不要害怕，因為天主施恩給你。你要懷孕生一個兒子，要給他取名叫耶穌。他將成為偉大的人物，他要被稱為至高天主的兒子。主—天主要立他繼承他祖先達味的王位。他要永遠作雅各孫子的王，他的王權無窮無盡。」

瑪利亞對天使說：「我是一個不接近男人的閨女，這樣的事怎麼能發生呢？

」

天使回答：「聖神要降臨到你身上；天主的權能要庇蔭你。因此，那將誕生的聖嬰要被稱為天主的兒子。看你的親戚伊利莎白，她雖然年老，人家說她不能生育，可是她現在已經有六個月的身孕。因為在天主沒有一件事是做不到的。」

瑪利亞說：「我是主的婢女；願你的話成就在我身上。」於是天使離開了她。（路加福音 第一章第二十六—三十八節）

天主聖父派遣聖子降生人世，揀選一位童女作聖子的母親，童女名叫瑪利亞。瑪利亞稱為天主之母，天主之母不能染罪污，瑪利亞乃不染原罪和本罪，也不染慾情之惡，冰清玉潔。天主之母，應有各種善德，瑪利亞充滿天主的聖寵，一心歸向天主，絕不思戀世物。天主之母，要同耶穌一同受苦，協助救世的工程，瑪利亞一生愛護，照顧，追隨耶穌，在耶穌被釘十字架時，祂站在十字架旁，和耶穌一同受苦。天主之母，應受世人的尊敬，我們乃恭敬瑪利亞爲救主的母親，也爲我們的母親。

正直君子

耶穌基督誕生的經過是這樣的；他的母親瑪利亞已經跟若瑟訂了婚，但是在成婚以前，瑪利亞知道自己已經由聖神懷了孕。她的未婚夫若瑟為人正直，但又不願意公開羞辱她，卻有意要秘密解除婚約。他正在考慮這事的時候，主的天使在夢中向他顯現，說：「達味的後代若瑟，別怕，儘管娶瑪利亞作妻子，因為她是由聖神懷孕的。她將要生一個兒子，你要給他取名叫耶穌，因為他拯救他的子民脫離他們的罪。」

這一切事的發生是要應驗主藉著先知所說的話；「有童女將懷孕生子，他的名字要叫以馬內利。」（「以馬內利」的意思就是「天主跟我們同住」。）

若瑟醒過來，就照著主的天使所吩咐的去做，跟瑪利亞成婚；但是在她生孩子以前沒有跟她同房。孩子出生，若瑟就給取名叫耶穌。（瑪竇福音 第一章第十八—二十五節）

瑪利亞因聖神的神力而懷孕，是天主的神妙，瑪利亞沒法告訴未婚夫若瑟，她深信天主作的事，天主會好好解答。瑪利亞訪問表姐依撒伯三個月，回來後，懷孕的現象已經顯出來。按梅瑟（摩西）的法律，犯奸婦女應用亂石打死，丈夫不告將同罪。若瑟深信瑪利亞的貞操，不願告祂犯奸，祇想私自給她休妻書，解除婚約，瑪利亞回家生產，別人將不以爲怪，因爲猶太風俗訂婚而未婚男女可以同居。天主卻來解決問題，告訴若瑟瑪利亞因聖神受孕。

天主揀選爲聖子鞠養的人，必定該是正人君子，而且是聖人，知道體貼別人，知道善待別人。

同情心

過了兩天，在加利利的加納城有人舉行婚禮。耶穌的母親在那裡；耶穌跟他的門徒也接受邀請去參加婚宴。酒喝光了，耶穌的母親告訴他；「他們沒有酒了。」

耶穌說：「媽媽，請你別勉強我做甚麼，我的時刻還沒有到呢。」

耶穌的母親卻吩咐僕人：「他要你們做甚麼，就照他的話去做。」

在那裡有六口石缸，是猶太人行潔淨禮的時候用的，每一口石缸可以盛水約一百公升。耶穌對僕人說：「把水缸都裝滿水。」他們就倒水入缸，直到缸口。耶穌又說：「現在可以舀些出來，送給管筵席的」他們就送了去。管筵席的嚐了那已經變成酒的水，不知道這酒是從哪裡來的（舀水的僕人卻知道），因此叫新郎來，對他說：「別人都是先上好酒，等客人喝夠了才上普通的酒，你倒把最好的酒留到現在！」

這是耶穌所行的第一神蹟，是在加利利的加納城行的。這事顯示了他的榮耀；他的門徒都信了他。

這事以後，耶穌跟他的母親、兄弟，和門徒到迦百農去，在那裡住了幾天。

（若望福音　第二章第一——十二節）

女人的眼很清明，女人的心很精細，注意到男人們所不注意的事。瑪利亞在親戚的婚宴上，注意到酒缺了，關心到主人的尷尬，就主動地央請兒子耶穌顯靈。

耶穌認爲這是小事；可是祂體貼到母親的好心，乃變水爲酒，大量滿足母親的心願。耶穌和聖母瑪利亞充滿了人情味，表現助人的愛心。筵席上缺酒或許是好事，避免酒醉亂性。但是婚宴乃新婚夫婦一生大事，缺酒引人嘲笑，終生飲恨；瑪利亞和耶穌都於心不忍。我們對於別人的困難，能夠於心不忍嗎？

若瑟靜默

他們走了以後，主的天使在若瑟的夢中顯現，說：「起來！帶著小孩子和他的母親逃往埃及，住在那裡，直到我吩咐你離開；因為希律要搜索這孩子，要殺害他。」

於是若瑟動身，連夜帶著孩子和他的母親逃到埃及去，住在那裡，直到希律死了。

這事應驗了主藉著先知所說的話：「我從埃及把我的兒子召出來。」（瑪竇福音 第二章第十三—十五節）

若瑟在全部福音裡沒有聲音，沒有說過一句話，祇做自己該做的事。聽天主的吩咐，娶了瑪利亞。聽羅馬皇的號令，攜帶瑪利亞回原籍白冷報告戶口，奉天主命令，給嬰孩起名叫耶穌。聽梅瑟（摩西）的規定，把耶穌嬰孩帶到耶路撒冷聖殿奉獻於天主。遵從天主吩咐，帶著妻子和嬰孩逃往埃及，後來又回納匝肋。遵守梅瑟規誡，每年到耶路撒冷聖殿參加節期典禮。以外，再沒有他的消息，他從福音裡消逝了，不知道他什麼年歲去世。本鄉人祇說他是木匠。若瑟的偉大，就在於做而不說；盡自己的責任，而且絕對遵行天主的訓示。社會上的人，也都是尊重沉默寡言，樸素誠實，負責到底的人。孔子曾經說：「巧言令色鮮矣仁。」

攻擊的對象

滿了八天，孩子應受割損，送給他取名叫耶穌，這是他降孕母胎前，由天使所取的。按梅瑟的法律，一滿了他們取潔的日期，他們便帶著孩子上耶路撒冷去獻給上主……，那時，在耶路撒冷有一個人，名叫西默盎。這人正義虔誠，期待著以色列的安慰，而且聖神也在他身上他曾蒙聖神啓示自己在未見上主的受傳者以前，絕見不到死亡。他因聖神的感動，進了聖殿；那時，抱著嬰孩耶穌的父母正進來，要按著法律的慣例為他行禮。西默盎就雙臂接過他來，讚美天主說：「主啊！現在照你的話，放你的僕人平安去了！……

……西默盎祝福了他們，又向他的母親瑪利亞說：「看，這孩子已被立定，為使以色列中許多人跌倒和復起，並成為反對的記號——至於你會有一把利劍刺透你的心靈——為叫許多人心中的思念顯露出來。（路加福音 第二章第二十一—四十節）

救贖的工程，在犧牲和痛苦中進行而完成。耶穌常是信從和反對的對象，祂代表矛盾。直到今天，信從者和反對者常是對立，因而有人得救，有人喪亡。

瑪利亞和耶穌，母子同體，耶穌的苦難就是她的苦難。污衊耶穌的人，也是污衊她；傷害耶穌的人，也是傷害她；釘死耶穌的人，也是釘死她；因爲耶穌是她的血肉，是她的兒子。

母子同心，瑪利亞體貼耶穌救人的心，耶穌心中的痛苦，也是瑪利亞心中的痛苦。

耶穌釘死十字架，瑪利亞站在十字架旁。我們可以說：人世的痛苦，沒有一樁比瑪利亞當時所受的痛苦更大。

女人讚頌天主

瑪利亞就在那幾日起身，急速往山區去，到了猶大的一座城。她進了匝加利亞的家，就給依撒伯爾請安。依撒伯爾一聽到瑪利亞請安，胎兒就在她的腹中歡躍。依撒伯爾遂充滿了聖神，大聲呼喊說：「在女人你是蒙祝福的，你的胎兒也是蒙祝福的。吾主的母親駕臨我這裡，這是我哪裡得來的呢？看你請安的聲音一入我耳，胎兒就在我腹中歡喜踴躍。那信了由上主傳於她的話必要完成的，是有福的。」瑪利亞遂說：

「我的靈魂頌揚上主，
我的心神歡躍於天主，我的救主，
因為他垂顧了他婢女的卑微，
今後萬世萬代都要稱我有福；
因全能者在我身上行了大事，

他的名字是聖的，
他的仁慈世世代代於無窮世，
賜與敬畏他的人。
他伸出了手臂施展大能，
驅除狂傲者心中一切的計謀。
他把強大的君王從寶座上推下去；
他又抬舉卑微的人。
他使飢餓的人飽餐美食，
叫富足的人空手回去。
他向我們的祖先信守諾言，
扶助他的僕人以色列。
他顧念亞伯郎，向他大施仁慈，
並且及於他的後裔，直到永遠！

瑪利亞跟伊撒伯亞住了約三個月，然後回家。（路加福音 第一章第三十九—五十六節）

兩個女人見面；兩個親人相聚；兩個都蒙受天主的大恩，兩個又充滿了天主聖神，見面開口的話，讚頌天主的大能，自己認識本身的卑賤，一切歸於天主的恩惠。

女人相聚，不是常談婚姻的陣痛嗎？不是常訴工作的磨折嗎？不是常防範不了罵這個咒那個嗎？

瑪利亞身中懷著天主聖子耶穌，依撒伯爾胎中懷著若翰，她們口中所發出的便滿口是天主。

我們的聖母

在耶穌的十字架旁，站著他的母親和他母親的姊妹，還有克羅帕的妻子瑪利亞和瑪利亞瑪達肋納，耶穌看見母親，又看見他所愛的門徒站在旁邊，就對母親說：「女人，看你的見子！」然後，又對那門徒說：「看你的母親！」就從那時起，那門徒把她接到自己家裡。（若望福音　第九章第二十五—二十七節）

耶穌臨終託母，若望接受了耶穌的付託，自認爲瑪利亞的兒子，奉養她的餘年。

我們信奉耶穌基督，信奉瑪利亞爲我們老師的母親，爲我們救主之母。遵從我們中國的孝道，孝敬老師的母親，孝敬皇上的太后。

我們在人世的途程中，我們深感需要終身的母親，依賴母親的照顧，在人世的途程中，我們是終身長不大的小孩。因爲走向人生的目的，行善避惡的事件，我們常看不清楚路上的陷洞，人心的險惡，還有魔鬼的誘惑，我們常常需要聖母瑪利亞作我們的母親，以母愛照顧我們，牽著我們的手，走向基督，走向天父。

全美的家庭

耶穌還同群眾說話的時候，他的母親和他的兄弟，站在外邊想要同他說話。有人告訴他說：「看！你的母親同你的兄弟，站在外邊，想要同你說話。」他卻回答那告訴他的人說：「誰是我的母親？誰是我的兄弟？」遂伸出他的手，指著自己的門徒說「我的母親，我的兄弟！不拘誰遵行我在天之父的意旨，就是我的兄弟、姊妹和母親。」（瑪竇福音 第十二章第四十六—五十節）

中國歷代大官文豪留給後代家書最多的，要算清代的曾國藩。他在家書裡千囑萬囑自己的弟弟和兒子，要以謙虛勤儉持家，絕不能有奢侈，絕不能假藉權勢。他自己和家人乃能安取，家聲也能持久。

耶穌基督的家，是窮人的家，是木匠工人的家；本鄉的人都稀奇怎麼出了耶穌這樣顯靈講道的人物。耶穌的本鄉納匝肋是窮鄉的小鎮，當時人都說從納匝肋能出什麼好人？可是耶穌基督自己說明了家庭的美好，在於遵行天父的旨意，遵行天父的誡律。祂的父母弟兄，不是有錢有勢的人，而是敬主畏天命的人。祂的家庭，才是美好的家庭。

六、祈禱、實踐

祈求遵行主旨

有一天，耶穌到山上禱告，在那裡整夜祈禱天主。天亮的時候，他召集門徒到他跟前，從他們當中揀選了十二個人，稱他為使徒。（路加福音　第六章第十二—十三節）

使徒們一回來，把他們所做的一切事都向耶穌報告。耶穌帶著他們，悄悄地到一個叫伯賽大的城去。（路加福音　第九章第十節）

第二天一旦，天還沒亮，耶穌起來，離開房屋，到一個偏僻的地方去，在那裡禱告。西滿和他的同伴出去找他；找到了，他們就說：「大家都在找你呢！」（馬爾谷福音　第一章第三十五—三十七節）

耶穌出城，照常往橄欖山；門徒們跟著他去。到了那地方，耶穌對他們說：「你們要禱告，免得陷於誘惑。」於是耶穌離開他們，在約扔一塊石子的距離，跪下禱告，說：「父親哪，若是你願意，就把這苦杯移去，然而，不要照我的意思，而是要成全你的旨意。」有一個天使從天上向他顯現，加強他的力量。在極度傷痛中，耶穌更懇切地禱告，他的汗珠像大滴的血滴落在地上。」禱告後，耶穌起來，回到門徒們那裡，發現他們因憂傷過度沉睡了。他對他們說：「你們為甚麼睡著呢？起來，禱告吧，免得陷於誘惑。」（路加福音第二十二章第三十九－四十六節）

耶穌基督是天主聖子又是瑪利亞的兒子；祂是天主聖子，和聖父同性同體，絕不分離；祂是瑪利亞的兒子則是人，人性和天主性結成一體，和聖父相結合。但是祂在生活裡，常和天父交談常行祈禱。早晚，找僻靜的地方祈禱，在重要大事以前揀選十二宗徒的前晚，徹夜祈禱；末次晚餐結束前，作了長篇禱告；遭難的前一刻，在山園祈禱到流血汗。

耶穌基督給我們的神性生命，是祂的生命，祂的生命和聖父的生命相連；祂所以在末次晚餐的禱告裡，祈求天父使我們和祂和天父合而爲一。

我們祈禱，同天父交談，是兒子對父親談話。

成功後祈禱

這事以後，耶穌立刻催他的門徒上船，先到對岸的伯賽大去，等他遣散群眾，他送走了他們就上山禱告。傍晚時分，船已經開到湖中，耶穌還自己一個人留在陸地上。（馬爾谷福音 第六章第四——六節）

耶穌顯靈增餅，飽償了幾千人，大家想推祂作猶太國王，耶穌怕宗徒們見機圖利，爭取官爵，先遣散群眾，吩咐宗徒們上船渡到對岸去，祂自己獨自上山祈禱，同聖父交談，忘記一切人世的情節。

人們在事業有成，可以順風向上時，那有不乘勢往上攀？人們在事業失敗，工作無著落時，那有不憂鬱填胸，怨天尤人，或是自悲命苦，失望在心呢？耶穌教導我們在成功失敗時，卻應找幾分清靜的時間，在聖堂靜坐，向天父述說心中的感受。心平靜了，眼清明了，從天上看人世的事，成功不足以驕，失敗不足以餒；人世那有不過去的事呢？心是無限的，隨時間過去的事，填滿不了我們的心？天父是無限的真美善，祈求天父填滿我們的心。

祈求不見效嗎？

「你們祈求，就得到；尋找，就找到，敲門，就給你們開門。因為凡祈求的，就得到；尋找的，就找到；敲門的，門就開了。你們當中有誰，兒子要麵包，卻拿石頭給他？要魚，卻拿蛇給他？你們雖然邪惡，還曉得拿好東西給自己的兒女，你們在天上的父親豈不更要把好東西賜給向他祈求的人嗎？」「你們要別人怎樣對待你們，就得怎樣待別人；這就是梅瑟法律和先知教訓的眞義。」（瑪竇福音 第七章第七——十二節）

我們不常有這種經驗：我們的祈禱常不見效果嗎？有人母親病痛，憂心地唸經，求天主賞賜母親病好，不幸，母親竟去世了，她心中一片茫然，對於天主一片麻木，她不再信了。

我在報紙上就念了這麼一段報告。

人世間的事，都是按著事情中間的天然關係而成。病症的形成和經驗，有生理方面的原因關係。人事的形成和經驗，有環境和人自由意志的各種關係。天主尊重這些關係，不輕易顯靈予以改變。我們祈求天主顯靈，是不是臨時抱天主的腿，平日並不想起天主呢？

但是天主不會輕視一個人的祈禱，特別在精神方面，賞賜心靈平靜，胸襟開朗，誠心相信天主愛我們。

靜聽天父

耶穌跟門徒繼續他們的旅程，來到一個村莊。那裡有一個名叫馬爾大女人，接待耶穌到她家裡。馬爾大有一個妹妹叫瑪利亞。瑪利亞來坐在主的腳前，聽他講道。可是馬爾大因為要做的事情多，心裡忙亂，就上前說：「主啊，我妹妹讓我一個人做這許多事，你不介意嗎？請叫她來幫幫我吧！」主回答：「馬爾大！馬爾大！你為許多事操心忙亂，但是不可缺少的只有一件。瑪利亞已經選擇了那最好的；沒有人能從她手中奪走。」（路加福音 第

十章第三十八—四十二節）

「瑪利亞選擇了那最好的」，她是坐在耶穌跟前，靜聽耶穌講話。她全心在聽，非常快樂地在聽，誠心願意接受而實行地在聽。馬爾大卻忙著外面的事務，忙著招待（耶穌的好的事務）；但是心煩不安。

人世的事，常使我們心亂意煩，錢多更煩，位高更煩，還有感情的事，常煩透了心，找一段時間，放下手上的事，清靜地閤上眼，清除腦裡的思慮，靜靜地祈禱，和天主交談，心會平靜下來，精神也會安定。

馬爾大忙著預備盤餐，款待耶穌，耶穌並不輕視；但是耶穌說過：人不單靠麵包而生活，最重要的是因天主的聖言而生活。

全心愛主

逾越節前六天，耶穌到伯大尼。就是拉撒路住的地方（耶穌曾在這裡叫拉匝祿復活）有人在那裡為耶穌預備了晚飯；馬爾大幫忙招待，拉匝祿和其他的客人跟耶穌一起用飯。這時候，瑪利亞拿來一瓶珍貴的純哪噠香油，倒在耶穌腳上，又用自己的頭髮去擦；屋子裡充滿了香氣，耶穌的一個門徒，就是要出賣他的加利略人猶大，說：「為甚麼不拿這香油去賣三百塊銀子，來分給窮人呢？」他說這話，並不是眞的關心窮人，而是因為他是賊；他經管團體的錢，常常盜用公款。

但是耶穌說：「由她吧！這是她留下為著我安葬之日用的。常常有窮人跟你們一起，但是你們不常有我。」（若望福音 第十二章第一—八節）

猶太當時的風俗，側身臥在地上吃飯，頭向著桌，腳伸在外面，廳門敞開，婦人乃能用香油敷耶穌的腳，瑪利亞也就同樣傾倒了香油，服侍耶穌。

香油敷腳，表示全心的愛戴，香油爲心靈感情最濃重的表現，耶穌死後，婦女們購買大量香料，敷抹屍體。

我們敬愛天主，全心全力全意地愛；耶穌所以說：誰若真心愛祂，就要捨棄一切去跟隨祂。我們爲天主捨棄了什麼？奉獻了什麼？

安定人心

耶穌進了聖殿，把所有在殿裡做買賣的人趕出去。他推倒了兑換銀錢的人的桌和那些賣鴿子的凳子，對他們說：「聖經記載，天主說：『我的聖殿要作禱告的殿，』你們卻把它變成賊窩！」

有瞎眼的和瘸腿的到聖殿裡來找耶穌；他就治好他們。祭司長和經學教師看見耶穌所行的許多奇蹟，又聽見兒童在聖殿裡呼喊：「頌讚歸於達味的子孫！」就很惱怒。

他們問耶穌：「你聽見他們在喊些甚麼嗎？」耶穌回答：「我當然聽到了。聖經上所說：『你使兒童和嬰兒發出完美的頌讚』這句話，難道你們沒有念過嗎？」

於是耶穌離開他們，出城到伯大尼去，在那裡過夜。（瑪竇福音　第二十一章第十二—二十七節）

《大學》說：『知止而后有定，定而后能靜，靜而后能安，安而后能慮，慮而后能得。』我們人作事，常要心安定，可以思慮，但是人們卻不知道怎麼找到安定。

晚晌，就寢以前，半關著燈，坐著，合著掌，閉上眼，口裡唸唸一篇經，靜心祈禱，心可得到安定。或者日間走進聖堂，坐在椅子上，望著十字架上的耶穌，從心底浮出切身的感受，親友死亡嗎？工作的困難嗎？父母的不了解嗎？夫婦感情的破裂嗎？衣食需要沒錢嗎？前途的昏暗嗎？或者，事業成功了，地位上升了，愛情有結果了；這每一件都是切身的感受，自己都感到很重的壓力。跪在祭台前面，相信耶穌基督在聖體櫃內，耶穌是天主，是救主，敞開自己的心，把切身的感受和壓力都告訴祂，求祂好心處理。心靈必定體驗到基督的安慰和鼓勵。祂的安慰，深深進入我們心內。出堂時，全身感到安定輕鬆。

有恆祈禱

耶穌又向講他們一個比喻，要他們常常祈禱，不可灰心。他說：「某城有一個法官，他既不敬畏天主，也不尊重人。那城裡有一個寡婦常常去見他，請求他主持公道，制裁她的冤家。這個法官一直拖延，但後來心裡想；我雖然不敬畏天主，也不尊重人，可是這個寡婦不斷地煩擾我，不如為她伸冤，免得她經常上門，糾纏不休。」

主接著說：「你們聽聽那不義的法官所說的話吧！難道天主不會替那些日夜向他求援的子民伸冤嗎？他會延遲援助他們嗎？我告訴你們，他一定盡快為他們伸冤。可是，人子來臨時候，他能在世上找到這樣的信心嗎？」（路加福音 第十八章第一——八節）

耶穌基督是天主又是人，祂懂得人的心理。在上的人聽見在下的人叫屈，心裡不高興，不理；但爲避免囉嗦也祇好管。一個孩子向母親或父親要東西，父不給，時刻不停的要，父母也祇好給。天父不是人，並不要人不停地叫屈或要東西。人不停求，表示人的誠心和需要的迫切，天父也就俯聽人的祈求。

祈禱所重要的，是誠心，是有恆；另外一點最重要的，是全心信賴天父，天父答不答應，全聽天父的旨意，天父很欣賞這種信心。

謙心祈禱

耶穌又講另一個比喻，是針對那些自以為義而輕視別人的人說的。他說：「有兩個人到聖殿裡禱告：一個是法利賽人，一個是收稅的人。那個法利賽人昂然站立，禱告說：『天主啊！我感謝你，因為我不像別人那樣貪婪、不義、淫亂，更不像那個稅棍。我每星期禁食兩次，又奉獻全部收入的十分之一。』但是那個收稅的人遠遠地站著，連抬頭望天都不敢，只捶著胸膛說：『天主啊，可憐我這個罪人！』我告訴你們，這兩個人回去時候，在天主眼中的義人是那個收稅的人，而不會那個法利賽人。因為天主要把那自高的人降為卑微，卻高舉自甘卑微的人。」（路加福音 第十八章第九—十四節）

祈禱是同天父交談，向天父求恩，也是向天父道歉。我們祈禱時，心情是愛，是謙遜，是誠懇。作了好事，可以向天父說，但不爲誇功，是爲使天父高興，好比兒有得意的事，當然高高興興地報告父母，父母也高興。但兒子若趾高氣揚向父母誇自己的好，父母就要不好受了。好事，歸功於天父的助祐；壞事，自認是自己的罪過；天父聽了，一樣地喜歡。

在天父跟前，我們沒有可誇的，能力，健康，環境，都是天父所賜的，做好了，我們祇有感謝天父；做壞了，當然是我們的錯。感恩和認錯，是我們的祈禱。

靜心祈禱

「你們禱告的時候，不可像僞善的人那樣，喜歡在會堂裡或十字路口站著禱告，故意讓別人看見。我告訴你們，他們這樣做已經得了所能得到的報答了。你禱告的時候，要進你的房間，關上門，向在隱密中的天父禱告。那位看得見你在隱密中做事的天父一定會獎賞你們。」（瑪竇福音　第六章第五——六節）

祈禱是同天父交談，天父不在街上，不在人群裡，不在演講或喧鬧裡，是在我們心內，也特別在聖堂裡。我們祈禱，要收我們的心，在心裡看見天父。

祈禱更不是在聖堂典禮作秀，讀經，唱歌，或是穿戴炫燿。彌撒中，耶穌親自降來獻祭。將我們自己日常的辛苦逆難獻於基督，作爲光榮天父的祭品。

在家中，清晨深夜，合掌端跪或端坐，把心裡和家裡的事告訴天父，把自己的希望向天父說明，天父會加給我們勇力，背著工作向前走，心頭常安定平穩。

信而必行

奉行天父旨意

「那些稱呼我『主啊，主啊』的人並不都能進天國；只有實行我天父旨意的才能進去。在末日來臨的時候，許多人要對我說：『主啊，主啊，我們曾奉你的名傳天主的信息，也曾奉你的名趕許多鬼，行許多奇蹟！』那時候，我要對他們說：『我從來不認識你們；你們這些作惡的，走開吧！』」（瑪竇福音 第七章第二十一—二十三節）

單單說好話，講修身大道，自己卻不去做，那是虛僞的君子，《中庸》書裡講求學，要博學，審問，愼思，明辨，最後要篤行。

每天唸經祈禱是好事，星期五守齋是好事，向人傳福音更是好事；但是若不遵守十誡，若不肯吃苦去盡自己的職業，甚至於遇著困難就怨天尤人。耶穌說明對於這樣的信徒，祂不承認他是信徒，不能分得祂的救恩。

信徒的責任，在於實行遵從天父的旨意，守規循距，背著十字架跟著祂走。

聖保祿宗徒在致哥羅森人書中說：『就不斷爲你們祈禱，懇求天主使你們對祂的旨意有充分的認識，充滿各種天上的智慧和見識，使你們的生活相稱於主，事事叫祂喜悅在一切善功上結出果實。』（哥羅森書 第一章第十節）

更圓滿

「不要以為我來的目的是要廢除摩西的法律和先知的教訓。我不是來廢除，而是來成全它們的眞義。我實在告訴你們，只要天地存在，法律的一點一畫都不能廢掉，直到萬事的終結。所以，那違犯誡命中最小的一條，並且教別人也這樣做的，在天國裡要成為最渺小的。相反地，那遵守法律，並且教別人也同樣遵守的，在天國裡要成為最偉大的。所以，我告訴你們，你們一定要比經學教師和法利賽人更忠實地實行天主的旨意才能夠進天國。」（瑪竇福音 第五章第十七—二十節）

中國儒家的傳統倫理，有很好的善德，傳統的修身之道，有很圓滿的方法。中國人信奉基督，受洗進教，不是要放棄這一切，數典忘祖，而是要在傳統的倫理道德上做得更好。

耶穌基督對猶太人說祂來人世，不是為廢除梅瑟的法律，但是為使祂更成全。

人家說不可殺人，基督信徒不可咒罵別人。

人家說不可姦淫，基督信徒看見女人心裡不可貪戀。

人家說離婚該合法，基督信徒則遵守天主所結合的不可分開。

人家說不可發虛誓，基督信徒該說是是是，非是非。

人家說以牙還牙，基督信徒該以德報怨。

人家說愛人如己，基督信徒還要愛仇人。

人生幸福

耶穌一見群眾，就上了山，坐下；他的門徒上他跟前來，他遂開口教訓他們說：

「神貧的人是有福的，因為天國是他們的。
哀慟的人是有福的，因為他們要受安慰。
溫良的人是有福的，因為他們要承受土地。
飢渴慕義的人是有福的，因為他們要得飽飫。
憐憫人的是有福的，因為他們要受憐憫。
心裡潔淨是有福的，因為他們要看見天主。
締造和平的人是有福的，因為他們要稱為天主的子女。
為義而受迫害的人是有福的，因為天國是他們的。
幾時人為了我而辱罵迫害你們，揑造一切壞話毀謗你們，你們是有福的，你們歡喜踴躍罷！因為你們在天上的賞報是豐厚的，因為在你們以前的先知，人也曾這樣迫害過他們。」（瑪竇福音　第五章第一——十二節）

《尙書》的〈洪範〉講人生禍福，說五福六極。「五福：一曰壽，二曰富，三曰康寧，四曰攸好德，五曰孝終命。六極：一曰凶短折，二曰疾，三曰憂，四曰貧，五曰惡，六曰弱。」這種禍福觀，成了中國人的傳統。

現在有人說：誰是幸福的人？是「容光煥發，堅定自信，受過良好教育，時値中年的中產階級，是我們社會的幸福者。」㈠

幸福的最重要因素呢？「大部份的人認爲家庭幸福以及身體健康是幸福最重要的因素」㈡

耶穌基督卻啓示我們，捨棄一切去跟隨祂，背著十字架，心中有眞福。聖保祿宗徒說：「我已學會了，在所處的環境中常常知足。我也知道受窮，也知道享受，在各樣事上和境遇中，或飽飫，或饑餓，或富裕或貧乏，我都得了祕訣，我願加強我力量的那一位（基督），能應付一切。」耶穌的禍福觀，是從心靈去看，不從身體去看。心靈的福樂，才是眞福，身體的福樂，反爾能夠成爲生命的禍。（斐里伯人書　第四章第十一——十二節）

註：

㈠ 中國人的幸福觀 張老師出版社 頁一八〇。

㈡ 同上，頁一九〇

窄路

「你們要從窄門進去；因為那通向滅亡的門是寬的，路是好走的，朝著這方向走的人很多。那通向生命的門是多麼窄，路是多麼難走，找到的人很少。」

耶穌經過許多村鎮，朝耶路撒冷去，沿途教導人。有人問他：「主啊，得救的人不多吧？」（瑪竇福音 第七章第十三節）

好事多磨，這句俗話大家都知道，大家也都有經驗。

爲跟隨基督，跟祂走進天國，若想舒舒服服過一生，絕對跟不上祂。耶穌基督降生在白冷城外的一個羊洞裡，由母親跟若瑟抱往埃及逃難，回國後住在納匝助小鎮裡，人家都知道祂是木匠。三十歲以後傳道，祂說沒有枕頭的地方，傳道三年，被冤誣釘死十字架上。

耶穌走的路，是條苦路，一路佈滿了妒嫉，謀害，攻擊，步步進迫，身上要流血汗。冤死後第三天，祂復活了，四十天以後升天，坐在聖父的右邊，接受了天上，地面，陰間，對所有天使，人類，魔鬼的統治權。由痛苦中得安樂，由羞辱中得光榮。

人生困苦

從那時開始，耶穌清楚地指示門徒：說：「我必須上耶路撒冷去，在長老、祭司長，和經學教師的手下受種種的若難，並且被殺害，但是第三天我將復活。」

伯鐸拉耶穌到一邊，勸阻他，說：「不！主呵，這事絕不可臨到你身上！」

耶穌轉身對彼得說：「撒但，走開，你是我的絆腳石；因為你所想的不是天主的想法，而是人的想法！」

於是，耶穌對門徒說，「如果有人要跟從我，就得捨棄自己，背起他的十字架來跟從我。因為那想救自己生命的，反而會喪失生命；那為著我喪失生命的，反而會得到生命。一個人就贏得了全世界，卻賠上了自己的生命，有甚麼益處呢？當然沒有！他能夠拿甚麼去換回自己的生命呢？人子將要在他父親的榮耀中，跟他的天使一起來臨。那時候，他要按照各人的行為施報應。我鄭重地告訴你們，站在這裡的人，有的在他們死以前會看見人子臨到他們當中掌權。」（瑪竇福音　第十六章第二十一—二十八節）

大家對耶穌所做的一切事還在詫異的時候，耶穌又對他的門徒說；「不要忘記我要告訴你們的話；人子要被交在人手裡。」可是他們不明這話的意思；因為它的含意隱晦不明，使他們不能了解。他們又不敢問。（路加福音　第九章第四十四—四十五節）

他們在上耶路撒冷去的路上，耶穌走在前頭。門徒心懷戒懼；其他跟著的人也都害怕。耶穌再一次把十二個門徒帶到一邊，告訴他們將要發生在他身上的事。他說：「看吧，我們現在上耶路撒冷去。人子將被出賣給祭司長和經學教師；他們要定他死罪，然後把他交給外國人。他們要戲弄他，向他吐口水，鞭打他，並殺害他；第三天，他要復活。」（馬爾谷福音　第十章第三十二—三十四節）

耶穌三次向門徒們說明：祂將被出賣，將受審判，將受侮辱，將被處死；但死後第三天要復活。

門徒們聽了都不相信，也不敢相信。

耶穌卻說明凡願意隨他作門徒的人，也要肯受苦，肯犧牲敢背十字架跟隨祂走。

困苦是正義的道路，見利思義，必有困苦。

困苦是成功的道路，不敢吃苦，怕犧牲祗有失敗。

困苦是救人救己的路，人的喪亡是犯罪，在天主前須用犧牲以補罪。

困苦是愛心的路，受基督，和基督一同受苦；愛天父，以苦痛向天父補過；愛自己，使自己心靈清潔；愛人，以犧牲自己幫助別人。

殉道

「要留意！我派遣你們出去，正像把羊送進狼群中一樣。你們要像蛇一樣的機警，像鴿子一樣的溫柔。當心，有人要拘捕你們，帶你們上法庭，在他們的會堂裡鞭打你們。為了我的緣故，你們將被帶到統治者和君王面前受審判，向他們和外邦人見證福音。你們被審問的時候，不要擔心要說些甚麼話，或是要怎樣對答；那時候，天主會指示你們應該說的話。因為你們所說的，不是自己的話，而是你們天父的神藉著你們說的。

「兄弟要出賣兄弟，置他們於死地；父親也要這樣對待兒女；兒女要跟父母作對，並且害死他們。為了我，大家要憎恨你們；但是那忍耐到底的人必然得救，他們要是在這城裡迫害你們，你們就逃到另一城去。我告訴你們，你們還沒有走遍以色列的城市，人子就要來臨。（瑪竇福音 第十章第十六－二十三節）

天主教會在猶太開始時，就遭受迫害，就有了殉道的義士。傳到羅馬帝國，幾乎三百年受羅馬皇帝的血腥打擊。後來，每傳到一個國家，必有傳教士被殺的慘劇。在中國也沒有例外，清朝仇視洋人，也就仇視天主教，大教難兩次，拳匪之亂，中共之亂。耶穌對門徒說：我派你們出去，就如把羊群送進狼群裡一樣！

但是天主教會越遭打擊越興旺，殉道者的血是新信徒的種子。

信仰基督是求心靈的安寧；但是安寧要從痛苦裡來。信仰基督是求精神幸福，但是精神幸福要從磨煉裡出來。信仰基督是求生活的目標，生活的目標要建立在犧牲自己。信仰基督是求身後永生幸福由現生病苦去建立。

痛苦贖罪

一群人跟隨著耶穌，其中有些婦女為他悲傷哀哭。耶穌轉過身來，對她們說：「耶路撒冷的女子啊！別為我哭，要為你們自己和你們的兒女哭！因為日子就要到了，人要說：『未生育、未懷過胎、未哺育嬰兒的，多麼幸運哪！』那時候，人要對大山說『倒在我們身上吧！』要對小山說：『遮

蓋我們吧！』因為，要是他們對青綠的樹木做了這樣的事，對枯乾的樹木又將怎樣呢？」（路加福音第三十三章第二十七—三十一節）

對著痛苦，誰不流淚呢？陪伴喪失親人的家親，誰不同流眼淚呢？痛苦害人的身體，撕破人的心靈。

爲什麼人世有痛苦呢？痛苦來自罪惡，死亡也是來自罪惡。天主造人時，沒有創生痛苦和死亡，人類始祖違背天主的訓令，沒有接受一次考驗，成了天主的仇敵，天主降罰人類，使大地生蒺藜，人要流汗勞苦，野獸不馴，水土不調，疾病叢生。最後，人來自土，仍要歸於土。

基督代人贖罪，甘心忍受凌辱，鞭打，死刑。人自己若不知罪，將來的罪罰必更慘！每個人對著痛苦，回想自己和人類的罪過，背著痛苦往上走，痛苦變成愛的佐記。

自己背十字架

有許許多多的人跟耶穌一起走。耶穌過身來對他們說：「到我這裡來的人要不是愛我勝過愛自己的父母、妻子、兒女、兄弟、姊妹，甚於他自己，就不能作我的門徒。你們當中有誰想蓋一座高樓，不先坐下來細算一番，看看有沒有完成全部工程的費用？否則，恐怕他基奠好以後，樓房無法完，看見的人都會笑話他，說：『這個人開工建造，卻不能完工！』假使有一個國王領著一支一萬人的隊伍，要去跟另一個擁有兩萬人軍隊的國王打仗，他一定先坐下來估量自己的實力，看看能不能對抗敵軍；如果不能，他就得趁著敵軍還在遠方的時候，派遣使者去跟對方談判和平的條件。同樣，你們無論誰，除非放棄所有的一切，不能作我的門徒。」

「鹽原是好的，但如果失了味，怎能使它再鹹呢？把它當土壤或肥料也不適宜，只好丟棄。有耳朵可聽的，都聽吧！」（路加福音　第十四章第二十五—三十四節）

去跟一位甘心被釘死在十字架的老師作徒弟，不是輕鬆的事，不是舒服的事。老師被釘死是爲消滅罪惡，祂要求門徒向罪惡宣戰，不能妥協。眼睛誘你犯罪，挖了牠！手腳誘你犯罪，砍了牠！假使或父母，或兄弟，或妻子，或兒女，使你犯罪，拋棄他們。

「殺身成仁，捨生取義」，爲中國古人的教訓，中國古人在大難時成仁取義。

耶穌所要求的不祇是在大難時，有成仁取義的豪舉，而是在日常的生活中，常有向罪過不低頭的精神。不僅是大罪，連小過也要不苟且放過。不是我願意就好，而是要天主願意。

捨棄所有

有一個人來到耶穌跟前說：「師傅我該行什麼『善』為得永生？」耶穌對他說：「你若願竟是成全的，去！變賣你所有的，施捨給窮人，你必有實藏在天上；然後來跟隨我。

那時伯多祿開口對他說：「看我們捨棄了一切，跟隨了你；那麼，將來我們可得到什麼呢？」耶穌對他們說：「我實在告訴你們；你們這些跟隨我的人，在重生的世代，人子坐在自己光榮的寶座上時，你們也要坐在十二寶座上，審判以色列十二支派。並且凡為我的名，捨棄了房屋、或兄弟、或姊妹、或父親、或母親、或妻子、或兒女、或田地的，必要領取百倍的賞報，並承受永生。有許多在先的要成為在後的，在後的要成為在先的。」（瑪竇福音第十九章第十六—三十節）

捨棄一切，跟隨基督。耶穌招叫了十二宗徒，西滿伯鐸、安德肋、雅各伯、若望、瑪竇等人，都要他們捨棄一切，全心全力爲祂工作。普通的信徒，應遵守天主的規誡；跟隨祂的門徒則要捨棄所有的一切。

天主教會兩千年來，有成千成萬的門徒，捨棄一切，爲基督服務。他們男女結成團體，生活在嚴肅的規律中，有的在社會爲教會作事有的在修院內日夜祈禱。天主教會世世代代有了這等男女團體，稱爲修會。修會的修士修女，離開了家庭，放棄了婚姻，捨掉所有財產，專心服侍基督，爲人群服務，代替世人祈禱。他們不希望人世的享受，心靈上則得到天主所賜的安定，來生更有永生的快樂。

獨身貞操

耶穌講完這些話以後，就離開加里肋亞，來到約但對岸的猶太境內。有許多群眾跟隨他，他就在那裡醫好了他們。

有些法利塞人來到他跟前，試探他說：「許不許人為了任何緣故，休自己的妻子？」他回答說：「你們沒有念過；那創造者自起初就造了他們一男一女；且說：『為此，人要離開父親和母親，依附自己的妻子，兩人成為一體』的話嗎？這樣，他們不是兩個，而是一體了。為此，凡天主所結合的人，不可拆散。」他們對他說：「那麼，為什麼梅瑟還吩咐人下休書休妻呢？」耶穌對他們說：「梅瑟為了你們的心硬，纔准許你們休妻；但起初並不是這樣。如今我對你們說：無論誰休妻，除非因為姘居，而另娶一個，他就是犯奸淫；凡娶被休的，也是犯奸淫。」門徒對他說：「人同妻子的關係，如果是這樣，倒不如不娶的好。」耶穌對他們說：「這話不是人人所能領悟的，只有那些得了恩賜的人，纔能領悟。」（瑪竇福音 第十九章第一節——十一節）

婚姻帶給人許多困難，許多痛苦；而且不許離婚，但是婚姻爲造物主天主所訂，是人的正常生活，也爲傳承整個人類的管道。

在正常生活以外，有超於正常的生活方式，是爲服務基督，爲愛天父，採取獨身生活，誓守貞潔。

聖保祿宗徒對格林多人說：「我願你們無所掛慮：沒有妻子的，所掛慮的是主的事，想怎樣悅樂主；娶了妻子的，所掛慮的是世俗的事，想怎樣悅樂妻子；這樣他的心就分散了。沒有丈夫的婦女和童女，所掛慮的是主的事，一心使身心聖潔；至於已出嫁的，所掛慮的是世俗的事，想怎樣悅樂丈夫。我說這話，是爲你們的益處，並不是要設下圈套陷害你們，而只是爲叫你們更齊全，得以不斷地專心事主。」（格林多前書　前七章第三十二—三十五節）

天主教會歷代獻身爲基督服務的人，或任聖職員，或作修士修女，他們男女都爲獨身，不婚不娶。獻自己的心於天主，以真美善的天主作自己愛心的對象，一心只求悅樂天主。

天主的僕人

「假使你們當中某人有一個種田或放羊的僕人，他從農場回來時，你會不會對他說：『趕快坐下來吃飯』？當然不會的！你會對他說：『先替我預備晚飯，繫上圍裙，伺候我，等我吃過了，你才吃。』僕人照著主人的吩咐做事，難道主人還得向他道謝嗎？你們也是一樣。當你們做完一件主吩咐你們做的一切事。就說『我們原是無用的僕人；我們所做的不過盡了本分而已。』』（路加福音　第十七章第七——十節）

人常以為自己是宇宙的主人，常幻想作個超人，或者作個女強人。年青人認為『我願意的，我喜歡的，為什麼不可以？』

科學發明到了原子時代，人們不是可以控制宇宙了嗎？但是，全球卻都鬧環境污染，大家在喊救地球了！

你無論地位怎麼高，事業多麼大，金錢多麼富，一日病倒了，群醫束手，你便祇好聽命運了！命運是天命，對著天命，你祇有低頭稱臣，不敢稱王稱霸。

我們都是受造物；造物主天主，稱我們是兒子女兒，不叫我們作僕婢。實際上，我們和天主的距離，豈祇是僕人和主的距離！我們誠心地以孝愛的心情，事奉天主，承認所作的事，在天主眼中都不是完全的。

誠實

「你們說話，是，就說是，不是，就說不是；再多說便是出於那邪惡者。」（瑪竇福音 第五章第三十七節）

《中庸》講「誠」，以「誠」爲天德，『誠之爲人德』。天德是天然的，人德是人爲的。人說話，天然地說出心裡想說的，這是天德；可是說話的人，想到別的利害，卻不願意把所願意的說出來，想另外說些話，說出來的話便是假的，但是他仍舊不顧利害，還是把心想的話說出來，這就是人爲的「誠之」，稱爲人德。

說話不誠實，違背了說話的天德。

說話不誠實，破壞了人與人的關係。

說話不誠實，騙了人，騙不了天主，騙不了良心。

耶穌教訓我們說話，是就是，非就非。

社會的人際關係建立在誠字上。

感恩

耶穌在往耶路撒冷去的旅途中，經過撒馬利亞和加利肋亞中間的地區。他進了一個村莊的時候，有十個痲瘋病人迎著他走過來。他們遠遠站著，高聲喊說：「耶穌老師啊，可憐我們吧！」

耶穌看見了，對他們說：「你們去，讓祭司檢查你們吧！」

他們去的時候已經潔淨了。其中有一個人看見自己已經好了，連忙轉回來，大聲頌讚天主，又俯伏在耶穌腳前感謝他。這個人是撒馬利亞人。耶穌說：「得到醫治的有十個人，其他的九個在哪裡呢？為甚麼只有這個外族人回來感謝天主呢？」於是耶穌對他說：「起來，去吧！你的信心治好你了。」（路加福音 第十七章第十一—十九節）

感恩，是人天生的心情。嬰孩得有母親抱他吻他，他就向母親微笑，表示高興，也表示感謝。

小孩說話了，母親教他接到東西時，點點頭，說句謝謝。聽到小子孩點頭說謝謝，大人都得開心。

目前青少年，卻一心衹知道自己要東西，而且認爲自己有權要東西，父母給他們東西，老師教他們東西，他們認爲應該給你們，父母和老師是欠他們這些東西，談不上感恩的心。

成年人和老年人，又有幾個想到宇宙間的一切，有造物主掌管，飲食和工業的原料都是造物主所造，另外自己的生命，是造物主的愛，每個人心裡對造物主應有感恩的心。清晨深夜，我們常要向天主說一句謝謝。

錢阻人得救

有一個猶太人的領袖來請教耶穌說：「良善的老師，我該做甚麼才能夠得到永恆的生命呢？」耶穌問他：「你為麼稱我為良善的呢？除了天主以外，再也沒有良善的了。你一定曉得誡命所規定的：『不可姦淫；不可殺人；不可偷竊；不可作假證；要孝敬父母。』」

那個人回答：「這一切誡命我從小都遵守了。」耶穌聽見這話，再對他說：

「你還缺少一件。去賣掉你所有的產業，把錢捐給窮人，你就會有財富積存在天上；然後來跟從我」那個人一聽見這話，很不開心，因為他很富有。耶穌看見這種情形，就說「有錢人要成為天主國的子民多麼難啊！有錢人要成為天主國的子民比駱駝穿過針眼還要難！」（路加福音　第十八章第十八－二十九節）

有錢的人，賺錢不擇手段，害人傷公道；有了錢，花天酒地，玩妓玩賭；這等人怎能得救？

有錢的人，若是好人，從早到晚，忙著計劃事業，忙著發展計劃，想法利用金錢，心中抱著不前進就是退止的志向，那裡有時間想到天主，想到自己的靈魂；這等人又怎能得救？連人生的享受，心裡都不能安心享受。

天主可以使富人得救；使他心不在金錢上，使他認知財富是天主給的，使他知道回饋社會。

報應

「從前有一個財主，每天穿著華麗的衣服，過著窮奢極侈的生活。同時有一個討飯的，名叫拉撒祿；他渾身生瘡，常常被帶到財主家的門口，希望撿些財主桌子上掉下來的東西充飢，連狗也來舔的他的瘡。」

「後來這窮人死了，天使把他帶到亞伯郎身邊，在天上享受盛筵，財主也死了，並且埋葬了。財主在陰間痛苦極了；他抬頭瞧見亞伯郎在遙遠的地方，又看見拉撒祿在他身邊，就呼叫說：『我的祖宗亞伯郎哪，可憐我吧！請打發拉撒祿用指尖蘸點水來涼涼我的舌頭吧！因為我在這火燄裡，非常痛苦！』」

「可是亞伯郎說：『孩子啊，你該記得你生前享盡了福了，可是拉撒祿從來沒有好日子過；現在他在這裡得著安慰，你反而在痛苦中。而且，在你我之間有深淵隔開，人要從這邊到我這邊來也不可能。』財主說：祖宗啊，既然這樣，求你打發拉撒祿到我父親家去；我有五兄弟，讓他去警告他們，免得他們也到這痛苦的地方來。』」

「亞伯郎說：『你的兄弟有梅瑟和先知們去警告他們，讓你的兄弟去聽他們的話吧！』財主說：『先祖亞伯郎哪，那是不夠的。假如有人從死裡復活，到他們那裡去，他們就會棄邪歸正。』可是亞伯郎說『如果他們不聽梅瑟和先知們的話，即使有人從死裡復活，他們也不會相信的！』」（路加福音第十六章第十九—三十一節）

現世行爲的報應，不在於輪迴的來生，而是在身後靈魂的永生。

富翁和拉匝祿（拉撒祿的比喻），說出這點很深切的心理狀況，第一，富翁心情的擁腫，一點敏感都沒有，他看到躺在門口，滿身爛瘡的乞丐，一點不動心，一絲感觸也沒有，連狗都不如。這表示金錢和物質享受怎樣埋沒人的良心。第二，死人出現來警告，也不能使不守規誡的人改過。一時，因著驚恐，可以守誡，但敵不過金錢和享受的誘惑，仍舊掉入罪惡裡。第三，生前不把桌上掉下的碎片給乞丐，死後要求乞丐指頭一滴水也不能得，兩者的比較，好令人驚心！這表示在生沒有一絲愛心，死後也得不到一絲愛心，祇有正義的苦痛。

七、使命

建立教會

吃完了早飯耶穌對西滿伯鐸說：「若望的兒子西滿，你愛我勝過這些嗎？」
他回答：「主啊，是的，你知道我愛你。」
耶穌說：「你餵養我的小羊。」耶穌第二次問：「若望的兒子西滿，你愛我嗎？」
他回答：「主啊，是的，你知道我愛你。」
耶穌對他說：「你牧養我的羊。」耶穌第三次再問：「若望的兒子西滿，你愛我嗎？」伯鐸因為耶穌一連三次問他「你愛我嗎？」就難過起來，對耶穌說：「主啊，你無所不知，你知道我愛你。」
耶穌說：「你牧養我的羊。我鄭重地告訴你，你年輕的時候，自己束上腰帶，隨意往來；但年老的時候，你要伸出手來，別人要把你綁著，帶你到不願

意去的地方。」（耶穌說這話是指明伯鐸將怎樣死，來榮耀天主。）接著，

耶穌又對他說：「你跟從我吧！」（若望福音 第二十一章第十五—十九節）

耶穌復活升天，回到天父那邊去，爲救世工程的繼續，祂建立教會。祂早已向西滿伯鐸說過，他是磐石，在磐石上建立他的教會，陰間的勢力絕不能勝過他。現在耶穌就要離開人世了，祂便正式把自己的教會交給伯鐸，吩咐他照顧，餵養祂的羊群。

交給他以前，有一個條件，條件是「愛心」，伯鐸要比別的門徒更愛基督。基督曾說過在祂的教會裡，職位高的人是爲眾人服務，而不是掌權管理人，教會的組織是愛，教會的精神是互助，教會的權力是服務。

召選門徒

耶穌離開那裡再往前走，看見了一個收稅的，名叫馬竇，坐在稅關上。耶穌對他說：「來跟從我！」馬竇就起來，跟從了他。耶穌在馬竇家裡吃飯的時

候，許多稅棍和壞人也來了；他們跟耶穌和他的門徒一起吃飯。有些法利賽人看見了，就對耶穌的門徒說：「為甚麼你們的老師跟稅棍和壞人一起吃飯呢？」耶穌聽見了這話就說：「健康的人用不著醫生，有病的人才用得著。聖經上說：『我要的是仁慈，不是牲祭。』你們去研究這句話的意思吧！因為我來的目的不是要召好人，而是召壞人。」（瑪竇福音　第九章第九——十三節）

耶穌召選門徒，似乎是很偶然地，臨時看見一個人，就招召了他。實際上，則每次的揀選，都有天父的旨意，他所召選的人，是天父在無始之始，創造天地以前，已經就選定的，基督看到天父所選定的人，就召選了他。所以看來很偶然，像臨時突然決定的。聖保祿宗徒向羅馬人說：「天主不但召叫了所預定的人，而且使祂所召叫的人成義，並使成義的人，分享祂的光榮。」（羅馬人書　第八章第三十節）

耶穌也說明了祂依照天父召選的意義：祂來的目的爲召壞人成善人。沒有人敢自誇是善人，更沒有資格鄙視別人爲惡人。

誠心跟隨耶穌

有一次，耶穌站在革乃撒勒湖邊，人群擁上來，要聽他宣講天主的話。他看見兩條船停在湖邊，打魚的人離開船，正在岸上洗網。耶穌上了西滿的那一條船，吩咐西滿把船撐開，離岸幾步。耶穌坐下來，從船上教道群眾。講完後，他對西滿說：「把船划開，到水深的地方去，然後你跟你的夥伴撒網打魚。」

西滿說：「老師，我們整夜辛勞，甚麼都沒有打著；既然你這麼說，我就撒網吧！」於是他們撒網，捕到了一大群魚，魚網差一點破了。他們就打手勢，招呼另一條船的夥伴過來幫忙。他們來了，把魚裝滿兩條船，船幾乎沉下去。西滿看見這情形，就跪在耶穌面前，說：「主啊，請你離開我吧，我是個罪人！」

他和其他夥伴對打到了這一網魚都很驚訝。他的夥伴載伯德的兒子雅各和若望也是一樣驚訝。耶穌對西滿說：「不要怕，從今以後，你要成為漁人的漁夫。」（路加福音 第五章第一——十節）

耶穌基督顯行靈蹟，不是作秀，不是取巧，常是有嚴肅的意義。

坐在伯鐸的船上講完了道，吩咐伯鐸去打魚，祂知道伯鐸前一晚沒有網到魚，願意幫他們取得一天的生活費；另外，祂召選伯鐸他們四個人作門徒，要激發他們的信心；因此，顯靈使他們撒下網去，網了滿網的魚。伯鐸馬上覺得這位老師的偉大，自認不敢當同祂在一起。但聽了耶穌說「不要怕！跟我來做別人的導師。」立刻捨棄了一切，跟隨耶穌。

聖保祿宗徒常說自己是因基督的招召，得有宗徒傳道的使命，他自己「鞠躬盡瘁、死而後已」以滿全自己的使命。

傳道

十一個門徒到了加利利境內，到耶穌吩咐他們去的那座山上。他們一見到耶穌，就都向他下拜；可是還有人心裡疑惑。耶穌走近他們，對他們說：「天主已經把天上和人間所有的權柄都賜給我了。所以，你們要往世界各地去，使所有的人都做我的門徒；奉父、子、聖神的名給他們施洗，並且教導他們守我所給你們的一切誡命。記住！我要常跟你們同在，直到世界

的末日。」（瑪竇福音 第二十八章第十六—二十節）

完成了救贖人類的使命，耶穌基督要回到天父那裡去，離世升天。在升天的前一刻，基督向宗徒們留下了祂的訓令「你們往世界各地去，使所有的人做我的門徒，給他們授洗。」又說明這訓令的理由，「天父已把天上地下的一切權力交給了祂。」世界是屬於祂的。

宗徒們接受了基督的訓令，四出傳道；他們的繼承人，也接受了基督的訓令，直到今天，全球的主教都知道自己有傳道的使命，而且也有責任提醒神父和教友，都各自按著身份，負有傳道的使命。

傳道，助人取得人生的目的；傳道，教人走向人生目的的路；傳道，幫勵人得達生活的真正幸福。

樸素人傳道

耶穌沿加利利湖邊走著，看見兩個打魚的兄弟，西滿（別號彼得）和他的弟弟安得烈，正在湖裡撒網打魚。耶穌對他們說：「來跟從我！我要教你們成為漁人的漁夫。」他們立刻丟下魚網，跟從了耶穌。

耶穌再往前走，看見了另外兩個兄弟——載伯德的兒子雅各和若望；他們跟父親一起在船上整理魚網。耶穌呼召他們，他們立刻捨了船，辭別父親，跟從耶穌。（瑪竇福音　第四章第十八—二十二節）

救贖世人的工程，由基督開端，建立基礎，再由門徒去繼續。耶穌基督曾經聲明，要在西滿伯鐸的磐石上，建立自己的教會，為建立教會，基督召選將來負責管理教會的門徒。耶穌基督召選第一批門徒，召選了四個漁夫。

漁夫白天修網，黑夜打魚，打魚多少，祇能靠天吃飯。沒有貪心，沒有巧詐，不多讀書，是樸素造成的貧苦人，基督召選了他們作第一批門徒。

中國古代則有文人騷客，厭惡官場的貪污，鄙視富人的虛偽，自願隱身江湖，釣魚為生。基督所召選的不是這類詩人詞家，而是愚昧誠實的平民。聖保祿宗徒曾經對格林多人說明天主召選愚昧的、懦弱的、卑賤的人，為教人在天主前不能自誇，以一切成功歸之於天主。（致格林多前書　第一章）

十二宗徒

在這幾天，耶穌出去，上山祈禱；他徹夜向天主祈禱。天一亮，他把門徒叫來，由他們中揀選了十二人，並稱他們為宗徒；即西滿，耶穌又給他起名叫伯多祿，和他的兄弟安德肋、雅各伯、若望、斐理伯、巴爾多祿茂、瑪竇多默、阿耳斐的兒子雅各伯、號稱「熱誠者」的西滿、雅各伯的兄弟猶達和猶達斯加略，他成了負責者。（路加福音　第六章第十二—十六節）

基督擔負救世的使命，救世使命的功效，由教會去實現，基督便先揀選將來教會的負責人，予以訓練，在公開講道開始，就召選了門徒，後來在門徒中揀選了十二人，作爲宗徒。在揀選以前，基督徹夜祈禱，和天父交談，聽取天父吩咐，向天父拜託所選的人。十二宗徒，成爲教會的柱石。十二宗徒，也成爲教會主管人的團體名號。十二人中，如達斯反叛了老師，自殺身亡，伯鐸仍舊提議揀選了馬弟亞補足十二人的數目。天主教會的主教，繼承了十二宗徒的使命。

用才作善

「天國又好比以下的故事：有一個人要出外旅行，他叫僕人來，把產業交給他們。他按照他們各人的才幹，一個給了五千塊錢，一個給了兩千，一個給了一千，然後動身走了。那領五千塊錢的，立刻出去做生意，賺了五千。同時，那領兩千塊錢，也賺了兩千。可是那領一千塊錢的，出去，在地上挖了一個洞，把主人的錢埋起來。」

「過了許久，那幾個僕人的主人回來，跟他們結帳。那領五千塊錢的進來，帶來了另外的五千，說『主人，你給我五千塊錢，你看，我又賺了五千。』主人說：『很好，你這又好又可靠的僕人！你在小數目上可靠，我要委託你經管大數目。進來跟你的主人同享喜樂吧！』

那領兩千塊錢的進來，說：『主人，你給我兩千塊錢，你看，我又賺了兩千。』主人說：『很好，你這又好又可靠的僕人，你在小數目上可靠，我要委託你經管大數目。進來跟你的主人同享喜樂吧！』這時候，那領一千塊錢的僕人也進來，說：『主人，我知道你是個嚴厲的人；你在沒有栽種的地方也要收割，沒有撒種的地方也要收聚。我心裡害怕，我把你的錢埋在地下。請看，你的錢就在這裡。』他的主人說：『你這又壞又懶的僕人！既然你知道我在沒有栽種的地方也要收割，沒有撒種的地方也要收聚，你就該把我的錢存入銀行，等我回來的時候，可以連本帶利一起收回。你們把他的錢拿過來，給那個有一萬塊錢的。因為那已經有的，要給他更多，讓他豐富有餘；而那沒有的，連他所有的一點點也要奪走。至於這個無用的僕人，把他趕到外面的黑暗裡去；在那裡，他要哀哭，咬牙齒。』（瑪竇福音 第二十五章第十五—三十節）

每個人生來得有天生的才能，才能或多或少。既是天生的，便不是自己學來的，而是造物主所給的。

造物主給人才能，必定有用。我們自己也有經驗，各人的生活，靠自己的才能去找方法和資料，社會和國家的建設，也靠人的才能去完成。

懶惰的人，把天生的才能埋著不用，靠別人而生活，人不像個人！

勤奮的人，先用功學習，加強才能的運用；後用努力，發揮自己的才能，乃有或多或少的建樹，對於人類有貢獻。但也有因環境不適合，有才能而不能用。不過，天主所要求的是各人各盡心力，追求才能的發展。盡多少心力，便是向天主報告的成績。

向人傳道

耶穌周遊各市鎮鄉村，在各會堂裡教訓人，宣講天國的福音，並治好民間的各種疾病。當他看見一群群的人，動了惻隱的心；因為他們孤苦無助，像沒有牧人的羊群一般。所以，他對門徒說：「要收成的很多，但是收割的工人太少。你們要祈求農場的主人，派工人來收割他的農作物。」（瑪竇福音　第九章第三十五—三十八節）

基督的葡萄園或農場，就是社會，就是人間世，多少青少年曉家曉學，遊蕩作惡。多少少年人，尋求刺激，吃毒、嗜賭，多少商場壯年人，花天酒地，進出妓館。還有多少殘障人失業，多少少女失情，多少官場人失意。老年人中也多有孤單無靠，或前途失望，生活灰色乏味。這些人，都是基督葡萄園或農場等待收割的農產物，他們等待好心的基督信徒，去幫助他們認清生活的目的和價值，指示他們生活的途徑，安慰他們的孤苦，振作他們的精神。

另外又有追求真正生活目的的青年，又有渴望獲得生活意義的學者，又有尋求心靈安定的勞心人，他們也是基督葡萄園或農場的農產物，等待有修養有學識的基督信徒去接近他們，讓他們體驗基督信仰的活力，獲得生活興趣。

德化

「你們是全人類的鹽。鹽若失掉了鹹味，就無法使它再鹹。它已成為廢物，只好丟掉，任人踐踏。」

「你們是全世界的光。一座建造在山上的城是無法遮蓋起來的。沒有人點亮了燈去放在斗底下，一定是放在燈臺上，好照亮全家的人。同樣地，你們的光也該照在人的面前，讓他們看見你們的好行為，來頌讚你們在天上的父親。」（瑪竇福音 第五章第十三——一六節）

先知先覺，是人類社會的教師，他們作人生活的鹽和光。鹽使人生活品質變美，光使生活目標確定。

基督的門徒，負有人類社會的鹽和光的使命。他們誠心實踐基督的信仰，發生鹽和光的動力，使整個社會生活品質美好，目的顯明；他們滿全先知先覺的使命。

中國古人，常講聖賢和君子，爲草上的風，他們在人世間有德化的功能。基督的門徒，就該當具有德化的風力。

不幸，若沒有德化的風力，反而發出生活腐爛的臭味，這類基督徒就要受社會的踐踏，成爲人們不齒的敗類；那是好可憐，好可哀痛的事！

八、信德

信心

耶穌離開那地方，避到泰爾和西頓附近地區去。當地的一個迦南女人來見他，喊著說：「主啊，達味的子孫，可憐我吧！我的女兒被鬼附著，痛苦不堪！」

耶穌一句話也不回答。門徒上來求他說：「請叫她走開吧！她跟著我們，一路喊叫呢！」

耶穌回答：「我只奉差遣到以色列人當中尋找迷失的羊。」

那女人一聽見這話，就在他的腳前下拜，說：「主啊，請幫助我！」

耶穌說：「拿孩子的食物丟給狗吃是不對的。」

那女人說：「是的，主啊，可是小狗也吃主人桌上掉下來的碎屑呢！」

於是耶穌說：「婦人，你的信心好大呀！照你所要的，給你成全吧！」她的

女兒就在那時候好起來了。（瑪竇福音 第十五章第二十一—二十八節）

天主創造了宇宙，祂還可以創造無數的宇宙，是全能的，不需要人向祂獻東西，以色列人曾向祂奉獻牛羊作犧牲；天主對他們說：我難道吃牛肉羊肉嗎？整個地面的生羊不都是我的嗎？又何必你們來奉獻？我所要的，是你們的一片赤心。你們有困難，有急需時，誠心向我求救，誠心信賴我，我就樂意幫助你們。

耶穌基督在傳道時，顯靈救人，祂祇看人的信心。這個迦南女人，不是以色列人，耶穌說自己奉天父派遣爲以色列人傳道，不管別的民族的事。迦南女人卻相信，天主給以色列人很多的恩惠，以色列人不要，讓恩惠掉在地下，她總可以撿起來。耶穌欣賞她的這種信心，顯了靈跡，治好了她的女兒。

全心信賴

有一個女人患了十一年血崩；她走到耶穌背後，摸了一下他外袍的衣角。她心裡想：「只要我摸到他的衣角，我一定會得到醫治。」耶穌轉過身來，看見她，就對她說：「孩子，放心吧，你的信心救了你！」就在那時候，那個女人的病好了。（瑪竇福音 第二十章第二十一二十二節）

信心的表現，在不尋常的情況下，圓滿無缺的相信，信心最可寶貴。耶穌既然能夠顯靈，祂顯靈的能力，不受環境的限制。這個患了十二年血崩的女人，她的信心就很完滿，她認爲祇要摸著耶穌衣服的衣邊，就可以病好了。她摸了，耶穌問誰摸了祂的衣，門徒們說：人群四面擠來，怎麼還問誰摸了衣呢？那個女子乃跪地說是她摸了，耶穌說：「你的信心救了你。」

兒女信賴父母，父母一定盡力使兒女的信心不落空，何況天主呢？

誠心信賴

門徒們對主說：「請給我們更大的信心。」

主說：「如果你們有了像一粒芥菜種子大小的信心，就是對這棵桑樹說：『連根拔起來，去栽在海裡』它也會聽從你們的。」（路加福音 第十七章第五—六節）

信心，不在於所信的事或大或小，而是在於誠切不誠切。信心若誠切，可以顯靈。

在宗教生活裡，信心是一種善德，即是信德，信德乃是宗教生活的基礎。宗教生活在基本上要信有天主，要信有耶穌救主，要信人的生命和宇宙的一切受天主掌管，要信善惡有賞罰。

信服天主是造物主是救主，便信天主愛我們；既信服天主的愛，就要孝愛天主，孝愛天主便是宗教生活的精髓。有了愛天主的生活精髓，宗教生活乃是圓滿的生活。

宗教生活圓滿了，一個人的全部生活都會圓滿，愛天主而愛人，信天主的賞罰而守義。

生活有了仁義生活必定圓滿。

信仰爲生活的基礎

耶穌來到迦百農，有一個羅馬軍官來迎接他，求他幫助，說：「主啊，我的僕人患了癱瘓病，躺在家裡，非常痛苦。」

耶穌說：「我去醫治他。」

軍官回答：「主啊，你親自到舍下來，我不敢當；只要你吩咐一聲，我的僕人就會好的。就像在我上面有指揮我的長官，下面有受我指揮的兵士；我命令這一個人去，他就去，命令那一個人來，他就來，對我的奴僕說『做這件事，』他就去做。」

耶穌聽見這話，非常詫異，對跟從他的人說：「我實在告訴你們，像這樣的信心，我在以色列人當中，從來沒有遇見過。我告訴你們，將有許許多多的人從東從西前來，跟亞伯郎、依撒各、雅各一起在天國坐席。那些本來可以成為天國子民的人，反而要被驅逐到外面的黑暗；在那裡，他們要哀哭，咬牙切齒。」然後耶穌向那軍官說：「你回家去吧，照你的信心給你成全！」他僕人的病就在時時刻完全好了。（瑪竇福音 第八章第五－十三節）

相信耶穌是天主，宇宙一切都在祂的掌握中，祂只要發號施令，事情必定完成。一個羅馬軍官有這樣的信心，基督看了心中非常高興，同時也感慨在以色列信天主的民族裡還沒有這等高深而誠切的信仰，因此說「將有許多人從東從西前來，和亞伯漢，依撒各，雅各伯一起在天國裡坐席」，以色列人反而被驅逐在天國以外。

信德爲宗教生活的基礎，沒有信德就不成爲天主的子民。以色列人信上帝天主，不信救主耶穌，因而不得救。信德是全的，信天主是全能的，信天主爲救我們所有的設施，信耶穌救主，信聖教會。完全的信德，使人得救。

信耶穌是天主

當天晚上，耶穌對門徒說：「我們渡湖到對岸去吧。」於是他們離開群眾。

耶穌已經在船上等著，門徒上了船就帶著他走；另有別的船同行。湖上忽然颳起大風，波浪沖擊，浪花打進小船，船幾乎灌滿了水。當時耶穌在船尾，靠著枕頭睡著了。他們叫醒他，說：「老師，我們快死啦，你不在乎嗎？」耶穌起來，命令風：「靜下來！」又吩咐浪：「停止！」風就停住，湖面平靜下來。於是他對門徒說：「為甚麼膽怯，你們還沒有信心嗎？」他們就非常恐懼，彼此說：「這個人究竟是誰，連風浪也聽從他！」（馬爾谷福音　第四章第三十五—四十一節）

耶穌是天主，祂在船上，雖然睡覺了，祂仍照顧一切。門徒們有信心，但不完全，認爲需要耶穌起來，親自向風浪發令，單單祂睡在船上不夠。耶穌責備他們說：「你們的信心在那裡？你的信心太小！」

耶穌升天以後，無形無像，不能被我們看到。我們對祂的信心，應該是完全的。祂在我們聖堂的聖體櫃內，祂在我們的週圍，祂在我們心內。時刻可以同祂交談，隨處可以向祂請教，事事可以信賴祂。我們的信心決定不會落空，我們在心裡將聽見祂的答覆。

嫉妒人沒有信仰

耶穌在路上看見一個生下來就瞎眼的人。他的門徒問他：「老師，這個人生來就瞎眼，是誰的罪造成的？是他自己的罪，還是他父母的罪呢？」

耶穌回答：「他瞎眼跟他自己或他父母的罪都沒有關係，而是要在他身上彰顯天主的能力。趁著白天，我們必須做差我來那位的工作；黑夜一到，就沒有人能工作。我在世上的時候，我就是世上的光。」

說了這話，耶穌吐口水在地上，用口水和著泥，抹在盲人的眼睛上，並對他說：「你到西羅亞池子去洗吧。」他就去洗，回來的時候，能看見了。

他的鄰居和經常看見他在討飯的人說：「不是他，只是像他罷了。」

那個人自己說：「我就是他。」

他們問：「你的眼睛是怎麼開的呢？」

他回答：「一個名叫耶穌的，和了泥抹我的眼睛，對我說：『你到西羅亞池子去洗。』我去，一洗就看見了。」

他們問：「那個人在哪裡？」

他回答：「我不知道。」

他們帶了那從前瞎眼的人去見法利賽人。耶穌和了泥開他眼睛的那一天是安息日。法利賽人又一次盤問那個人是怎樣得看見的。他告訴他們：「他用泥抹我的眼睛，我一洗就看見了。」有些法利賽人說：「做這事的人不可能是從天主那裡來的，因為他不守安息日的戒律。」這時猶太人已經商妥，如果有人承認耶穌是基督，就要把他趕出會堂。因此他的父母回答：「他已經成人了，你們問他吧！」

他們再一次把那生下來就瞎眼的叫來，對他說：「你必須在天主面前說誠實話！我們知道耶穌是一個罪人。」

他回答：「他是不是罪人，我不知道；不過我知道一件事：我本來瞎眼，現在能看見了。」他們問：「他替你做了甚麼？他怎樣開了你的眼睛？」

他回答：「我已經告訴你們了，你們不肯聽。為甚麼現在又要聽呢？難道你們也想作他的門徒嗎？」

他們辱罵他：「你才是那個傢伙的門徒；我們是梅瑟的門徒。我們知道天主對梅瑟說話：至於那傢伙，我們根本不知道他是哪裡來的！」他回答：「這就怪了。他開了我的眼睛，你們卻不知道他是從哪裡來的？我們知道天主不聽罪人的祈求；他只垂聽那敬拜他，並實行他旨意的人。從創世以來，未曾聽見有人開了生來就是盲人的眼睛的。除非他是從天主那裡來的，他甚麼都不能做。」

他們斥責他：「你這生長在罪中的傢伙，居然教訓起我們來！」於是他們把他從會堂裡趕出去。

耶穌聽見他們把他趕出會堂。以後耶穌找到他，對他說：「你信人子嗎？」

他回答：「先生，請告訴我人子是誰，好使我信他！」

耶穌對他說：「你已經見到了他，現在跟你講話的就是他。」

他說：「主啊，我信！」就向耶穌下拜。

耶穌說：「我到這世上來的目的是要審判，使瞎眼的，能看見，看見的，反而瞎了眼。」

在那裡的一些法利賽人聽見這話，就問他：「難道你把我們也當作瞎眼的嗎？」

耶穌回答：「如果你們是瞎眼的，你們就沒有罪；既然你們說：『我們能看見，』那麼，你們仍然是有罪的。」（若望福音　第九章第一—四十一節）

一個天生的瞎子，僅僅地因耶穌用口水和泥摸著眼睛，往西羅亞池水洗一洗就看見了，不明明是件靈蹟，顯靈的人，一定是天主的聖者嗎？

瞎眼好了的乞丐，天真地說：「從創世以來，未曾聽見有人開了生來就是盲人的眼睛的，除非他是從天主來的，他什麼都不能做。」

但是嫉妒的慾情，可以掩蔽人的理智，掩蔽人的良心，掩蔽人的信德。猶太的經師們和司祭長老，面對著這樣的靈蹟，還藉口說耶穌不守安息日，不是從天主來的。

耶穌曾經說過：人若不變成像兒童赤子一般的心腸，不能進天堂。心術不正不能有信德不會信天主。

勸人悔改

有一個法利賽人請耶穌吃飯，耶穌就到他家裡去。當地有一個女人，一向過著罪惡的生活。她聽說耶穌在那法利賽人家裡吃飯，就帶了一個盛滿著香油的玉瓶來。她在耶穌背後，挨著他的腳哭。她的眼淚滴濕了耶穌的腳，就用自己的頭髮擦乾，並用嘴親吻，然後把香油抹上。請耶穌吃飯的那個法利賽人看見了，心裡想：「這人若眞的是先知，他應該知道摸他的是怎樣的一個女人；她是有罪的人！（當時猶太圓桌，側臥吃飯，頭向桌，腳伸在外）

耶穌就對他說：「西滿，我有句話跟你說。」

西滿回答：「老師請說。」

耶穌說：「有兩個人同欠一個債主的債，一個欠五百塊銀圓，另一個欠五十塊銀圓。兩個人都無力償還，債主就把他們的債都取消了。你想，他們哪一個會更愛他呢？！」

西滿回答：「我想是那個獲得較多寬免的。」耶穌說：「你說得對。」於是他轉向那女人，對西滿說：「你看見這個女人嗎？我來到你家，你沒有給我水洗腳，她卻用眼淚洗我的腳，並且用她的頭髮擦乾。你沒有用接吻禮歡迎我，但是她從我進來就不停地親我的腳。你沒有用油抹的頭，她卻用香油抹我的腳。我告訴你，她所表示深厚的愛證明她許許多多的罪都已經蒙赦免。那少得赦免的，所表示的愛也少。」耶穌就對那女人說：「你的罪都蒙赦免了。」於是同席的人心裡想：「這個人是誰？居然赦免人的罪！」

耶穌對那女說：「你的信心救了你；平安地回去吧！」（路加福音 第七章第三十八—五十節）

去。

孟子曾經說過，當一個人看見一個小孩將要掉在水裡，必定跑去抱住小孩，使他不掉下

看見人有身體方面的災難，我們天然有同情的心。但是看見人遭遇精神方面的災難，如被人誹謗，被人誤會，我們就不會天然地予以同情，心中卻有許多的考慮。

若遇到一個作惡的人，我們就輕視，厭惡，設法離他遠遠。法利塞人西滿對著一個淫婦妓女，便有這種心情。

淫婦妓女不是甘心活在罪惡裡，有意掙脫罪惡的鎖鏈，卻沒有好心人幫助她。她聽說基督講道，赦罪驅魔，便鼓起勇氣來求基督。

基督說：「你的罪赦了，你的信德救了你，你平安回去罷！」

助人悔過

過了幾天，耶穌又回到迦百農城。他在家的消息一傳開，許多人都聚集在那裡，連門前那一空地。耶穌向他們講道的時候，有四個人抬著一個癱瘓人來見耶穌；可是因為人多，他們無法把他抬到耶穌面前。於是他們在耶穌所在

的地點，從屋頂上拆了一個洞；拆後把病人，連同他所躺臥的擔架，縋了下去。耶穌看見這些人的信心，就對那癱瘓病人說：「孩子，你的罪蒙赦免了。」

有幾個經學教師坐在那裡，心裡議論說：「這個人竟敢說狂妄的話！除了天主，誰有赦罪的權呢？」

耶穌立刻看穿他們在轉些甚麼念頭，就對他們說：「你們為甚麼這樣想呢？對這病人說『你的罪蒙赦免』容易呢？還是說『起來，拿起你的擔架走』容易呢？我要向你們證明人子在地上有赦罪的權。」於是他對那癱瘓病人說：「我吩咐你，起來，拿起你的擔架，回家去吧！」那個人起來，立刻拿起擔架，在大家注視下走出去。大家非常驚奇，頌讚天主說：「我們從來沒有見過這樣的事！」（馬爾谷福音 第二章第一—十二節）

有心悔改的人，常需要有人協助，或是解說疑難，或是指示途徑，或是打打勇氣；中國古人所以看重老師和朋友。聖經所記載的癱子，自己不能動，人群又多不能擠到耶穌跟前，幾個好心的朋友用架子把他抬起，抬到房頂上，房子祗一層高，房頂是木板，他們把木板拔開，用繩子把癱子和木架縋在耶穌面前。大家看到情景，先是驚呼，後是喊說好，一切的眼睛都注視著耶穌。

耶穌也驚訝縋下架子的人們的信德，先赦了癱子的罪，然後說「我吩咐你，起來，拿你擔架回去罷！」

大家都讚美天主，法利賽人和經師長老卻懷著嫉妒的毒素，心中心憤怒不安。沒有愛心，就不會有信德。

赤子信仰

事後，耶穌立刻催門徒上船，先渡過對岸，等他遣散群眾。群眾散了以後。他獨自一人上山禱告；到晚上還留在那裡。這時候，船離岸已經遠了，遇著逆風，在波浪上顛簸。天快亮的時候，耶穌在湖上朝著門徒走來。車徒看見他在湖面上走非常驚駭，說：「是鬼！」他們都害怕得叫起來。耶穌立刻對他們說：「放心，是我，不要怕！」伯鐸說：「主啊，如果是你，叫我在水上走，到你那裡去！」

耶穌說：「來！」伯鐸就從船上下去，在水上朝著耶穌走過去。但是他一看到風勢猛烈，心裡害怕，開始往下沈，就喊叫：「主啊，救我」耶穌立刻伸手拉拄他，說：「你的信心太小了，為甚麼疑惑呢？」他們上了船，風就停了。船上的門徒都向他下拜，說：「你眞是天主的兒子。」（瑪竇福音 第十四章第二十二—三十三節）

西滿伯鐸能夠取得耶穌基督的重視，就在於一片赤子的童心，心裡所想的就說在口上，當耶穌在山顯靈天主神性的光輝時，他不思不想地就說自己搭三座帳蓬。爲耶穌，梅瑟和厄里亞。因爲他說：「主，在這裡眞好！」這次看見耶穌在水上行走，就喊著也要去走，耶穌叫他去，他卻因水浪大，高聲喊老師救命。耶穌責備他說：「小信德的人，你爲什麼起疑心呢！」

「歲寒知松柏，艱難識忠臣」，信德也在艱難中顯出來。

難中相信

有一個患病的人名叫拉匝祿，住在伯大尼；瑪利亞和她的姊姊馬爾大也住在這個村莊。（這瑪利亞就是那位曾用香油抹主的腳，用自己的頭髮去擦乾的。患病的拉匝祿就是她的弟弟。）那兩姊妹打發人去見耶穌，說；「主啊，你所愛的朋友病了。」

耶穌聽見這消息就說：「拉匝祿的病不至於死，而是要榮耀天主，並且使天主的兒子因此得到榮耀。」

耶穌一向愛馬爾大和她的妹妹，也愛拉匝祿。他接到拉匝祿害病的消息後，繼續在所住的地方停留兩天。然後他對門徒說：「我們再到猶太去吧。」他的門徒說：「老師，前些時候，猶太要拿石頭打你，你還想再到那裡去嗎？」

耶穌說：「白天不是有十二個鐘頭嗎？人在白天走路，不至於跌倒，因為他看得見這世上的光！」耶利說了這些話後，又說：「我們的朋友拉匝祿睡著了，我要去喚醒他。」

門徒說：「主啊，如果他是睡著了，他會好起來的。」

其實，耶穌的意思是說拉匝祿已經死了；他們卻以為他講的是正常的睡覺。於是耶穌明明地告訴他們：「拉匝祿死了；為了要使你們相信，我不在他那裡倒是好的，現在們去看他吧。」多默（綽號隻胞胎的）對其他的門徒說：「我們跟老師一道去，跟他一起死吧！」

耶穌到了伯大尼，知道拉匝祿已經在四天前埋葬了。伯大尼離耶路撒冷還不三公里，有好些猶太人來探望馬爾大和瑪利亞，為了她們弟弟的死來安慰她們。

馬爾大聽見耶穌來了，就出來迎接他；瑪利亞卻留在家裡。馬爾大對耶穌說：「主啊，要是你在這裡，我的弟弟就不會死！但是我知道，甚至現在，你對天主所求的，他一定賜給你。」耶穌告訴她：「你的弟弟一定會復活的。」馬爾大說：「我知道在末日他一定會復活。」耶穌說：「我就是復活，就是生命。信我的人，雖然死了，仍然要活著；活著信我的人一定永遠不死。你信這一切嗎？」

馬爾大回答：「主啊，是的！我信你就是那要到世上來的基督——天主的兒子。」

馬爾大說了這話，就回家，輕聲告訴妹妹瑪利亞說：「老師來了，他叫你。」瑪利亞一聽見這話，立刻起來，去見耶穌。（當時耶穌還沒有進村子，仍然在馬爾大迎接他的地方。）那些到家裡安慰瑪利亞的猶太人看見她急忙起身出去，就跟著她，以為她要到墳墓去哭。

瑪利亞來到耶穌那裡，一看見他，就俯伏在他腳前，說：「主啊，要是你在這裡，我弟弟就不會死了！」耶穌看見瑪利亞哭，也看見跟她一起來的猶太人在哭，心裡非常悲傷，深深地激動，就問他們：「你們把他葬在哪裡？」

他們回答：「主啊，請來看。」

耶穌哭了。因此猶太人說：「你看，他多麼愛這個人！」

有些人卻說：「他開過盲人的眼睛，難道他不能使位匝祿不死嗎？」

耶穌心裡又非常悲傷。他來到墳墓前；那墳墓是一個洞穴，入口的地方有一塊石頭堵住。耶穌吩咐：「把石頭挪開！」

死者的姊姊馬爾大說：「主啊，他已經葬了四天，屍體都發臭了！」

耶穌對她說：「我不是對你說過，要是你信，會看見天主的榮耀嗎？」於是他們把石頭挪開。耶穌舉目望天，說：「父親哪，我感謝你，因為你已經垂聽了我。我知道你時常垂聽我；但是我說這話是為了周圍這些人，為使他們信是你差遣我來的。」說完這話，他就大聲喊：「拉匝祿，出來！」那死了的人就出來；他的手腳裹著布條，臉上也包著布，耶穌吩咐他們說：「解開他，讓他走！」（若望福音 第十一章第一－四十四節）

信德的可貴，更是在不可能的時候而相信。當亞巴郎一百歲的老漢，妻子又是素不生育的荒胎，聽見天使報告天主將賞他一個兒子，他就信了。天主很賞識他的信德。使他因一個獨子而成爲以色列民族的祖先，若翰的父親匝加里亞得了天使的報告將生一個兒子，他卻因年老，又因妻子不育而不相信，天使就罰他成啞吧，等孩子生了，他才能談話。瑪利亞因天使嘉俾厄爾報告將不接男人，以童身生子，她相信了，成了救世主的母親。

馬爾大當著已葬了四天的弟弟，聽耶穌說弟弟要活，馬爾大說：「我信祢是天主的兒子。」弟弟拉匝祿因耶穌一句話就復活了。

在不可能時，相信天主，天主會使事情成功。

九、力行

結實

第二天一早，在回城裡的路上，耶穌餓了。他看見路旁有一棵無花果樹，就走上前去，卻找不到甚麼，只有葉子。因此他指著樹說：「你永遠不會再結果子！」那棵無花果樹立刻枯乾了。

門徒看到了這情形，大感驚奇。他們說：「這棵樹為甚麼會立刻枯乾了呢？」

耶穌回答：「我告訴你們，如果你們信而不疑，我對這棵無花果樹所做的，你們也做得到。不但這樣，你們甚至能夠對這座山說：『起來，投到海裡去！』也一定會實現。只要有信心，你們在禱告中所求的一切都會得到。」（瑪竇福音　第二十一章第十八－二十二節）

耶穌一句話使無花果樹枯乾，門徒們驚奇，耶穌告訴他們，祇要他們有信德，他們也可以顯靈。但是我們說，爲什麼現在我們卻都不看見靈蹟呢？一切事都是我們辛辛苦苦去做，還不見成效。當然不能說一切都因爲我們缺乏信德，而是因爲現在並不需要顯靈，福音既已經記載耶穌的靈蹟，爲信耶穌的福音，並不需我們去顯靈，我們的信德是信耶穌不是信我們。

我們要做的，是信基督的教訓，是按基督的教訓去實行，信而不行，等於不信，像一株不結果的無花果樹，要受天主的責罵，甚至於失掉永生。

精神號召

耶穌對他們講另一個比喻：「天國好比一粒芥菜種子，人把它種在地裡。這種子比其他一切的種子都小，等它長起來卻比任何蔬菜都大；它成為一棵樹，連飛鳥也在它的枝子上面搭窩。」

耶穌講了另一個比喻：「天國好比麵酵，一個女人拿來放在四十公升的麵裡

，使全團麵都發起來。」（瑪竇福音　第十三章第三十一—三十三節）

福音的訓言，是天主的聖言，天主的聖言具有天主的神力，一定產生效果。聽福音的訓言，不能等閒去聽，或是信，或是不信。不信，就有不信的罪。信，就有信的實效。

信耶穌訓言的人，心會不戀在金錢，地位，肉慾上，必定以靈性生命爲貴。信耶穌訓言的人，會以愛心爲自己的生命，時刻在愛天主和旁人的愛心中生活。

這種人可以是沒有聲音的人，可以是弱勢族群的人；但是他們的精神號召，則能夠結合許多有同感的人，而且造成許多有同感的人，在社會裡不僅產生移情德化的功效，還能夠組成社會福利團體，改良社會風氣。

誠心接受訓言

同一天，耶穌離開了家到湖邊去，坐在那裡。有群人集合到他跟前來，所以他上了一條船，坐下；群眾傍著水邊站著。他就用比喻向他們講解許多事情。

他說：「有一個撒種的出去撒種。他撒的時候，有些種子落在路旁，鳥兒飛來把它們吃掉了。有些落在淺土的石地上，因為土壤不深，很快就長苗；但太陽一出來，幼苗給曬焦了；是因為根不夠深，就枯乾了。有些落在荊棘中，荊棘長起來，把幼苗擠住了。另外有些種子落在好土壤裡，長大結實，收成有一百倍的，有六十倍的，也有三十倍的。」

於是耶穌說：「有耳朵可聽的，都聽吧！」

「所以，你們要明白這撒種比喻的意思。那聽了天國的信息卻不明白的人正像撒在路旁的種子，那邪惡者來到，把撒在他心田裡的信息都奪走了。那撒在石地上的種子是聽了信息，立刻樂意接受，只是紮根不深，不能持久，一旦為了信息而遭遇困難或迫害，立刻放棄。那撒在荊棘的種子是指人聽了信息以後，生活的憂慮和財富的誘惑窒息了信息的生機，不能結出果實。那撒在好土壤裡的種子是指人聽了信息，並且領悟了；他結出果實，收成有一百倍的，有六十倍的，有三十倍的。」（瑪竇福音　第十三章第一—九節第十八—二十三節）

聽到耶穌的訓言，心裡會起一種興奮，會想自己要去做。青年人，有一股做事的熱忱、女子們有一聽傾心的熱火，壯年男子也有一時的衝動；但是熱忱、熱火、衝動，卻都不能結果；因爲耶穌的訓言，不是作一天，一月，或一年的事，而是作終生的事。耶穌的訓言，不是作生活裡的一樁或兩樁事，而是作生活的全部事情。例如說「愛天主在萬有之上、愛人如己」，這不是一個時候的事，也不是關於人生一部份的事，而是要人整個一生，整體的生活都要去做。因此接納耶穌的訓言，定志去實行，先要有決心，有熱忱；再要有恆心，有耐心；還要有勇氣，有鬥志；最後還要一心靠天主。這樣耶穌的訓言，才會結果實。

惡種子

耶穌向他們講另一個比喻：「天國好比有人把好的種子撒在田裡。有一個晚上，大家睡覺的時候，敵人來了，把稗子撒在麥子中間，就走了。到了麥子長大結穗的時候，稗子也出現了。莊主的僕人前來說：『主人，你撒在田裡的是好種子，這些稗究竟從哪裡來的呢？』他回答：『這是敵人幹的。』他說：『不必啦！因為你們拔除稗子的時候，恐怕會連麥子也拔掉了。讓麥子跟稗子一起長吧；收割的時候，我會吩咐收割的工人先拔掉稗子，捆起來，扔在火裡，然後收聚麥子，儲藏在我的倉庫裡。』」（瑪竇福音第十三章第二十四—三十節）

人世的社會裡，善惡相混。在每一個人的心裡，有好的思想，好的念慮，又有惡的思想，壞的念慮，在社會裡，有好人，有壞人，有好事，有壞事。對於善惡的問題，古今中外的哲學家大傷腦筋。聖奧思定在第四紀寫了一本巨作「天主之城」，從世界歷史上去看善惡的流變。中國人性善惡的問題，由孟子開端，經過漢朝到宋朝，都沒有結決，耶穌說惡的種子是仇人撒的，耶穌的仇人是惡魔。古經新經也說得很明白。

我們則體驗到惡的種子在我們心中，我們的心想作惡。這就是原罪的流毒，肉慾的誘惑力很強。耶穌基督給予我們抵抗肉慾和惡魔誘惑的力量。我們常要醒悟，謹小慎微，恆心祈禱。

識別證

「我告訴你們，凡在人面前認我的，人子在天主的天使面前也要認他；凡在面前不認我的，人子在天主的天使面前也不認他。」（路加福音　第十二章第八－九節）

現在社會上很講究「識別證」，這種證件不是一紙證明，而是在社會的地位，在人間的身份。一位大學學生，自己要表明自己是大學生要求有大學生的權利，一位婦女要表明自己是女人，要求有與男人平等的權利。

基督要求信從祂的人，表示是祂的信徒。基督信徒的識別證，不在於「領洗證」或「教友證」，而是在生活的行動。信基督的人，應該認識祂的福音；信基督的人，應該遵守祂的誡律；信基督的人，應該參加祂的敬禮；信基督的人，應該知道自己有永生的靈魂，以靈性生活爲重，沒有這些行動，就不配稱爲基督的信徒，算是在世人前不承認基督是老師，基督在天父前也不承認他是門徒。

一〇、愛德

愛心

「你們要小心，不可在別人面前炫耀自己的宗教虔誠，故意讓別人看見，這樣做的話，你們就不能從天父那裡獲得獎賞。」

「你施捨的時候，不可大吹大擂，像那些偽善的人在會堂或街道上所做的，為要得到別人的誇獎。我告訴你們，他們這樣做已經得了所能得到的報答了。因此，你施捨的時候，別讓左手知道右手所做的，應該是一件隱密的事。這樣，那位看得見你在隱密中做事的天父一定會獎賞你。」（瑪竇福音　第六章第一—四節）

誰不知道耶穌基督的誡命是『愛天主在萬有之上，愛人如己』呢？而且人生來就具有愛心，基督的誡命乃爲協助我們發揚天生的愛心。

社會上，現在愛心的事件很多；愛心工作的組織也不少。在報章上常常見到某某財團的基金會頒發奬學金，某某組織或某某人爲救雛妓而奔走，爲協助殘障或老人而勸募。這些消息都是好消息，表現社會光明的一面。

但是我們也知道，在這些消息以外，有更多的人，在默默中，在無聲無色中，幫助旁人。這等不欲人知的行善君子，才是基督最看重的人。他們行善不欲人知，基督在人不知之中也報告他們。

群體

實在告訴你們；若你們中二人，在地上同心合意，無論為什麼事祈禱，我在天之父，必要給他們成就，因為那裡有兩個或三個人，因我的名字聚在一起，我就在他們中間。」

那時伯多祿前來對耶穌說：「主啊，若我的弟兄得罪了我，我該寬恕他多少次？直到七次嗎？」耶穌對他說：「我不對你說：直到七次，而是到七十個七次」（瑪竇福音 第十八章第十九—二十二節）

我們有一曲聖歌，歌詞是「那裡有仁愛，那裡有真誠，就有天主同在。」這就是耶穌基督的話。

孔子曾經說「君子群而不黨，小人黨而不群。」結黨常爲營利，政黨也爲謀利。營私謀利的人，祗在利字上有共識，在其他方面，則爲利而明爭暗鬥。

真正的「群」，是以道義相結合，是爲理想相團結。基督所說的「群」，是因愛德而結合，而且是因基督之愛相結合。基督之愛，是真誠的仁愛，是肯犧牲自己的神性之愛。基督說：「因我的名聚在一起，我必在他們中間。」

在一起的人，雖有基督之愛，免不了有磨擦，基督勸告須互相寬恕，互相容忍。基督的勸諭，更是「家庭群」的座右銘。

援助有難的人

「你們要小心，不可輕看任何一個微不足道的人。我告訴你們，在天上，他們的天使常常侍立在我天父的面前。

「你們試想，假如一個人有一百隻羊，其中的一隻迷失了，難道他不撇下九十九隻在山野間，去尋找那隻迷失的羊嗎？我告訴你們，他找到了這一隻迷失的羊一定非常高興，比他有九十九隻沒有迷失的羊高興多了！同樣，你們的天父不願意任何一個微不道的人迷失。」（瑪竇福音 第十八章第十－十四節）

人在人世中生活，人世的生活使用物質，衣食住都是物質生活，人們習慣看物質，一切都從物質方面去評價；有錢，吃得好，穿得好，住得好，車子漂亮，大家就看重他。地位高，名氣大，許多人服侍他，大家就尊重他。窮人、苦人、平民，大家不另眼相看。

在天主的眼裡，恰恰相反，天主是絕對精神，祂常看人的心靈，心靈清潔純樸的人，必受祂的愛護。

一切的人，都是天主所造，都是天父的子女。天父不願意任何一個卑小的人喪亡，常常望人人都脫離罪過得救。孔子曾說「有教無類」，基督在世時，凡求祂的人，祂都顯靈救援他們，基督的宗徒和後代的主教神父，努力傳道，使人人得救，實現基督的愛。

寬容

那時候，彼得來問耶穌：「主啊，我的弟兄得罪我，我該饒恕他幾次呢？七次夠嗎？」

耶穌說：「不是七次，而是七十個七次。因為天國好比以下的故事：有人把一個欠了他好幾千萬塊錢的臣僕帶到他面前來。因為這個人沒有錢還債，王就下令把他賣了作奴隸，連同他的妻子、兒女、和一切所有的也得賣掉，好償還債務。那僕人在王面前跪下來，哀求說：『請寬容我吧！我一定會把一切債務都還清的。』王動了慈心，免了他的債，並且把他釋放了。

「那個僕人出來後，遇見一個一起當差的同伴。這個同伴欠他幾塊錢，他就抓他，掐住他的喉嚨，說：『把欠我的錢還給我！』同伴跪地求他，但是他不肯，反而把他下在監獄裡，等他還清欠款，其他的同伴看見這事的經過都很悲憤；他們去見王，把這事的始末向他報告。於是王叫那個僕人來，對他說：『你這個惡奴，只因你向我要求，我免了你所有的債，你不該寬容你的同伴，像我寬容你一樣嗎？』王十分忿怒，把他關進監獄裡受刑，等他還清全部的債。」

耶穌說：「如果你們每一個人不肯從心裡饒恕弟兄，我的天父也要這樣對待你們。」（瑪竇福音 第十八章第二十一—三十五節）

我們習慣看自己，祗知道想自己的需要，想自己的困苦，很難想到別人。自己手頭很急，自己沒法還債，幸而得到債主的同情，延後償還，或根本免了我們的債，心頭一時輕鬆了，似乎重新得到了生命。對於欠我們債的人，還是很急的催，不會去體貼欠債的人的苦痛。

同樣，我們向天父懇求寬赦我們的過犯，我們心中對於旁人的仇恨，還是不能忘懷，常想予以報復。

耶穌基督要求我們，要愛人如己，自己既想取得天主的寬赦，就要心中寬赦別人的過犯。耶穌教給我們向天交的禱詞，就說：「求祢寬恕我們的罪過，如同我們寬恕別人一樣。」

愛仇

「你們又聽見這樣的教訓說：『愛你的朋友，恨你的仇敵。』但是我告訴你們，要愛你們的仇敵，並且為迫害你們的人禱告。這樣，你們才可以做天父的兒女。因為，天父使太陽照好人，也同樣照壞人；降雨給行善的，也給作惡的。假如你們只愛那些愛你們的人，天主又何必獎賞你們呢？就連稅棍也會這樣做的。假如你們只向朋友打招呼，那又有甚麼了不起呢？就連異教徒也會這樣做的。你們要完全，正像你們的天父是完全的。」（瑪竇福音　第五章第四十三—四十節）

中國古人常說：「君父之仇，不共戴天」。兒子不報殺或侮辱父母的仇，視爲不孝。遇到別人陷害或羞辱，不知還以顏面，則是缺乏勇氣，不成爲男子漢。

但是中國古人也說：「仇祗可解，不可再結」，一結再結，仇沒有完結時，一定傷身害家。

耶穌基督教訓自己的門徒，要愛仇人，要爲傷害自己的人祈禱。祂被釘在十字架上，臨死以前，爲釘死祂的人們祈禱天父說：『饒恕他們罷！因爲他們不知道做了什麼事。』天父泛愛一切的人，雨露陽光，爲一切的人用；因爲他們都是天父所造，雖有好壞，仍是天父的子女，天父一樣愛他們。

「你們要是完好的人，正像你們的天父是完好的一樣。」

助人行善

「大家都回家去了；耶穌卻到橄欖山去。第二天一早他回到聖殿；群眾都來找他，他就坐下，開始教導他們。經學教師和法利賽人帶來一個女人；她是在行淫時被抓到的。他們叫她站在中間，問耶穌：「老師，這個女人在行淫時被抓到。梅瑟在法律上命令我們，這樣的女人應該用石頭打死。你認為怎樣？」他們想用這話陷害耶穌，找把柄控告他。耶穌彎著，用指頭在地上寫字。他們還是不停地問他，耶穌就站起來，對他們說：「你們當中誰沒有犯過罪，誰就可以先投石頭打她。」說過這話，他又彎著身子，在地上寫字。他們聽見，就一個一個溜走，從年紀大的先走，只剩下耶穌和那個還站在那裡的女人。耶穌就站直起來，問她說：「婦人，他們都哪裡去了？沒人留下來定你的罪嗎？」

她說：「先生，沒有。」

耶穌說：「好，我也不定你的罪。去吧，別再犯罪！」（若望福音　第八章第一—十一節）

人們常喜歡「落井下石」，當別人正處在困難的時候，去欺負他。這種人的心真壞，是沒有勇氣的小人。

一個女人犯奸被抓到了，她已經羞恥不敢見人，一些無聊的人，竟把她帶到聖殿，要她站在眾人中間。然後向耶穌說該不該按法用石頭打死。回答該打死，耶穌常說解救罪人，都是假話；若說不該打死，祂毀壞梅瑟法律。耶穌卻說：『你們中間誰沒有罪過，就第一個投石頭打她。』

那幫人裡，哪一個沒有犯罪，耶穌在地上用手畫字，畫人名？畫她名？畫日期？每個人一看，點到了自己心頭，悄悄開溜，從老的開始，人可以瞞著人，瞞不著天主！╲『你去罷，再不要犯罪！』

捐獻

耶穌坐在聖殿庫房的對面，看大家怎樣投錢在奉獻箱裡。很多有錢人投進許多錢，後來一個窮寡婦上來，投進兩個小銅板，約等於一文錢。耶穌把他的門徒都叫過來，對他們說：「我告訴你們，這個窮寡婦所投進奉獻箱的比其他的人都多。別人是從他們的財富中捐出有餘的；可是她已經很窮，卻把自己全部的生活費用都獻上了。」（馬爾谷福音 第十二章第四十一—四十四耶穌坐在聖殿庫房對面，觀察捐獻的人怎樣投錢進箱。有的自自然然地把錢丟進去，有的恭恭正正的把錢放入箱口，有的大搖大擺地把兩手抱的錢，高高地掉進箱裡，啷啷作響，最後來了一個衣著貧苦的婦人，偷偷地拿一文錢塞進箱裡，趕緊悄悄地走開。

耶穌把門徒叫來，稱讚窮婦人的善行。

天主看人作事，不看外面的形像；因爲祂是全能萬有的天主，物質對祂沒有價值，祂是純淨的精神，祇看人作事的精神，精神在人的心靈。窮寡婦犧牲了自己的生活費作爲捐獻，其他的人捐的都是自己所有的剩餘錢。

天主祇看人的心。

同情苦命人

過不久，耶穌到拿因城去；他的門徒和一大群人跟著他去。他來到門口，剛好一隊送殯的行列出來。那死者是一個寡婦的獨生子；從城裡有許多人出來，陪著寡婦送殯。主看見了那寡婦，心裡充滿了悲憫，就對她說：「不要哭！」然後上前按著抬架，抬架的人就站住。耶穌說：「年輕人，我吩咐你起來！」那死者就坐起來，並且開始說話。耶穌把他交給他的母親。大家都非常驚異；他們頌讚天主說：「有偉大的先知在我們當中出現了！」又說：「天主來拯救他的子民了！」關於耶穌這件事清息傳偏了猶太和附近的地區。（路加福音 第七章第 十一—十七節）

世上最痛心的事，莫過於一個寡婦哭她的獨生子。獨生子死了，相依爲命的人死了，一生的希望毀了，一生的安慰消了，心裡一片黑，眼前一片白，祂祗有無聲的眼淚。耶穌看見了，動了憐憫的心，安慰她說：「莫要哭了。」

耶穌是天主，祂叫死了的獨生子說：「青年人，我吩咐你起來！」耶穌把復活了的獨生子，親手交給他的寡婦母親。後來，祂自己被釘死在十字架上，祂的母親站在十字架旁。母親是窮寡婦，祂是獨生子，但是祂自己不能不死，祂祇有臨終託母，把母親託給站在十字架旁的愛徒，愛徒就接納她作自己的母親。

對著世上最痛苦的情景，同情必有虔誠的行動。

不批評人

「不要評斷人，天主就不審斷你們。因為天主要用你們評斷人的標準來審斷你們，也要用你們衡量別人的尺度來衡量你們。你為甚麼只看見你弟兄眼中的木屑，卻不管自己眼中的大樑呢？你眼中有大樑，怎能對你的弟兄說：『讓我來去掉你眼中的木屑』呢？你這偽善的人，先把你眼中的大樑移去，才能看得清楚怎樣把你弟兄眼中的木屑挑出來。」（瑪竇福音　第七章第一—五

節）

「不要評斷人，天主就不審斷你們。不要定人罪，天主就不定你們的罪；要饒恕人，天主就饒恕你們。施與別人，天主就會施與你們，並且用大升斗，連搖帶按，盡你們所能攜帶的，滿滿地倒給你們。你們用甚麼量器量給別人，天主也要用同樣的量器量還給你們。」

耶穌又對他們講一個比喻，說：「瞎子不能領瞎子的路；如果這樣，兩個人都會掉進坑裡去。學生不能高過老師，但是他學成後會像老師一樣。」

「你為甚麼只看見你弟兄眼中的木屑，卻不管自已眼中的大樑呢？你自己眼中有大樑，怎麼能對你的弟兄說：『弟兄，讓我去掉你眼中的木屑呢？』你這偽善的人，先把你眼中的大樑移去，你才能看的清楚，去把兄弟眼中的木屑挑出來。」（路加福音 第六章第二十七—四十一節）

聖保祿宗徒曾痛責一些年青寡婦，串套鄰居的家門，和鄰居的婦女們饒舌，評論別人。聖雅各伯宗徒更申斥評論別人的人，當了法官，然而判人的法官祇有基督，你是何人，膽敢自充基督？不控制舌頭的人，決進不了天國。孔子也曾說過，他憎惡在下的毀謗在上的。評論別人，似乎成了每個人的生活。生活的人要說話，說話就批評人。

耶穌教訓人先看自己，自己眼中橫著大樑看不見，卻看見別人眼中的木屑。自己一身壞習慣，自己不長進，卻批評旁人的壞處。

你用什麼尺寸評論人，天主也要用同樣的尺寸審判你！

不急躁

「你們聽說過，古人曾經禁戒『不可殺人；殺人的該受法律的制裁。』但是我告訴你們，向弟兄動怒的，也要受裁判；罵弟兄為『廢物』的，得上法庭；罵弟兄為『蠢東西』的，也逃不地獄的火刑。因此，你在祭壇前要獻供物給天主的時候，要是想起有弟兄對你不滿，你就該把供物留在祭壇前，立刻去跟他講和，然後再回來把供物獻給天主」

「假如有人要控告你，把你拉上法庭，你該趁著還沒有到法庭之前跟他和解。不然，等到進了法庭，他就要把你交給法官，法官把你交給法警，關進監獄去。我告訴你，你得坐牢，等到你繳清罰款的最後一分錢。」（瑪竇福音第五章第二十一—二十六節）

脾氣躁的人，一不順心就發怒，發了心裡就沒事了。所謂直腸的人，心裡有話就說出來，說出了心裡就輕鬆了。但是被怒氣衝著的人，被直話射著的人，心裡卻不輕爽沒事，常是憤怒填胸。因此，生氣發怒，不是生活的好習慣，必須以修養漸進的步驟，予以改良。

基督更教訓我們從愛德方面去著眼，在發怒生氣時，常不擇言，即使不用粗語野語罵人，用詞和語氣，一定很凶，那就更傷愛德了，就要受天主的裁判。

基督曾說：溫良的人有福，將承受大地，深得人心。基督更說我們應效法祂，因為祂是良善心謙的。

救濟敵人

那個法律教師為要表示自己有理，就問耶穌：「誰是我們鄰人呢？」耶穌說：「有一個人從耶路撒冷下耶里哥，途中遇到強盜，他們剝掉他的衣服，把他打個半死，丟在那裡。剛好有一個祭司從那條路下去；他一看見那個人就從另一邊走開。同樣，有一個肋未人也經過那裡；他上前看看那個人，也從另一邊走開。可是有一個撒馬利亞人路過那人身邊，一看見他，就動了慈心。他上前用油和酒到在他的傷口，替他包紮，然後把他扶上自己的牲口，帶他到一家客棧，在那裡照顧他。第二天他拿兩個銀幣，交給客棧的主人，說：『請你照顧他，第我回來經過這裡，我會付清所有的費用。』」於是耶穌問：「依你的看法，這三個人當中，哪一個是遭遇到強盜那人的鄰人呢？」法律教師回答：「以仁慈待他的那個人。」耶穌說：「那麼，你去，照樣做吧！」（路加福音　第十章第二十九—三十七節）

眼前台灣社會裡，有好幾種福利事業，爲社會裡一般不幸的同胞服務，爭救濟。如爲殘障的人，爲低能兒童，爲遭虐待的子女，爲雛妓，爲孤獨老人，組織相應的團體，予以愛心的幫助。

基督更指出愛心的對象，不僅是自己的親友和同胞，還包括外族人和仇人。撒馬里亞人和猶太人，當時是國仇和民族仇人，彼此不通往來。基督在譬喻裡，說一個猶太人遭難，猶太人不管，一個撒馬里亞人卻盡心盡力照顧他。基督向我們說：「你去，照樣做罷！」

一一、謙　遜

耶穌自謙

門徒在爭論究竟他們當中誰最偉大。耶穌知道他們在想些甚麼，就叫一個小孩子來，叫他站在自已旁邊，然後對他們說：「那為我的名接待這小孩子，就是接待我；那接待我的，就是接待差遣我來的那一位。你們當中誰是最微不足道的，誰就是最偉大的。」（路加福音　第九章四十六——四十八節）

那時候，門徒來問耶穌：「在天國裡誰最偉大？」

耶穌叫了一個小孩子來，讓他站在他們中間，說：「我實在告訴你們，除非你們改變，像小孩子一樣，你們絕不能成為天國的子民。像這個小孩子那樣謙卑的，在天國裡就是最偉大的。為了我而接待這樣一個小孩子的，就是接待我。」（瑪竇福音　第十八章第一——五節）

他們來到迦百農，進屋子後耶穌問他的門徒：「你們在路上爭論些甚麼？」他們不作聲，因為一路上他們在爭論誰最偉大。耶穌坐下，叫十二個門徒到他面前，對他們說：「誰要居首位，誰就得跟在大眾後面，作大眾的僕人。」於是他找到一個小孩子來，叫他站在他們中間，又抱起他，對他們說：「為了我而接待這樣一個小孩子的，就是接待我。接待我的，不僅僅是接待我，也是接待差我來的那一位。」（馬爾谷福音 第九章第十三—三十七節）

耶穌基督曾經鄭重地教訓門徒說：你們要效法我，我是良善心謙的。聖保祿宗徒向斐里伯人說：「你們該懷有耶穌基督所懷有的心情；祂雖具有天主的性體，並沒有以自己與天主同等，應把持不捨這身份，卻使自己空虛，取了奴僕的形體，和人相等，形狀一見如人。祂又貶抑自己，聽命至死，死在十字架上。爲此天主特別擧揚祂，賜給祂一個名號，超過其他所有的名號，致使天上地下和陰間的一切，一聽到耶穌基督的名字，無不屈膝朝拜。」（斐里伯書 第二章第五—十節）

耶穌自己實行謙卑，要求自己的信徒，要變成赤子小孩，心中沒有名位尊卑的念慮。

互愛互助

逾越節前，耶穌知道他離開這世界、回父親那裡去的時刻到了。他一向愛世上屬於他自己的人。他始終如一地愛他們。

耶穌跟他的門徒在吃晚飯的時候，魔鬼已經控制了依斯加略人西滿的兒子猶大的心，使他決意出賣耶穌。耶穌知道父親已經把一切的權力交給他；他知道自己是從天主那裡來的，又要回到天主那裡去。他從席位上起來，脫了外衣，拿一條毛巾束在腰間，然後倒水在盆裡，開始替門徒們洗腳，又用毛巾擦乾。他到西滿伯鐸跟前的時候，伯鐸說：「主啊，你替我洗腳嗎？」

耶穌回答：「我所做的，你現在不知道，日後你就會明白。」

伯鐸說：「我絕不讓你洗我的腳！」

耶穌說：「如果我不洗你的腳，你跟我就沒有關係了。」

西滿伯鐸說：「主啊，這樣的話，不只洗我的腳，連我的手和頭也洗吧！」

耶穌說：「洗過澡的人全身都乾淨了，只需要洗腳。你們是乾淨的，但不是每一個人都乾淨。」（耶穌已經知道誰要出賣他，所以他說：「不是每一個人都乾淨。」）

耶穌洗完了他們的腳，穿上外衣，然後又回到他的座位。他問門徒們：「我剛才替你們做的，你們明白嗎？你們尊我為老師，為主，這是對的，因為我本來就是。我是你們的主，你們的師，我尚且替你們洗腳，你們也應該彼此洗腳。我為你們立了榜樣，是要你們照著我替你們做的去做。我鄭重地告訴你們，奴僕不比主人大，奉差遣的也不比差遣他的人的重要。既然明白這事，你們若能夠實行是多麼有福啊！」（若望福音　第十三章第一——十七節）

耶穌在蒙難的前夕，在和宗徒生死離別以前，教訓他們彼此互助，莫分上下。祂自己替他們洗腳，宗徒們睜著好奇的眼，心中懷著戰慄的心，耶穌對他們說：「我是你們的主，你們的老師，我尚且替你們洗腳，你們也應該彼此洗腳。我爲你們立了榜樣，是要你們照著我替你們做的去做。」

我們要彼此洗腳；洗腳是下人做的事，是小輩替長輩做的事，是髒手髒腳的事。洗腳代表愛人的愛心，代表自謙替人服務的心情，代表忍氣吞聲替人做下賤服務的精神。然而不是被迫，不是爲錢，不是爲利，而是爲耶穌基督之愛，甘心去做。

爲人服務

其他十個門徒聽見這事，對雅各和若望很不滿。因此，耶穌把他們都召集到他跟前來，對他們說：「你們知道，世界上那些被認為是統治者的有權管轄人民，領袖也有權支配人民；但是，你們卻不是這樣。你們當中誰要作大人物，誰就得作你們的僕；誰要居首，誰就得做大眾的奴僕。因為人子不是受人伺候，而是來伺候人，並且為了救贖大眾而獻出自己的生命。」（瑪竇福音 第二十章第二十四——二十八節）

耶穌說：祂降生人世，不是爲受人服侍，而是爲服侍人，捐獻自己的生命。現在社會裡，服務的名詞很普遍，政府機關的人員都說爲大家服務。我們教會更常說主教和神父，是爲教友服務。

服務有服務的精神，有服務的態度。耶穌服務的精神是愛，服務的態度是愛心，服務的目的是救人脫離罪惡。

母親爲子女服務，子女體驗到深深的母愛。

基督信徒以基督之愛爲人服務，我們安老院的修女，我們醫院的神父修女，給人一種母愛的感觸。

赤子心腸

有人帶著小孩子來見耶穌，要請耶穌給他們按手禱告；門徒卻責備那些人。耶穌說：「讓小孩子到我這裡來，不要阻止他們，因為天國的子民正是像他們這樣的人。」於是，耶穌給他們按手，然後離開那地方。（瑪竇福音 第十九章第十三—十五節）

耶穌基督喜愛小孩，小孩有一個赤心，沒有巧詐，沒有驕矜自大。

聖母瑪利亞曾歌讚天主說：「祂神出手臂施展大能，驅散那些心高氣傲的人，祂從高座上推下權勢者，卻舉揚了卑微貧困的人。祂曾使饑餓者飽饗美味，反使那富有者空手而

去。」（路加福音 第一章第五十一—五十二節）

聖保祿宗徒勸告哥羅森的教友說：『你們該當如天主所揀選的，所愛的信者，穿上憐憫的心腸，仁慈，謙卑、良善和含忍。……在這一切以上尤該有愛德，因爲愛德是全德的總綱』。（哥羅森書 第三章第十二—十四節）

謙遜和愛德是相聯，謙遜的人才真正愛人。

謙得福

耶穌注意到有些客人替自已挑選筵席上的首位，就用比喻大家說：「你被請去參加婚宴的時候，不要坐在首座上，恐怕有比你更受尊重的客人也在被邀請之列。那個邀請你的主人要上來對你說：『請讓座給這一位吧！』那時候，你會覺得很難為情，不得不退到末座。你被請的時候，就去坐在末座，讓主人來對你說：『朋友，請上座。』這樣，你在賓客面前就有光彩。因為天主要把自高的人降為卑微，又高舉自甘卑微的人。」（路加福音 第十四章七—十一節）

《易經》的謙卦彖辭說：『謙亨。天道下濟而光明，地道卑而上行，天道虧盈而益謙，地道變盈而流謙，鬼神害盈而福謙，人道惡盈而好謙。謙尊而光，卑而不可踰，君子之終也。』中國古人相信天地鬼神和人，都厭惡驕傲，喜愛謙遜。有謙德的人尊位；有謙德的人在下位都放射善德的光明。

美貌和才能，是天主賞給的；財富和官位，是天主所允許的。炫耀美貌和才能是奪天工，招致天主的義怒；炫耀金錢和地位是誇人工，招致人們嫉妒；兩者都不能有好結果。謙遜退居末位的人，則得上天賜福，人們相愛，才有「君子之終」。

一二、淨 心

心靈清白

「你們聽見古時候有這樣的教訓說：『不可姦淫。』但是我告訴你們，看見婦女而生邪念的，在心裡已經跟她犯姦淫了。假如你的右眼使你犯罪，把它挖出來，扔掉！損失身體的一部份比整個身體陷入地獄要好得多。假如你的右手使你犯罪，把它砍下來，扔掉！損失肢體之一比整個身體下地獄要好得多。」（瑪竇福音　第五章第二十七—三十節）

目前台灣社會的人心，深受兩種污染；一種是金錢的污染，一種是色慾的污染。對金錢的污染，許多人都已經感覺到不安，也想予以淨化，到佛教寺院修習禪靜。對於色慾的污染，卻大講開放，大談自由，認為是自我的成就。婚姻的意義失落了，家庭的價值消失了，一切以性慾的滿足爲基礎，生育和培養子女的神聖工作，夾在性慾和金錢夾縫裡而消失，使社會成了老人社會。

心靈清白，並不要絕慾，婚姻乃人間大事。婚外而縱慾，身體未老先衰，心靈更失去靈性的光明而蒙上腐敗肉體的穢氣。

心清

耶穌召集群眾到他面前，對他們說：「你們要聽，也要明白！那從人嘴裡進去的東西不會使人不潔淨；那從嘴裡出來的才會使人不潔淨。」後來門徒告訴耶穌：「法利賽人聽見了你這話，很不服氣，你知道嗎？」

耶穌回答：「凡不是我天父所栽種的植物都要連根拔除。不要理他們吧！他們是瞎眼的在作嚮導；瞎子給瞎子領路，兩個人都會跌進坑裡去。」

伯鐸說：「請你向我們解釋這個比喻的意思。」

耶穌說：「你們到現在還是跟別人一樣不明白嗎？難道你們不曉得，一切從人嘴裡進去的東西，到了肚子裡，然後大排泄出來？但是從嘴裡出來的是從內心出來；那才會使人不潔淨。因為從人心裡出來的，有種種惡念；這些惡念指使他犯兇殺、淫亂、通姦、偷盜、撒謊、毀謗等罪。這一切才眞的會使人不潔淨。至於不先洗手就吃飯那一類的事是不會使人不潔淨的。」（瑪竇福音 第十五章第十一二十節）

宋朝朱熹曾主張「守敬」以修身，因爲大學講修身在正心誠意，誠意使心口合一，爲使心口合先要使心正不偏；爲使心正不偏，朱熹主張「守敬」。守敬有外敬和內敬，外正在於行動坐都守禮規，內敬在於心專於一。但是後來一般讀書作官的人，外行動很守禮規，內面心裡貪污斂財。違禮違法，成爲僞君子的小人。

耶穌點破當時猶太人中的僞君子，教訓門徒要潔淨自己的心，洗淨淫亂、貪污、兇殺、欺詐，誹謗等等罪惡的念頭。一心專於愛天主，爲愛天主而愛人愛物。心地清明。口裡所說的也潔淨無瑕，心正意誠，成爲心口合一的君子。

誠實

有幾個法利賽人和經學教師從耶路撒冷來見耶穌，問他：「為甚麼你的門徒不遵守我們祖先的傳統？他們吃飯以前並沒有按照規矩洗手！」耶穌回答：「為甚麼你們為著遵守傳統，卻違背了天主的命令呢？天主說：『要孝敬父母』又說：『咒罵父母的人要受死刑。』你們偏偏說：要是有人把奉養父母的東西當作供物獻天主對父母再不奉養，假冒為善的人哪！依撒意亞指著你們所發的預言是多麼的正確啊！他說：

天主這樣說：

這些人用唇舌尊敬我；

他們的心卻遠離我。（瑪竇福音 第十五章第一—八節）

《中庸》講「誠」，誠是誠實。說話要誠實，做事要誠實，不假藉名義，不巧立名目，鑽法律漏洞。

在官場裡，在商場裡，不誠實的事層出不窮。但是一個普通的青年人，一個家庭主婦，在日常的生活裡，不是也常不誠實嗎？掩飾自己的過錯，獲取別人的幫助，誇張自己的功勞，便常不誠實了。

說爲好好培養子女，便要節育，只要生一個。說不能主日參加彌撒，因爲家裡和店裡分不開身。說不能捐獻，因爲本人手頭很緊，不夠自家費用。這一切，都是不誠實，在日常生活裡，爲避免一些責任，常常藉口卸責，天主說：「這些人，口說敬拜我，心則離我很遠。」

婚姻感情

那時候，加利利的黑落德王聽到了耶穌的事，就對臣下說：「這個人一定是施洗者約翰復活了，才會有能力行這些神蹟。」原來，黑落德為了他的兄弟腓力的妻子黑落狄雅的緣故下令逮捕若翰，把他綁起來關在監獄裡。因為若翰屢次指責黑落德：「你不可佔有黑落狄雅作妻子。」黑落德想殺他，但是怕人民，因為他們都認為約翰是先知。黑落德生日那一天，黑落狄雅女兒在賓客面前跳舞，很得黑落德的歡心。黑落德就對她發誓說：「無論你要求甚麼，我都願意給你。」女兒受母親的指使，要求說：「請立刻把施洗者若翰的頭放在盤子裡給我！」王感到非常為難，可是已經在賓客面前發了誓，只好命令照她所求的給她。於是黑落德差人到監裡去，斬了若翰的頭，放在盤子裡，給了黑落狄惡的女兒；女兒把它交給母親。若翰的門徒來，把屍體領去，埋葬了，然後把這件事報告耶穌。（瑪竇福音 第十四章第一—十二節）

道德淪亡，良心暗黑，做出人世最滑稽又最令人悲憤的事，就是黑落德侯王在壽宴席上，因一個女子的要求把聖若翰洗者的頭顱放在盤子裡，端到席上。一個人的家庭生活失去了常規，一個人的情感走出了軌道，最滑稽最不道德的事，都可以做出來。

家庭倫理是社會道德的基礎，夫妻的倫理又是家庭倫理的根基。根基很要穩固，所以婚姻不可分離。有不可分離的原則，夫婦勉力互相尊重，互相容忍，婚姻生活乃能持久。若抱婚姻可離爲原則，兩人有了磨擦，便不相擔待，走向分離。兩人的生活不安，子女更受連累。

性情不合，共同生活當然苦；但是離婚再娶，心靈也不定安樂。常以不忍爲原則，天下沒有不須忍的人和事。因愛天主而忍耐別人，因靠天主而肯犧牲，夫婦的感情必能持久。

婚姻倫理

耶穌講完了這些話，離開加利利，回約旦河對岸的猶太地區去。一大群人跟著他，他就在那裡治好了他們的病人。

有些法利賽人來見耶穌，想陷害他，問他：「我們的法律准許丈夫用任何理由休棄妻子，對嗎？」

耶穌回答：「你們沒有念過這段經文嗎？『太初，創造主造男人又造女人。』天主說：『因此，人要離開父母，跟妻子結合，兩個人成為一。』既然這樣，夫妻不再是兩個人，而是一體。所以，天主所配合的，人不可拆開。」

（瑪竇福音 第十九章第一－十一節）

「天主所配合的，人不可拆散。」中國古語也說：「天作之合，白頭偕老。」

婚姻結合男女兩人，度終生相合的生命，怎能沒有天主的旨意？在人事上，古來是由父母之命，現在是由男女自己的選擇；但是暗中常有天主的安排。

天主造人，造了一男一女，男女的身體有性別，情緒有不同的表達，天才有性質的差異。男女兩人配結爲一體，互相成全，兩人乃有完滿的生活。

天主造了人，人的傳生，由男女成婚而生。嬰孩出生，孩年，童年，少年都須有父母的照顧和養育。

天主規定婚姻由相愛而結成，由相愛而繼續，由相愛而營一體的生活，由相愛而培植新人，婚姻不能離散。

一三、生命的終結

死，不可怕

「在那日，天國好比以下的故事，有十個少女手裡拿著油燈，出去迎接新郎。其中五個是愚笨的，五個是聰明的。愚笨帶了燈，卻沒有預備足夠的；聰明的帶了燈，另外又帶了幾瓶油。新郎來遲了，少女們都打盹，睡著了。」

「到了半夜，有人呼喊：『新郎到啦，你們都出來迎接他！』十個少女都醒過來，挑亮她們的燈。那時候，愚笨對聰明的說：『請分一點油給我們吧，因為我們的燈快要熄滅了。』那聰明的回答說：『不行，我們的油實在不夠分給你們，你們自己到舖子裡去買吧。』愚笨的少女買油去的時候，新郎到了。那五個有準備的少女跟新郎一起進去，同赴婚宴，門就關上了。」

「其他的少女隨後也到了；她們喊著：『先生，先生，請給我們開門！』新郎回答：『我根本不認識你們。』」

耶穌說：「所以，你們要警醒，因為你們並不知道那日子，那時間會在甚麼時候來臨。」（瑪竇福音 第二十五章第一—十三節）

人們很怕想死，也不願意講死亡；因爲相信死是滅亡，死了結生命，了結一切。死，不是了結一切，更不是滅亡，而是重開生命。人是心物合一的，有靈魂，有肉體，肉體有死，靈魂不滅。

心物合一的人，經常追求精神的快樂，精神的快樂有欣賞真美善；肉體也追求物質的快樂，物質的快樂爲吃喝和男女性慾。物質的快樂在合理合法的程度下，可以於人有益，過度則傷害人心。精神的快樂卻無限制，越大越高則越好。但在人世沒有滿足的可能，真美善的本體乃是天主。耶穌基督降生救人，就是引人歸向天主，作天主義子，死後，靈魂無罪，愛天主而與天主結合，天主愛人而接納靈魂。耶穌以婚宴童女等候新郎作比喻，表示死時，耶穌來迎接，人的靈魂升天與天主相結合，乃是愛的結合，爲永生的快樂。

愛心補罪

耶穌對他的門徒說：「某財主有一個管家；有人向他告狀，說這管家浪費主人的財物。主人就把管家叫來，對他說：『我聽到的是怎麼一回事呢？把你經管的帳簿交出來吧，你不能再擔任管家的職務了。』那個管家心裡想：『主人要辭退我了，以後我去做甚麼呢？鋤地嗎？沒有力氣；討飯嗎？怕難為。對了。我曉得怎麼做，好使我在失業的時候有朋友肯接我到他們家裡住。』」

「於是他把主人的債戶一一叫了來。他對頭一個說：『你欠我主人多少？』他回答：『一百桶橄欖油。』管家說：『這是你的帳，快坐下來，改寫五十。』他又問另一個說：『你呢，你欠多少？』他回答：『一百石麥子。』管家說：『這是你的帳，改寫八十。』」

「主人誇獎這個不誠實的管家的機警行為。因為在應付世事方面，俗世的人竟比光明的人更加精明。」

耶穌接著又說：「我告訴你們，要用現世的金錢結交朋友，這樣，金錢用完的時候，你可以被接到永久的家鄉去。一個人在小事上靠得住，在大事上也靠得住；一個人在小事上不誠實，在大事上也不誠實。如果你們在處理現世的財物上靠不住，誰又會把那眞實的財富付託你們呢？如果你們對屬於別人的東西靠不住，誰會把你們自己的東西給你們呢？」（路加福音 第十六章第一——十六節）

當經理的人，要向董事長報賬。賬目不清楚，賬目有大虧空，馬上想法補正，常常不擇手段。

在死後一刻，要向基督報一生的行爲善惡，接受基督的判決。這不是迷信，也不是幻想，而是實情。在死後一刻，沒法可以改變一生的善惡賬。

耶穌教給我們改好賬目的方法：愛心的行爲。有錢，用錢幫助別人，捐錢給慈善和社會福利事業。沒有錢，有力，出力幫助老弱無力的人。沒錢沒力的人，用同情心安慰痛苦的人。愛心可以賠補一切過犯，獲得基督的寬恕。

善用所得

「你們要隨時準備好，束緊腰帶，點上燈，好像僕人等候主人從婚宴上回來。主人回來敲門的時候，他們立刻為他開門。主人回來，發現這些僕人警醒，他們就有福了！我告訴你們，主人束上腰帶，讓他們坐下來吃飯，親自伺候他們。甚至主人延遲到半夜或黎明才回來，他若發現僕人警醒，他們就有福了！要記住這一點；一家的主人要是知道小偷甚麼時候要來，他一定不會讓小偷破門而入。你們也要隨時準備好，因為人子會在你們料想不到的時候來臨。」（路加福音 第十二章第三十五—四十八節）

人們都認爲才能是自己的，財產是自己的，只要不犯法，自己可以隨意用，還有人要說：「祗要我願意，有什麼不可以？」

但是，才能是不是天生的？財產，在死的時候，可不可以帶去？可見，自己並不是才能和財產的真正主人，真正主人，則是掌管「天生」和「死」的天主。

天主把才能和財產交給我們，要我們好好用，在死後的一刻，要向基督交賬。才能和財產者先是爲本人自己用，爲求自己的生活和家人生活的需要和福利，再則爲社會人群的公益，增進學術，發展生產，改良生活環境。所得於天主的多，多做，所得於天主的少，少做，天主會一樣悅納。

死亡突然來臨

群眾當中有一個人對耶穌說：「老師，請吩咐我的兄弟跟我分父親的遺產。」

耶穌回答：「朋友，誰給我權為你們審案或替你們分家產呢？」於是他繼續向大家說：「你們要謹慎自守，躲避各樣的貪婪；因為一個人無論怎樣的富裕，他的眞生命不在乎他有多少財產。」

耶穌又對他們講一個比喻：「有一個財主，田產豐富；他心裡盤算著：『我沒有夠大的地方來儲藏所有的穀物，該怎麼辦呢？他又自言自語：』對了，我要把原有的倉庫拆了，改建一座更大的，來存放五穀和別的貨物，然後我要對自己說，幸運的人哪！你擁有一切好東四，足夠你多年花用，慢慢享受，吃吃喝喝，過舒服的日子吧！』可是天主要對他說：『你這個糊塗人，就在今夜，你得交出你的生命；那麼，你為自己所積存的一切財物要歸給誰呢？』」

耶穌結論說：「那些為自己積聚財富、在天主眼中卻不富足的人也是這樣。」（路加福音 第十二章第十三—二十一節）

才能和財產，不是我們自己的，是天主給的，生命更不是我們自己的，由天主作主。人們都想賺錢，越多越好，以滿足自己的享受慾。人們也掙著向上爬，地位越高越好。但是誰能擔保有錢有位，可以長久享受呢？死期一到，就一無所有。死後所有的，是靈魂上的善惡，結果是善惡的賞罰；賞，是和天主永遠同在，欣賞絕對的真美善，喜樂無邊；罰則是永遠和天主分離，在永火中受苦。

死亡的時間，操在天主手中，人不能作主，中國人稱爲命，死亡的來臨，多在人不想的時候突然來到。基督警告我們時常提心，隨時可以放下一切，安然回歸天主。

世界終局

人子來臨的先兆「那些時日的災難一過，立時陽就要昏暗，月亮也不發光，星辰要從天上墜下，天上的萬象也要動搖。那時，人子的記號要出現天上；地上所有的種族，都要哀號，要看見人子帶著威能和大光榮，乘著天上的雲彩降來。他要派遣他的天使，用發出洪聲的號角，由四方，從天這邊到天那邊，聚集他所揀選的人。」（瑪竇福音 第二十四章第二十九—三十一節）

世界有終窮的一天，是整個宇宙同時毀滅，或祇是地球毀滅呢？耶穌沒有分別說明，祇預言了耶路撒冷的毀滅和世界的毀滅。但是爲我們是一樣，在世界終窮的時候，耶穌基督將重來世界，審判萬民。審判以後，再造新天新地，作義人受享的國度。

每人去世後，即刻接受耶穌基督的審判，取得應有的賞罰。在世界終窮時，耶穌基督將審判全人類，將每人的善惡和賞罰，公諸全人類。同時，每人剛復活的身體再結合靈魂，身體也接受生前善惡的賞罰。那時候，正義的呼聲將得到圓滿的回應，人世的一切行爲，都要受到正義的裁判。
公審判後的新天新地，則是義人的善德世界，沒有惡，沒有罪，祇有基督的愛和基督的光明。

伸張正義

「在人子作王、天使跟他一齊來臨的時候，他要坐在榮耀的寶座上；地上萬民都要聚集在他面前。他把他們分為兩群，好像牧羊人從山羊中把綿羊分別出來一樣。他要把綿羊放在右邊，山羊放在左邊。然後，王要對在他右邊的人說：『蒙我父親賜福的人哪，你們來吧！來承受從創世以來就為你們預備的國度。因為我餓了，你們給我吃，渴了，你們給我喝；我流落異鄉，你們接待我到你們家裡；我赤著身子，你們給我穿；我害病，你們照顧我；我坐牢，你們來探望我。』那時候，那些義人要回答：『主啊，我們甚麼時候看見你餓了，給你吃？渴了，給你喝？甚麼時候看見你流落異鄉而接待你到我們家裡？看見你赤著身子而給你穿？我們甚麼時候看見你害病或坐牢而去探望你呢？』王要回答：『我鄭重地告訴你們，無論甚麼時候，你們在我弟兄中一個最微不足道的人身上做了這些事，就是為我做的！』」

「然後，王要對在他左邊的人說：『走開！受天主咒詛的人哪，你們離開我吧！進到那為魔鬼和他的爪牙所預備永不熄滅的火裡去！因為我餓了，你們沒給我吃，渴了，你們沒給我喝；我流落異鄉你們沒接待我到你們家裡；赤著身子，你們沒給我穿；我害病或坐牢，你們沒照顧我。』這時候，他們要說：『主啊，我們甚時候看見過你飢餓，或口渴，或流落異鄉或赤著身，或害病，或坐牢，而竟沒有幫助你呢？』主要回答他們：『我鄭重地告訴你們，無論甚麼時候，你們拒絕幫助一個最微不足道的人，就是拒絕幫助我。』這樣的人要受永遠的刑罰。到於那些義人，他們一定會得到永恆的生命。」

（瑪竇福音 第二十二章第三十一—四六節）

宇宙有結束的一天，科學家可以辯論，耶穌基督則明明照示了我們。

宇宙終窮時，也是人世正義伸張的一刻。善惡的報應，人人都有這樣信念，但都不能看見完全實現，耶穌基督說明祂將審判整個人類，判決每人的善惡賞罰。

耶穌基督審判的標準是愛心，人是否在生作了愛心的慈善工作。人世的人都是天父的子女，也是基督的手足，對人的愛心表現，就是對祂的愛心表現。

愛心的表現，不在金錢，而在真誠，一句同情的話，一伸同情的手，無論誰都可以做。就在大家都可以做而沒有做的一點上，耶穌基督將審判全人類。

一四、家庭聖經

家庭圭臬

耶穌初次顯示天主性他父母每年逾越節往耶路撒冷去。他到了十二歲時，他們又照節日的慣例上去了。過完了節日，他們回去的時候，孩童耶穌留在耶路撒冷，他的父母並未發覺。他們只以為他在同行的人中間，遂走了一天的路程；以後，就在親戚和相識的人中尋找他。既找不著，便折回耶路撒冷找他。過了三天纔在聖殿裡找到了他。他正坐在經師中，聆聽他們，也詢問他們。凡聽見他的人，對他的智慧和對答都驚奇不止。他們一看見他，便大為驚異，他的母親就向他說：「孩子，為什麼你這樣對待我們？看你的父親和我，一直痛苦地找你。」耶穌對他們說：「你們為什麼尋找我？你們不知道我必須在我父親那裡嗎？」但是，他們不明白他對他們所說的話。他就同他們下去，來到納匝肋，屬他們管轄。他的母親把這一

切默存在心中。耶穌在智慧和身量上，並在天主和人前的恩愛上，漸漸地增長。（路加福音 第二章第四十一—五十二節）

天主聖子降生救贖人類，以天主聖神的神力，成孕於童貞女瑪利亞胎中，瑪利亞和若瑟結婚，成立了一個家庭，稱爲納匝肋聖家；因爲家鄉是納匝肋小鎮，耶穌是天主聖子，瑪利亞是無染原罪，充滿天主的聖寵，若瑟是一位正義君子，虔誠事奉天主的聖者。

天主耶穌在納匝肋聖家裡，從嬰孩到成年，一住三十年，祂是家庭的中心，家庭恩愛的目標；祂既是青年，爲家庭的希望，更是天主，人應全心全力愛慕。瑪利亞不染原罪，情動合節，以母愛和信徒的愛，撫養耶穌。若瑟遵奉天主旨意，支撐一家用費，維護妻兒的安全。

在天主眼中，若瑟地位最低，在人們眼中，他是一家之長。耶穌聽命服從他，瑪利亞柔順隨從他，他卻以服務的心情，主理家事，一家和睦安祥。

聖經記載少年耶穌獨自留在聖殿，父母痛苦地尋找三天，找到了以後，瑪利亞表示母愛的關懷，耶穌答以天父的旨意，然後就回家，服從父母。一椿小事，顯露了瑪利亞和若瑟對兒子的愛心，顯露了耶穌在父母心中的地位；又顯露了耶穌對自己天主性身份的意識，和對天父的敬愛，最後祂還是顧全自己在家庭中兒子的身份。

一個圓滿幸福的家庭，有天主同在，作一家精神之主。家中成員爲服侍天主而互相服務，互相敬愛，有愛，有敬。父母的工作，首要爲培養子女成人，使他們在天主前和人前，身體成長，智慧增高，品格優良，受人恩惠。納匝肋聖家，貧寒，以勞作爲生。瑪利亞雖曾聽天使報導耶穌爲至高者天主之子，將得祖先達味的王位，卻看祂生在羊洞中，三十年貧苦渡日，勞作不息，她知道天主不看重金錢和權位，她自心早已全向天主，和耶穌心心相契。若瑟的幸福，在服侍耶穌和瑪利亞，每天眼見他們快樂，他便心滿意足了。

天倫而又神聖的家庭樂，乃是人生的安定劑，勞苦的支柱，風暴的避風港。

男女

天主說：「讓我們照我們的肖像，按我們的模樣造人，叫他管理海中的魚、天空的飛鳥牲畜、各種野獸、在地上爬行的各種爬蟲。」天主於是照自己的肖像造了人，就是照天主的肖像造人：造了一男一女。天主祝福他們說：「你們要生育繁殖，充滿大地，治理大地，管理海中的魚、天空的飛

鳥、各種在地上爬行的生物！」（舊約創世紀 第一章第二六十——二十八節）

上天主主說：「人單獨不好，我要給他造個與他相稱的助手。」上主天主遂使人熟睡，當他睡著了，就取出了他的一根肋骨，再用肉補滿原處。然後上主天主用那由人取來的肋骨，形成了一個女人，引她到人前，人遂說：「這才眞是我親骨肉，她應稱為「女人」，因為是由男人取出的。」為此人應自離開自己的父母，依附自己的妻子，二人成為一體。（舊約創世紀 第二章第十八——二十四節）

「人單獨不好，我要給他造個與他相稱的助手。」男女兩性是造物天主所造的，男女都是人，但各有特點。在身體結構上，在生理生活上，在心理情緒上，男女有不同的特徵，男女的生活不完全相同，工作有分別。因人性的相同，男女的人權平等；因兩性的相異，生活和工作，不宜強爲均等。

男女兩性，受造爲相助，不爲相對立。在生理生活上，爲生育子女，男女兩性彼此相助；在心理生活上，爲情緒的平衡，男女兩性互相完成；在修養的人格上，男女兩性互補缺陷，塑成完美的人格，從人類的文化史，可以看到這種合作互助的歷程，到今天男女平等和自由的時代，相助相成的意義，更明白地顯出。

從男人取出肋骨造女人，這是一種象徵式的說法，非常刻骨地顯示男女的相連，「二人成爲一體。」

婚姻

亞巴郎年紀已老，上主在一切事上常祝福他。亞巴郎對管理他所有家產的老僕人說：「請你將手放在我的胯下，要你指著上主、天地的天主起誓；你決不要為我的兒子，由我現住的客納罕人中，娶一個女子為妻；卻要到我的故鄉，我的親族中去，為我的兒子依撒格娶妻。」僕人對他說：「假使那女子不願跟我到此地來，我能否帶你的兒子回到那裡去。亞巴郎答覆他說：「你切不可帶我的兒子回到那裡去。那引我出離父家和我生身地，同我談過話，對我起誓說「我必將這地賜給你後裔」的上主，上天的天主，必派遣自己的使者作你的前導，領你由那裡給我兒子娶個妻子。設若那女子不願跟你來，你對我起的誓，就與你無涉；無論如何，你不能帶我的兒子回到那裡去。」僕人遂將手放在主人亞巴郎的胯下，為這事向他起了誓。僕人就由他主人的駱駝中，牽了十四駱駝，帶著主人的各樣寶物，起身往美索不米亞的納曷城去了。傍晚，女人們出來打水的時候，他叫駱駝臥在城外的水井旁，然後說：「上主！我主人亞巴郎的天主！求你對我主人亞巴郎施行仁慈，今日使我幸運。看我站在水泉旁，此時城中的女子正出來打水。我對那個少女說：請你放下水罐，讓我喝點水。如果她答說：請喝！並且我還要打水給你的駱駝喝，她即是你為你的僕人依撒格預定的少女；由此我知道，你對我主人施行了仁慈。」話還沒有說完，黎貝君就肩著水罐出來了。她是亞巴郎的兄弟納曷爾的妻子米耳加的兒子貝突耳的女兒。這少女容貌很美，是個還沒有人認識的處女。她下到水泉，灌滿了水罐裡的水，就上來了。僕人就跑上前去迎著她說：「請讓我喝點你水罐裡的，好嗎？」她回答說：「先生！請喝！」她急忙將水罐放低，托在手上讓他喝。他喝足了以後，少女說：「我再為你的駱駝打水，叫牠們也喝足。」遂急忙將罐裡的水倒在槽裡，再跑到那井裡去打水，打水給他的駱駝喝。僕人在旁靜靜地注視她，急願知道，是否上主已使他此行成功。駱駝喝完了水以後，老人就拿出一個半

「協刻耳」重的金鼻環，和一對重十「協刻耳」的金手鐲，給她戴上，然後說：「請你告訴我你是誰的女兒？你父親家裡，有有地方可讓我們過宿？」她回答說：「我是米耳加給納曷爾所生之子具突耳的女兒。她又繼續說；「我們家裡有很多草料和飼糧，而且還有地方可供過宿。」老人就俯身朝拜了上主，說：「上主，我主人亞巴郎的天主應受讚美！因為他不斷以仁慈和忠信善待了我的主人。上主也一路引我來到了我主人的老家。」

（舊約創世紀　第二十四章第一——二十七節）

中國古代已經流行一句成語：「天作之合」，男女婚姻由上天安排，當時男女婚姻雖然實際上是「父母之命和媒妁之言」，大家都相信男女成婚必有天意。今天，婚姻由男女當事人自己選擇，自己作主，然而其中仍然存有天意。

婚姻乃人生大事，兩人結成一體，終生不離，生育子女，意義何等重大！天主教會稱婚姻爲聖事，須由司鐸祝福，豈可沒有天主的照顧？

青年男女在選配戀愛時，應時常祈求天主福祐，使自己不爲情感沖昏了理智，看人看事要看清楚；又使自己了解婚姻的意義，不爲戀情所玷污。

亞巴郎爲兒子的婚姻，多方思量，不從所在地客納罕人中選一女子作兒子的妻子，因爲客納罕人不信天主。他所派爲兒子擇妻的老僕，則一心求天主光照，使能得到適當的人選。天主垂聽他的祈求，使他幸運地達到了目的。他乃說：「上主，我主人亞巴郎的天主應受讚美！」

戀愛

過了一月，拉班對雅各伯：「豈可因為你是我的外甥，就該白白服事我？告訴我，你要什麼報酬？」拉班有兩個女兒：大的名叫肋阿，小的名叫辣黑耳。肋阿雙眼無神；辣黑耳卻相貌美麗；為此雅各伯喜愛辣黑耳，遂回答說：「我願為你小女兒辣黑耳服事七年。」拉班答說：「我將她給你，比給外人好；你就同我住下。」這樣，雅各伯為得到辣黑耳，服事了拉班七年；由於他喜愛這少女，看七年好像幾天。雅各伯對拉班說「期限已滿，請將我的妻子給我，我好與她親近。」拉班也請了當地所有的人士，擺了婚宴。到了晚上，他卻將自己的女兒肋阿，引到雅各伯前，雅各伯就親近她。——拉班且將自己的婢女齊耳帕給了女兒肋阿作婢女。——到了早晨，他一見是肋阿，便對拉班說：「你對我作的是什麼事？我服事你，豈不是為了辣黑耳？你為什麼欺騙我？」拉班回答說：「我們這地方沒有先嫁幼女，而後嫁長女的風俗。你同長女滿了七天以後，我將幼女給你，只要你再服事我七年。雅各伯就這樣做了。與肋阿滿了七天以後，拉班便將自己的女兒辣黑耳給了他為妻。——拉班且將自己的婢女彼耳哈給了女兒辣黑耳作婢女。——雅各伯也親近了辣黑耳，而他愛辣黑耳甚於肋阿，於是又服事拉班七年。」（舊約創世紀 第廿九章第十五—三十節）

男女的戀愛和普通的愛情有些不同，普通的愛是開放的，男女的戀愛是封閉於一的，常具佔有的特性。但是戀愛不能單是佔有，必定應是給與。聖保祿宗徒曾說：「施予比領受更爲有福。」（宗徒大事錄 第二十章第三十五節）對於戀愛也是一樣。談戀愛不能祇想佔有對方，另外是男方對女方，一定應該有所付與。雅各伯爲所愛的辣黑耳，工作了十四年，不收薪金，終於要得了所愛的女子。

戀愛沒有付出，沒有犧牲，沒有忍苦，那種戀愛是很脆弱的；付出了代價，代價不在金錢，而是在爲所愛的人敢犧牲忍苦，然後才知道愛惜愛情，才會看重並尊重對方，愛情才可以持久。

男子若祇知道佔有對方，打擊一切向對方表感情的人；他佔有了，滿足了肉感，乃起嫌惡，始亂終棄，這種男子不是談愛情，祇是縱私慾，天主不會降福。

成婚

人們出去以後，他們倆關上了房門。多俾亞便從床上坐起來，對她說：「妹妹，起來！我們一同祈禱，祈求我們的上主，在我們身上施行仁慈和保佑。她便起來，於是一起開始祈禱，祈求本主保佑他們；他便開始祈禱說：「我們祖宗的天主，你是應受讚美的！你的名號是世世代代應受頌揚的。諸天及你的一切造物都應讚頌你於無窮之世。是你造了亞當，是你造了厄娃作他的妻子，作他的輔助和依靠，好從他們二人傳生人類。你曾說過：一人獨處不好，我要給他造個相稱的助手。上主，現在我娶我這個妹妹，並不是由於情慾，而是出自純正的意向。求你憐憫我和她，賜我們白頭偕老！」他們互相答說：「阿們！阿們！」隨後便睡了一夜。（舊約多俾亞書　第八章第四—

八節）

新婚入洞房，夫婦倆帶了父母和親友的祝福，開始他們倆人一體的生活，心靈上充滿快樂，加上一分恐懼。在這時候正是祈禱天主助祐的時刻，能有幸福的開始，能有持久的愛情，一切謹守天主的規誡，感情清潔誠實。小多俾亞和撒拉結婚，撒拉已經和七個男子結了婚，但是每次在進入洞房，倆人要接近時，男的就突然死了。陪伴小多俾亞到叔父辣古耳家的天使拉法尼爾吩咐他要求堂妹撒拉為妻，叔父把撒拉的遭遇告訴他，並且在他們成婚的夜裡，辣古耳悄悄吩咐僕人在外面掘了墳墓，預備第二天清早悄悄埋了遭禍的新郎，但是第二天清晨，小夫婦平安出房辣古耳感謝天主。新婚夜祈禱救了他們。

夫妻同福同苦

在上主天主所造的一切野獸中，蛇是最狡猾的。蛇對女人說：「天主真說了，你們不可吃樂園中任何樹上的果子嗎？」女人對蛇說：「樂園樹上的果子，我們都可吃；只有樂園中央那棵樹上的果子，天主說過，你們不可以吃也不可摸免得死亡。」蛇對女人說：「你們決不會死！因為天主知道，你們那天吃了這果子，你們的眼就會開了，將如同天主一樣知道善惡。」女人看那棵果樹實在好吃好看，令人羨慕，且能增加慧智，遂摘下一個果子吃了，又給了她的男人一個，他也吃了。於是二人的眼立即開了，發覺自己赤身露體，用無花果樹葉，編了個裙子圍身。當亞當和他的妻子聽見了上主天主趁晚涼在樂園中散步的聲音，就躲藏在樂園的樹林中，怕見上主天主的面。上主天主呼喚亞當對他說：「你在那裡？」他答說：「我在樂園中聽到了你的聲音，就害怕起來，因為我赤身露體，遂躲藏了。」天主說：「誰告訴了你，赤身露體？莫非你吃了我禁止你吃的果子？」亞當說：「是你給我作伴的那個女人給了我那樹上的果子，我才吃了。」上主天主遂對女人說：「你為什麼作了這事？」女人答說：「是蛇哄騙了我，我才吃了。」

上主天主對蛇說：「因你做了這事，你在一切畜牲和野獸中，是可咒罵的；你要用肚子爬行，畢生日日吃土。我要把仇恨放在你和女人，你的後裔和她的後裔之間，她的後裔要踏碎你的頭顱，你要傷害他的腳跟。」後對女人說：「我要增加你懷孕的苦楚，在痛苦中生子；你要依戀你的丈夫，也要受他的管轄。」後對亞當說：「因為你聽了你妻子的話，吃了我禁止你吃的果子，為了你的緣故，地成了可咒罵的；你一生日日勞苦才能得到吃食。地要給你生出荊棘和蒺藜，你要吃田間的蔬菜；你必須汗流滿面，才有飯吃，直到你歸於土中，因為你是由土來的；你既是灰土，你還要歸於灰土。」（舊約創世紀 第三章第一——十九節）

亞當和厄娃因著魔鬼的誘惑，違背了上主的命令，沒有勝過主所定的考驗，倆人一同受罰，後代子女一同遭禍。在這很不幸的事件裡，顯出夫婦一體，同福同苦。天主教會特別強調夫婦的結合，密切不可分。我們現在唸一唸梵二大公會議的一段訓話：男女二人因婚姻的契約「已經不是兩個，而是一體了」。通過他們位格和行動的密切結合，而互相輔助，彼此服務，更體驗到他們成為一體的意義，並日益完善地達成這結合的目標。這一密切的結合，就是二人的互相贈予，一如子女的幸福，都要求夫妻完全的忠貞，並需要一個不可拆散的結合。

對這發源於天主聖愛之泉，並由基督依照祂和教會的典型而建立的多彩多姿的愛，基督曾賜以豐厚的祝福。

猶如古時天主曾以愛情及忠實的盟約、同祂的子民相處，同樣，現在人類的救主和教會的淨配、藉婚姻聖事，援助信友夫妻。基督常與他們相偕，一如祂愛了教會，並爲教會捨生；同樣，信友夫妻應互相獻身，永久忠貞彼此相愛。

真實的夫妻之愛，被提昇融會於天主的愛中，並爲基督和教會的救世功能所管制並充實，使夫妻有效地歸向天主，並在父母的崇高任務上、得到扶持與力量。

因此，信友夫妻擁有一件特殊的聖事、使他們爲了滿全本地位的任務和尊嚴獲得力量，並使他們好像被祝聖的一樣。他們藉這聖事的能力，能善盡婚姻和家庭的義務，而沈浸在基督的神內。這精神以信、望、愛滲透他們整個的生活。這樣，他們便日益增進個人的全德和彼此的聖化，因而共同光榮天主。

因此，子女和所有共同生活在家庭中的人，因著父母的榜樣、和家庭祈禱的帶頭作用，便易於找到那達至人格成熟、得救和成聖的道路。夫妻既接受了作父母的尊嚴與職責，便應努力善盡他們教育子女的義務，特別是在宗教教育方面，這是屬於他們的首要義務。

子女身爲家庭充滿活力的成員以自己的方式協助父母成聖。他們應以知恩、孝愛和信賴，報答父母的恩澤。父母逢逆境，或年邁孤獨，子女們盡孝，而服事他們。（梵二大公會教會在現世牧職憲章第四十八節）

夫婦結合不能分離

亞巴郎去埃及

其時那地方起了饑荒，亞巴郎遂下到埃及，寄居在那裡，因為那地方飢荒十分嚴重。當他要進埃及時，對妻子撒辣依說：「我知道你是個貌美的女人；埃及人見了你，必要說；這是他的妻子；他們定要殺我，讓你活著。所以請你說：你是我的妹妹，這樣我因了你而必獲優待，賴你的情面，保全我的生命。」果然當亞巴郎一到了埃及，埃及人就注意了這女人實在美麗。法郎的朝臣也看見了她，就在法郎前讚她美麗；這女人就被帶入法郎的宮中。亞巴郎因了她果然蒙了優待，得了些牛羊、公驢、僕婢、母驢和駱駝。但是，上主為了亞巴郎的妻子撒辣依的事，降下大難打擊了法郎和他全家。法郎遂叫亞巴郎來說：「你對我作的是什麼事？為什麼你沒有告訴我，她是你的妻子？為什麼你說：她是我的妹妹，以致我娶了她做我的妻子？現在，你的妻子在這裡，你帶她去罷！」法郎於是吩咐人送走了亞巴郎和他的妻子以及他所有的一切。（舊約創世紀　第十二章第十—十八節）

亞巴郎按照當時的文化程度和天主沒有啓示婚姻的要件，不懂夫婦結合不可分離，他寧願讓埃及王奪他的妻子，自認爲妻子的哥哥，以保全性命；天主卻不以爲然，夫妻結合是不可分離的，乃降大難懲罰埃及王，埃及王及時悔誤。天主教會一貫主張夫妻結合不可分離，堅守耶穌基督的訓示，梵二大公會議講解得很清楚，教宗若望保祿二世的家庭體勸諭也重新說明，且指出夫妻的結合，應以愛爲連繫。

聖經多次敦請未婚夫妻及夫妻，以聖潔的愛培育其婚約，並以專一的愛培育其婚姻。我們這時代的許多人亦很重視人們依照各時代的良好風俗，所表現的真正夫妻之愛。這種愛情是由一個人指向另一人、出自意志及情感的行爲，是特別屬於人性的，包括著整個人格價值，因而使肉體及心靈的表現能擁有特殊的尊嚴，並使之成爲夫妻之愛的特殊因素及記號。主耶穌曾以特寵及愛德治療、玉成並昇華這愛情。這兼有人的和天主的成份的夫妻之愛，導引夫妻，以自由意志並以爲事實所證明的溫情，互相授受其自身，並滲透二人的整個生活（一一），且因其慷慨豪爽的行動而更爲完成和增進。這愛情遠遠超過專靠自私主義培養、並迅速消逝的純粹色情偏向。

這愛情因著婚姻的本有行爲而得到表現並完成。夫妻親密而聖潔的結合是正當而高貴的行爲。以合乎人道方式而完成的這種行爲，表現並培育夫妻的互相贈予，使二人以愉快感激的心情彼此充實。這以互相忠實所標明的愛，尤其爲聖事所祝聖的愛，使二人心靈肉體，在順境和道境中，忠貞不貳，全無姦淫和離異的危機。人必須承認，男女二人在充分相愛中，擁有人格的平等，使爲基督所加強的一夫一妻制，顯得更爲輝煌。但爲專心完成這使命，需要出色的美德，故此，因聖寵而堅定度聖善生活的信友夫妻，應當經常培植，並以祈禱求得這堅實的愛、豁達的心胸和犧牲的精神。

倘若信友夫妻，能以忠實而和樂的夫妻之愛，並以辛勸教育子女，見稱於世；同時，又能以身作則改進文化、心理及社會環境，使之有利於婚姻及家庭生活，則將使人們對真正的夫妻之愛，加深其重視心理，並形成健全的輿論。關於夫妻之愛的高貴、任務和實行，應在家庭懷抱內，給青年人以適度和應時的指佝，俾使他們能以聖潔的品格，在適當年齡上，由婚約而過渡至婚姻生活。（梵二大公會議　論教會在現代牧職憲章第四十九節）

夫婦的結合不但是唯一的，也是不可拆散的：「此密切的結合，亦即二人的互相贈予，一如子女的幸福，都要求夫婦完全忠實，並需要一個不可拆散的團結。」

教會的基本責任是堅決地重申婚姻不可拆散的道理，一如主教會議諸教長所做。對我們這一時代，那些認爲一生與一個一輩子結合在一起是太難或不可能者，以及那些受到某種文化的影響，反對婚姻的不可拆散性，並且公開譏笑忠於婚約的夫婦者，必須向他們重申夫婦之愛本質的福音，此愛建基于基督，並在基督內得到堅定。

既然婚姻的不可拆散，是基於夫婦個人的和整體的自我贈予和子女的幸福，它最終的真義還是在天主於啓示中所揭示的計劃：祂願意並且傳達婚姻的不可拆散性，是天主對人，以及主耶穌對教會絕對忠誠的愛的標記和要求。

基督更新造物主刻劃在男人和女人心中的最初計劃，並且在婚姻聖事的舉行中給予「一顆新的心」：這樣夫婦們不但能克服「心硬」，而且更能分享基督圓滿的和最後的愛，祂是降生成人的新而永久的盟約。（家庭團體勸諭 第二十節）

生育子女

天主又對亞巴郎說：「你的妻子撒辣依，你不要再叫她撒辣依，而要叫她撒辣。我必要祝福她，使她也給你生個兒子。我要祝福她，使她成為一大民族，人民的君王要由她而生。」亞巴郎遂俯伏在地笑起來，心想：「百歲的人還能生子嗎？撒辣已九十歲，還能生子？」（舊約創世紀 第十七章第十五－十七節）

上主照所許的，眷顧了撒辣；上主對撒辣實踐了他所說的話。撒辣懷了孕，在天主所許的時期，給年老的亞巴郎生了一個兒子。亞巴郎為撒辣給他所生的兒子，起名叫依撒格。生後第八天，亞巴郎照天主所吩咐的給自已的兒子依撒格行了割損。他兒子依撒格誕生時，亞巴郎正一百歲；為此撒辣說：「天主使我笑，凡聽見的也要與我一同笑。」又說：「誰能告訴亞巴郎，撒辣要哺養兒子呢？可是我在他老年，卻給他生了個兒子。」孩子漸漸長大，斷了乳；在依撒格斷乳的那天，亞巴郎擺了盛宴。（舊約創世紀 第二十一章第一—八節）

天主恩賜亞巴郎老年生子，又預定由他的獨生子依撒格將成為一民族，即以色列民族。亞巴郎深知這是天主的特恩，衷心感激。古經也記載撒慕爾先知的母親不能生育，常受丈夫的另一個生育子女的妻子的譏笑，乃苦求天主，天主乃賞她一個兒子，長大成為天主的先知。婚姻基本目標之一為生育子女，今天社會乃以生子為贅瘤，用各種不合人性的方法節育，梵二大公會議聲明教會的原則。

婚姻與夫妻之愛之質上便是指向生育並教養子女的目標的。誠然，子女是婚姻極其卓越的成果，而且為父母本身，亦大有裨益。天主既然說過：「獨自一人，不好」，又說「自初便造了他們一男一女」；故天主聖意，是要人特別於其造化工程有份，並將其造化工程通傳於人。於是，天主便祝福男女說：「你們要生育繁殖」。所以，真正的夫妻之愛以及出自夫妻之愛的整個家庭生活方式，其目標就是夫妻們，在不輕視婚姻其它宗旨的條件下，毅然地準備和造物主及救主的聖愛合作，因爲祂就是通過夫妻，來擴展並充實自己的家庭。

夫妻應將傳生和教育子女，視作他們本然的使命。他們應當知道，在履行這使命時，他們是造物主天主的聖愛的合作者，同時，又好似天主聖愛的解釋者。因此，他們應以適合人性及相稱信友身份的責任感，滿全其任務、以敬謹受教和尊敬天主的心理、並以共同的思考及努力，替自己做出正確的判斷：一方面，要注意自身及現有和未來子女們的福利，另一方面，要顧到時代及生活環境所有物質和精神的條件，最後亦要爲自己的家庭、社會及教會的利益著想。這一判斷最後應由夫妻本人在天主面前做出。信友夫妻對自身行爲，應當知道他們並不得任意行事，而應服從吻合天主法律的良心指導，並謹慎遵循教會的訓導權威，因爲教會是在福音的光照下，正式詮解天主的法律。而天主的法律則不唯闡明夫妻之愛的充份意義，而且保衛夫妻之愛，並促使夫妻之愛臻於適合人性尊嚴的完美境地。所以，信友夫妻如能信賴天主的照顧，培養犧牲精神，以慷慨堅毅和吻合人性尊嚴及信友身份的責任感，善盡傳生的任務，便是光榮天主，便是在基督內朝向全德邁進。在這樣滿全天主委託的使命的夫妻中，尤其值得提出者，是通過二人共同及明智的決定，毅然接受妥善教養更多子女的夫妻們。

但婚姻並不只是爲傳生而設立的。二人間所有盟約的不可拆散性和子女的幸福，要求夫妻依照正確秩序，表現並促進他們的愛，而使之臻於成熟。故此，即使多次不能如願以償即獲得子女，婚姻仍然是二人終身的契約，仍然保有其價值及其不可拆散性。（梵二大公會議論教會在代牧職憲章第五十節）

節育

亞當認識了自己的妻子厄娃，厄娃懷了孕，生了加音說：「我賴上主獲得了一個人。」以後她生了加音的弟弟亞伯爾；亞伯爾牧羊，加音耕田。有一天，加音把田地的出產作祭品獻給天主；同時亞伯爾獻上自己羊群中最肥美而又是首生的羊；上主惠顧了亞伯爾和他的祭品。（舊約創世紀 第四章第一—四節）

生育子女爲婚姻基本目的之一，目前節育的風氣，已經風靡全球。天主教會不贊成節育，更不允許墮胎或用人工或藥品節制生育。但在生活環境中，夫婦可以決定節制生育，然必須使用自然的方法，如運用不孕期。

我們聽教宗若望保祿二世的勸諭：「在這方面，梵二大公會議明白地確認『對調和夫妻之愛及負責的傳生人類，其實際行動的道德性，並不僅以個人的誠意及其動機的估價爲標準，而應以人性尊嚴及其行爲的性質爲客觀的取決標準，在真正夫妻之愛的交織中，要尊重互相授與及傳生人類的整個意義。要做到這點。人們非誠心潛修婚姻貞操不可。』

就是因爲「要以整個的人和人的使命來看，不僅是自然的和世上的使命，也要看他的超性和永生的使命」，教宗保祿六世確認教會的訓導「是建於天主所定的不可分的關係上，而人不能隨意切斷夫妻行爲的兩種意義：結合的意義和生育的意義」。他結論時又再強調應該排除「在行夫妻行爲前，或在舉行時，或在該行爲結果的發展中，禁作任何阻止生育的行爲，無論是以此行爲爲目的，或是手段」，都該視爲在本質上不道德的。

當夫婦們，由於避孕而把天主造物主刻劃在男人和女人身上，以及他們性的結合本質上的這兩種意義分開時，他們成了天主計劃的「仲裁人」，並且他們「操縱」並降低了人生的性，因而也降低了他們自己和他們的配偶，改變了「完全」獻出自己的價值。表達丈夫和妻子完全彼此給予的天生語言，由於避孕，客觀地被相矛盾的語言即不完全把自己給予對方的語言所覆蓋。這樣不但積極地拒絕對生命開放，而且曲解夫妻之愛的內在真理，即被召奉獻整個的人。

不過，當夫婦運用不孕期，尊重「性」結合和生育意義之間不可分的關係時，他們是天主計劃的「執行者」，他們根據「完全」奉獻的原始本質而「享用」他們的性，而不操縱或改變。

根據許多夫婦的經驗，和不同人文科學所供應的資料，神學反省能夠發覺並被召加深研究，避孕和應用週期之間在人學的和倫理上的不同點：它是一種比我們想像中還要深的區別，是有關二種對人的位格和人的性相對立的觀念。選擇自然週期，是接受女人的週期，也是接受交談、彼此的尊重、分擔責任並自我約束。接受週期並進行交談，是承認夫妻結合的精神和身體的特徵，並且附合忠貞的要求而度人的愛的生活。（家庭團體勸諭 第三十二節）

家庭教育

托彼特的頌詞就此結束。他於一百一十二歲上平安去世，哀榮地葬在尼尼微。他雙目失明時六十二歲；復明以後，生活也很幸福，且繼續施捨救濟，時常讚美天主，頌揚天主的偉大。當他臨終的時候，叫了他兒子多俾亞來，吩咐他說：「孩子！你要領你的孩子，快往瑪待去，因為我確信天主藉納鴻先知論尼尼微所說的話，必要應驗，臨於亞述國和尼尼微城。凡誠心誠意敬愛天主的人，必要歡樂；作惡犯罪的人，必要從地上滅絕。孩子！現今我吩咐你們該誠心事奉天主，作他喜歡的事。也該命令你們的子女，行善施捨，使他們時常記念天主，永遠全心全力讚美他的名。孩子！現今你該離開尼尼微，不要留在這裡。自你把你母親埋葬在我身傍的那天起，就要離開這裡。因為我看見城中充滿了不義，人任意欺詐，而不以為恥。」（舊約多俾亞書 第十四章第一—四節，第七—九節）

達味死的日子已經近了，便咐自己兒子撒羅滿說：「我現在要走世人應走的路，你要作英勇有為的大丈夫，恪申上主你天主的典章，履行他的道路，遵守他的規律、誡命、法令和制度，如梅瑟法律上所記載的：這樣無論你做什麼，無論你往何處去，必然順利；上主也必履行他關於我所說的話，說：如果你的子孫固守他們的道路，眞能全心全意在我面前行走，那麼，你的後代

就決不缺坐上以色列寶座的人。（舊約列王紀 第二章第一—四節）

托彼特教訓兒子，謹守天主規誡，特別慈心助人，他在臨終時，親口留下遺囑，教兒子離開道德淪落的尼尼微，往較好的城市去，孔子曾經說：「里仁爲美，擇不處仁，焉得知。」（里仁）教育兒子，乃父母的天職。目前，我們社會的家庭教育，往消失的路上走，青少年犯罪日益增多，加強家庭教育，爲目前最要緊的事。

達味王臨終以前，告誡皇子撒羅滿謹守天主的規律、誡命，法令和制度，才能得到天主的降福。

父母教育子女，當然不僅在臨終時留遺囑，而是在平日的生活中，父母要以適合對待的家教方式，教育子女。梵二大公議說明這種責任：爲父母者，既然給兒女帶來生命，便有教育子女的重大責任，亦因此父母應被公認爲最早也最主要的教育者。此一責任如此重大，以致缺少父母教育，很難彌補。因父母的責任，是創造充滿敬愛天人的家庭氣氛，以便輔導子女個人的及社會的完整教育。故此家庭便是訓練社會道德的原始學校，而社會道德，爲任何社會都是不可缺的。尤其基督徒家庭，曾因婚姻聖事之恩寵及地位而提昇，其子女自幼年時期，即應按照在洗禮中所接受的信仰，學習認識敬拜天主，並愛待鄰人；再者，亦即在此基督徒家庭中，子女獲得裨益人類社會以及教會的初步經驗；最後，子女是透過家庭而逐漸加入人間社團及天主子民。因此，爲父母者，應深切體認：一個真正的基督徒家庭，爲天主子民的生活及成長，是多麼重要！

教育的責任，首先歸屬於家庭，但也需要整個社會的協助。（梵二大公會議 教育宣言 第三節）

我們又聽教宗若望保祿二世對兒童教育的希望：我再重複一次我於一九七九年十月二日在聯合國大會所說的話：「我願表示高興，因我們在兒童身上，找到生命的春天，以及我們每一個人今世的故國未來歷史的期望。世界上沒有一個國家，或政治制度能想到他們將來，除非是經由這新一代的形象，他們從父母們接受價值的多種祖業、和他們所屬的國家和人類的義務和抱負。」關心兒童，從他們出生之前，從他們受孕的時刻起，以及他們的孩童和青年時期，這是人與人關係的首要和基本的考驗。因此，我向每個國家和整個人類以及世界上所有的兒童，所能表達的最好的期望，莫過於有一個美好的將來，在即將來到的第三個一千年，對人權的尊重將成爲完全的事實。」

對來到這個世界的每一個兒童的接受、愛和尊重，以及對他們的多方面的和一致的、在物質的、教育的和精神方面的關心，應該常常成爲所有的基督徒，尤其是基督徒家庭的獨特而又主要的特色：這樣，當兒童們能「在智慧和身量上，在天主和人前的恩愛上」成長時，貢獻出他們的寶貴力量來建設家庭團體，甚至有助於他們父母的成聖。（家庭團體勸諭 第二十六節）

教育工作是夫婦分享天主創造行動的首要使命：由於在愛內並爲了愛而生一個新人，在他或她內有著成長和發展的使命，因爲這個緣故，父母有責任幫助這個人有效地度完全合乎人性的生命。梵二大公會議曾重申「爲父母者，既然給兒女帶來生命，便有教育子女的重大責任，亦因此父母應被公認爲最早也最主要的教育者。此一責任如此重大，以致缺少父母教育，很難彌補。因父母的責任，是創造充滿敬愛天人的家庭氣氛，以便輔導子女個人的及社會的完整教育。故此家庭便是訓練社會道德的原始學校，而社會道德是任何社會所必需的」。

父母給予教育的權利和義務是基本的，因爲這和傳授生命是相連的；對其他人的教育角色來說，父母的角色是原始的和首要的，因爲父母和子女之間的愛的關係是獨有的；它是不能替代的和不能轉讓的，因此無法完全委託給別人或爲他人所侵佔。

除了這些特性以外，不得忘記最基本的要素（它檢定父母的教育任務），就是父母之愛，此愛在教育任務中完成，在爲生命的服務中圓滿成功：父母之愛既然是教育的源泉，從它也產生活力和規範，啓發並導引一切具體的教育行動。（家庭團體勸諭 第三十六節）

兄弟鬩牆

事後加音對他弟弟亞伯爾說：「我們到田間去！」當他們在田間的時候，加音就襲擊了弟弟亞伯爾，將他殺死。上主對加音說：「你弟弟亞伯爾在那裡？」他答說：「我不知道，難道我是看守我弟弟的人？」上主說：「你作了什麼事？聽！你弟弟的血由地上向我喊冤。你現在是地上所咒罵的人，地張開口由你手中接收了你弟弟的血，從此你即使耕種，地也不會給你出產；你在地上要成個流離失所的人。」加音對上主說：「我的罪罰太重，無法承擔。看你今天將我由這地面上驅逐，我該躲避你的面，在地上成了個流離失所的人；那麼凡遇見我的，必要殺我。」上主對他說：「決不這樣，凡殺加音的人，一定要受七倍的罰。」上主遂給加音一個記號，以免遇見他的人擊殺他。加音就離開上主的面，住在伊甸東方的諾得地方。（舊約創世紀 第四章第八—十六節）

依撒格，祝福了雅各伯，雅各伯剛由他父親依撒格面前出來，他哥哥厄撒烏打獵回來了。他也作了美味，給他父親端來，對他父親說：「我父！請起來，吃你兒預備的野味，好祝福我。」他父親依撒格對他說：「你是誰？」他答說：「我是你兒，你長子厄撒烏。」依撒格不禁戰慄起來，驚問說：「那麼，是誰打了獵物給我送了來？並且在你未來以前，我已吃了，已祝福了他；他從此必蒙祝福。」厄撒烏一聽見他父親說出這話，就放聲哀號，對他父親說：「我父，請你也祝福我！」父親答說：「你弟弟用詭計來奪去了你的祝福。」厄撒烏說：「他不是名叫雅各伯嗎？他已兩次欺騙了我；以前奪去了我長子的名分，現在又奪去了我的祝福。」繼而問說：「你沒有給我留下祝福嗎？」依撒格回答厄撒烏說：「看，我已立他作你的主人，將所有的兄弟都給他作僕人，將五穀美酒都供給他了。我兒，我還能為你作什麼？」厄撒烏對父親說：「我父，你只有一個祝福嗎？」我父，你也得祝福我。」厄撒烏就放聲大哭，他父親依撒格回答他說：「看，你住的地方必缺乏肥沃的土地，天上的甘露。你要憑仗刀劍生活，要服事你的弟弟；但你一強盛起來，將由你的頸上，擺脫他的束縛。」

厄撒烏因為他父親祝福了雅各伯，便懷恨雅各伯，心下思念說：「為父親居喪的日期已近，到時我必要殺死我弟弟雅各伯。」有人告訴了黎貝加她大兒厄撒烏所說的話；她便派人叫了她小兒雅各伯來，對他說：「看，你哥哥厄撒烏想要殺你洩恨。現在，我兒！你得聽我的話，起身逃往哈蘭我哥哥拉班那裡去，與他住些時日，到你哥哥忿怒消失了。幾時你哥哥對你息了怒，忘了你對他作的事，我就派人去，從那裡接你回來。」（舊約創世紀 第二十七章第三十—四十五節）

若瑟十七歲時，與哥哥們一同放羊。他尚年幼，常與自己的父親的妻子彼耳哈和齊耳帕的兒子們在一起。他不斷將他們作的惡事報告給父親。以色列愛若瑟超過其他的兒子，因為是他年老生的，並給他做了一件彩色長衫。他的哥哥們見父親愛他勝過其餘的兒子，就忌恨他，不能與他和氣交談。

若瑟的哥哥們去了舍根，放他們父親的羊。以色列對若瑟說：「你哥哥們不是在舍根放羊麼？來，我打發你去看看他們。」他回答說：「我在這裡。」以色列對他說：「你去看看你哥哥們是否平安，羊群怎樣；然後回來告訴我。」他們老遠就看見了；他在他尚未來近以前就已決定要謀殺他。他們彼此說：「看，那作夢的人來了！我們殺掉他將他拋在一口井裡，說是猛獸吃了。看他的夢還有什麼用？」勒烏本聽了，就設法由他們手中救他，遂說：「

我們不要害他！」勒烏本又對他們說：「你們不要流血；只將他丟在這曠野的井裡，不可下手害他。」他的意思是想由他們手中救出他來，還給父親。若瑟一來到他哥哥們那裡，他們就脫去了他穿的那件彩色長衣，抓住他，把他丟在井裡；那井是空的，裡面沒有水。

他們坐下吃飯時，舉目看見一隊由基耳阿得來的依市瑪耳人；他們的駱駝滿載樹膠、香液和香料，要下到埃及去。猶大遂對兄弟們說：「殺害我們的弟弟隱瞞他的血，究竟有什麼益處？不如將他賣給依市瑪耳人，免得對他下毒手，因為他究竟是我們的兄弟，是我們的骨肉。」兄弟們聽從了他的意見。米德楊的商人經過那裡時，他們便從井中拉出若瑟來，以二十塊銀錢賣給了依市瑪耳心；他們便將若瑟帶到埃及去了。勒烏本回到井邊，不見若瑟在井內，遂撕裂了自己的衣服，回到兄弟們那裡喊說：「孩子不見了！我可往那裡去呢！」（舊約創世紀　第三十七章第三—三十節）

舊約三椿故事，述說了兄弟間的不睦，都是由妒嫉來的。加音殺弟弟因爲他不誠心選最好的產品奉獻天主，不蒙天主悅納，弟弟亞伯爾奉獻最好的牛羊，蒙天主祝福，他妒嫉弟弟，殺死了弟弟，遭了天主的懲罰。

厄撒烏蓄意殺弟弟因為弟弟騙取了父親去世前的祝福。主謀的人則是母親黎貝加；黎貝加愛小兒子，偏護他，主使他去騙父親的祝福，父親年老，兩眼瞎了，黎貝加教小兒子裝大兒子，騙了瞎眼的父親，大兒子因恨乃起殺心。幸而弟弟逃避他鄉，得免於禍，過了十四年，弟弟回家，兩兄弟乃言和。

若瑟被賣，是因哥哥們妒嫉被父親寵愛。雅各伯生了十二個兒子。十二個兒子有四個母親，若瑟和弟弟本雅明是雅各伯的愛妻所生，愛妻辣黑爾素不生育，晚年才生了若瑟和本雅明，雅各伯寵愛若瑟，引起哥哥們的妒嫉，起心要殺害他。

曾國藩在家書裡曾經說家庭的和睦，最重要的是兄弟的和睦。儒家的文化有「弟道」，弟弟要尊敬兄長。舊約古史時代，亞巴郎的子孫在野蠻時期，沒有家教。父母的偏愛，造成兒子們的妒嫉，產生殺機。父母若公平待遇子女，從小教育彼此相讓，再灌輸基督的愛心，就能培育他們的手足之情。

家庭和睦

與亞巴郎同行的羅特也有羊群、牛群和帳幕，那地方容不下他們住在一起，因為他們的產業太多，無法住在一起。牧放亞巴郎牲畜的人與牧放羅特牲畜的人，時常發生口角，……當時客納罕人和培黎齊人尚住在那裡。亞巴郎遂對羅特說：「在我與你，我的牧人與你的牧人之間，請不要發生口角，因為我們是至親。所有的地方不是都在你面前嗎？請你與我分開。你若往左，我就往右；你若往右，我就往左。羅特舉目看見約旦河整個平原，直到左哈爾一帶全有水灌溉，……這是在上主消滅索多瑪和哈摩辣以前的事，乃有如上主的樂園，有如埃及地。羅特選了約旦河的整個平原，遂向東方遷移；這樣，他們就彼此分開了？」（舊約創世紀　第十三章第五—十一節）

「我們是至親，不要發生口角？」亞巴郎和羅特是叔姪的親戚，原先同居；因兩方僕人常生口角，亞巴郎提議分居。他們是遊牧的人，逐水草而居；亞巴郎讓姪兒先選地段，愛護後輩。

家庭親屬，或是三代同堂，或是父子兄弟各自分居，常應保全天倫的愛心。

「建立於愛而爲愛所滋養的家庭，是一個人的團體：丈夫與妻子、父母與兒女以及親戚。家庭的首要工作是，忠信地生活在融合的事實中，不斷努力於發展一個真正的人的團體。

此任務的內在原則、持久的力量和最後的目標，是愛：沒有愛，家庭無法成爲一個人的團體，而同樣的，沒有愛，家庭無法像一個人的團體般生活、成長和成全。我在『人類救主』通諭中所寫的，主要是要應用在家庭之內：『沒有愛，人不能生活。他會成爲一個不瞭解自己的人，他的生命就毫無意義。假如愛沒有啓示給他，假如他遇不到愛，假如他經驗不到愛並使愛成爲自己所有，假如他不親切地分享此愛。』

夫妻之間的愛，以及較廣的同一家庭內成員之間的愛—父母與兒女、兄弟與姐妹，以及親戚和家族中成員之間的愛—能給予並維持內在的活力，引領家庭能有更深刻和更強烈的『共融』，這種共融本是婚姻和家庭團體的基礎和靈魂。」—（家庭團體勸諭 第十八節）

兄弟釋嫌

若瑟立於埃及王法郎前時，年三十歲。他由法郎面前出去巡行了埃及全國。七個豐年內，土地出產極其豐富。若瑟聚斂了埃及國七個豐年內所有的糧食，積蓄在城內；每城城郊田間所出的糧食，也都儲藏在本城內。這樣若瑟聚斂了大量的五穀，多得有如海沙，無法計算，無法勝數。（創世紀 第四十一章第四十六—四十九節）

雅各伯見埃及有糧食出售，便對自己的兒子們說：「你們為什麼彼此觀望？」繼而說：「我聽說在埃及有糧食出售，你們下到那裡，給我們購買些糧食，叫我們好活下去，不致餓死。」於是若瑟的十個哥哥下到埃及買糧食去了。（創世紀 第四十二章第一—二節）

若瑟在眾侍從前不能再抑制自己，就喊說：「叫眾人離開我出去！」這樣若瑟使兄弟認出自己來時，沒有別人在場。他便放聲大哭，埃及人都聽到了，法郎朝廷也聽到了。若瑟對兄弟們說：「我就是若瑟，我父親還在嗎？」他的兄弟們不能回答，因為在他面前都嚇呆了。若瑟又對兄弟們說：「請你們近前來。」他們就上前去。若瑟說：「我就是你們賣到埃及的弟弟若瑟。現在你們不要因為將我賣到這裡便自憂自責；這原是天主派遣我在你們以先來，為保全你們的性命。地方上的饑荒纔過了第二年，還有五年，不能耕種，不能收割。天主派遣我在你們以先來，是為給你們在地上留下後裔，給你們保全多人的性命。所以叫我到這裡來的並不是你們，而是天主；是他立我作法郎之父，作他全家的主人，作全埃及地的總理。你們急速上到我父親那裡，……。要把我在埃及的一切光榮，和你們親見的一切，都告訴父親，儘速帶我父親到這裡來。」說畢，然後與眾兄弟親吻，抱著他們痛哭。這以後，他的兄弟們纔敢與他交談。（創世紀 第四十五章第一——十五節）

若瑟的兄弟們由埃及上到客納罕，他們父親雅各伯那裡，告訴他說：「若瑟還活著，而且做了全埃及國的總理。」雅各伯聽了心中淡然，並不相信。及至他們將若瑟對他們所說的話，全講給他聽，他又看了若瑟打發來接他的車輛，他們的父親雅各伯的心神才甦醒過來。以色列於是說：「只要我兒若瑟

還在，我就心滿意足了；在我未死以前，我該去見他一面。」（創世紀 第四十五章第二十五—二十八節）

若瑟被哥哥們賣給了過路商人，又被轉賣給埃及一富翁，因天主的安排，賞給他能預知將來的事和解夢境的神智，乃受埃及王的知遇，陞爲宰相，權傾群臣。他預知有七年豐年，七年災年，豐年時聚儲了大量糧食，災年時發放救災。雅各伯打發十一個兒子到埃及買糧，遇見了若瑟彼此不相識，若瑟卻知道他們是自己的哥哥，故意試探他們，叫他們把弟弟本雅明帶來，最後當本雅明帶來了，他說明自己是被賣的若瑟，叫哥哥們不要怕，他認爲被賣是天主的旨意，爲大家的好處，他才可以放糧救民，也救自己一家人。哥哥們先都怕他報仇，後來見到若瑟的真情，才放心和他交談，後來陪父親，全家遷到埃及。

仇恨只可解開，不可繼續結紮，耶穌令信徒愛仇，自己在十字架上立了榜樣，若瑟在基督以前能夠不計舊惡，和哥哥們釋嫌，令人欽佩。他能夠不記仇，從天主的旨意去看，便可以胸襟放寬了。

兄弟有隙，妯娌成仇，素是家庭的禍，必須釋嫌求和。

雅歌

願君以熱吻與我接吻！因為你的愛撫甜於酒。你的香氣芬芳怡人，你的令名香液四射，為此少女都愛慕你。願你拉著我隨你奔跑！君王，願你引我進你的內室；我們都要因你歡樂踴躍，讚歎你那甜於酒的愛撫；怪不得眾少女都愛慕你！耶路撒冷女郎！我雖黑，卻秀麗，有如刻達爾的帳棚，又似撒耳瑪的營幕。你們不要怪我黑，是太陽曬黑了我。我母親的兒子向我發怒，派我去看守葡萄園；而我自己的葡萄園，我卻沒有去看守。我心愛的！請告訴我：你在那兒放羊？中午又在那兒臥羊？別令我在你伴侶的羊群間，獨自徘徊！

女郎　女中的佳麗！你若不知道，出去跟蹤羊群的足跡，靠近牧人的帳棚，牧放你的小羊。

新郎　我的愛卿！我看你好似牝馬，套在法郎的御車上。你的雙頰配以耳環，你的頸項繞以珠鏈，何其美麗！我們要為你製造金鏈，嵌上銀珠。

新娘　君王正在坐席的時候，我的香膏已放出清香。我的愛人有如沒藥囊，常繫在我的胸前；我的愛人有如鳳仙花，生在恩革狄葡萄園中。

新郎　我的愛卿，你多麼美麗，多麼美麗！你的雙眼有如鴿眼。

新娘　我的愛人，你多麼英俊，多麼可愛！我們的床榻，是青綠的草地。

新郎　香松作我們的屋樑，扁柏作我們的屋椽。

新娘　我是原野的水仙，谷中的百合。

新郎　我的愛卿在少女中，有如荊棘中的一朵百合花。

新娘　我的愛人在少年中，有如森林中的一棵蘋果樹；我愛坐在他的蔭下，他的果實令我滿口香甜。他引我進入酒室，他插在我身上的旗幟是愛情。請你們用葡萄乾來補養我，用蘋果來蘇醒我，因為我因愛成疾：他的左手在我頭下，他的右手緊抱著我。

新郎　耶路撒冷女郎！我指著田野間的羚羊或牝鹿，懇求你們，不要驚醒，不要喚醒我的愛，讓她自便罷！（舊約雅歌　第一章）

雅歌，傳統說是撒羅滿王所寫的，歌詠男女的愛。但聖經學者都認爲雅歌象徵信友的心靈傾向基督的愛。在神修史上有神婚的名字，象徵信仰生活最高的修女，愛基督的愛，有如新娘愛新郎，熾熱而專一。

雅歌以男女愛情作題材，而又編入聖經，視爲聖神啓示的著作，則單祇看文字，則應該承認男女的愛情是美善的，是有道德的。本來，男女的愛情，在倫理規範之內，確實是神聖的，是純潔的：祇要不滲雜肉慾，不違理亂動；男女相愛，愈真誠愈好。

家庭關係

我認為男人不親近女人倒好。可是，為了避免淫亂，男人當各有自己的妻子，女人當各有自己的丈夫。丈夫對妻子該盡他應盡的義務，妻子對丈夫也是如此。妻子對自己的身體沒有主權，而是丈夫有；同樣，丈夫對自己的身體也沒有主權，而是妻子有。你們切不要彼此虧負，除非兩相情願，暫時分房，為專務祈禱；但事後仍要歸到一處，免得撒殫因你們不能節制，而誘惑你們。我說這話，原是出於寬容，並不是出於命令。我本來願意眾人都如同我一樣，可是，每人都有他各自得自天主的恩寵：有人這樣，有人那樣。

我對那些尚未結婚的人，特別對寡婦說：如果他們能止於現狀，像我一樣，為他們倒好。但若他們節制不住，就讓他們婚嫁，因為與其慾火中燒，倒不如結婚為妙。至於那些已經結婚的，我命令他們其實不是我，而是主命令：妻子不可離開丈夫；若是離開了，就應該持身不嫁，或是仍與丈夫和好；丈夫也不可離棄妻子。對其餘的人，是我說，而不是主說：倘若某弟兄有不信主的妻子，妻子也同意與他同居，就不應該離棄她；倘若某婦人有不信主的丈夫，丈夫也同意與她同居，就不應該離棄丈夫，因為不信主的丈夫因妻子而成了聖潔的，不信主的妻子也因弟兄而成了聖潔的；不然，你們的兒女就是不潔的，其實他們卻是聖潔的。但若不信主的一方要離去，就由他離去；在這種情形之下，兄弟或姐妹不必受拘束，天主召叫了我們原是為平安。因為你這為妻子的，怎麼知道你能救丈夫呢？或者，你這為丈夫的，怎麼知道你能救妻子呢？（新約格林多前書　第七章第一——十六節）

你們作妻子的，應當服從自己的丈夫，如同服從主一樣，因為丈夫是妻子的頭，如同基督是教會的頭，他又是身體的救主。教會怎樣服從基督，作妻子的也應怎樣事事服從丈夫。你們作丈夫的，應該愛妻子，如同基督愛了教會，並為她捨棄了自己，以水洗，藉言語，來潔淨她，聖化她，好使她在自己面前呈現為一個光耀的教會，沒有瑕疵，沒有皺紋，或其他類似的缺陷；而使她成為聖潔和沒有污點的。作丈夫的也應當如此愛自己的妻子，如同愛自己的身體一樣；那愛自己妻子的，就是愛自己，因為從來沒有人恨過自己的肉身，反而培養撫育它，一如基督之對教會；因為我們都是他身上的肢體。『為此人應離開自己的父母，依附自己的妻子，二人成為一體。』這奧秘真是偉大！但我是指基督和教會說的。總之，你們每人應當各愛自己的妻子，就如愛自己一樣；至於妻子，應該敬重自己的丈夫。

你們作子女的，要在主內聽從你們的父母，因為這是理所當然的。『孝敬你的父親和母親，這是附有恩許的第一條誡命：為使你得到幸福，並在地上延年益壽。』你們作父母的，不要惹你們的子女發怒；但要用主的規範和訓誡，教養他們。（新約厄弗所書 第五章第二十二—三十二節，第六章第一—三節）

作妻子的，應該服從丈夫，如在主內所當行的。作丈夫的應該愛妻子，不要苦待她們。作子女的，應該事事聽從父母，因為這是主所喜悅的。作父母的，不要激怒你們的子女，免得他們灰心喪志。作奴隸的，應該事事聽從肉身的主人，且不要只當著眼前服事，像是取悅於人，而是要從心裡去作，如同是為主，而不是為人，因為你們該知道，你們要由主領取產業作報酬；你們服事主基督罷！因為凡行不義的，必要得他所行不義的報應，天主決不看情面。

作主人的，要以正義公平對待奴僕，因為該知道，你們在天上也有一位主子。你們要誠心祈禱，在祈禱中要醒寤，要謝恩！（新約哥羅森書 第三章第十八——二十五節，第四章第一——二節）

同樣，你們做妻子的，應當服從自己的丈夫，好叫那些不信從天主話的，為了妻子無言的品行而受感化，因為他們看見了，你們懷有敬畏的貞潔品行。你們的裝飾不應是外面的髮型、金飾、或衣服的裝束，而應是那藏於內心，基於不朽的溫柔，和寧靜心神的人格：這在天主前纔是寶貴的。從前那些仰望天主的聖婦，正是這樣裝飾了自己，服從了自己的丈夫。就如撒辣聽從了亞巴郎，稱他為「主」；你們如果行善，不害怕任何恐嚇，你們就是她的女兒。同樣，你們作丈夫的，應該憑著信仰的智慧與妻子同居，待她們有如較為脆弱的器皿，尊敬她們，有如與你們共享生命恩寵的繼承人：這樣你們的祈禱便不會受到阻礙。

總之，你們都該同心合意，互表同情，友愛弟兄，慈悲為懷，謙遜溫和；總不要以惡報惡，以罵還罵；但要祝福，因為你們原是為繼承祝福而蒙召的。所以「凡願意愛惜生命，和願意享見幸福日子的，就應謹守口舌，不說壞話，克制嘴唇，不言欺詐；躲避邪惡，努力行善，尋求和平，全心追隨，因為上主的雙目垂顧正義的人，他的兩耳俯聽他們的哀聲；但上主的威容敵視作惡的人。」（新約伯鐸前書 第三章第一—十二節）

上面收集宗徒書信對家庭生活的教訓，宗徒們當時已經很注意家庭的倫理，剴切指示教友嚴守規誡，善盡職責。

雖然當時社會，尤其羅瑪帝國的社會，尊重夫權和父權，但是宗徒們強調基督的愛，以愛維持家庭的關係。今天的我國社會，已實行男女平等，尊重各人的人格，在家庭關係中，不宜強調服從；然而家庭中仍舊要有秩序，有秩序必要有次序，有次序就有前後上下。宗徒們對家庭關係的教訓，仍舊有遵守的必要，方式當然不同了，精神則仍是同樣。何況中國社會孝悌之道，形式變了，精神仍舊代表中國文明。

家庭關係的精神，以納匝肋聖家作模範，耶穌身爲天主，卻聽命服從若瑟和瑪利亞；聖母瑪利亞身爲天主之母，卻順命聽從若瑟；若瑟雖爲一家之主，卻自認一心爲天主聖子耶穌服務。納匝肋聖家有天主之愛，一家和諧安祥。

貞操婚外情

這些事以後，有一回，主人的妻子向若瑟以目傳情，並且說：「你與我同睡罷！」他立即拒絕，對主人的妻子說：「你看，有我在，家中的事，我主人什麼都不管；凡他所有的一切，都交在我手中。在這一家內他並不比我更有權勢因為他沒有留下一樣不交給我；只有你除外，因為你是他的妻子。我怎能做這極惡的事，得罪天主呢？」她雖然天天這樣對若瑟說，若瑟總不聽從與她同睡，與她結合。有這麼一天，若瑟走進屋內辦事，家人都沒有在屋裡，她便抓住若瑟的衣服說：「與我同睡罷！」若瑟把自己的外衣捨在她手中，就跑到外面去了。

她一見若瑟把自己的外衣捨在她手中，跑到外面去了。就召喚她的家人來，對他們說：「你們看！他給我們帶來的希伯來人竟敢調戲我啊！他來到我這裡，要與我同睡，我就大聲呼喊。他一聽見我高聲呼喊，把他的衣服捨在我身邊，就跑到外面去了。」她便將若瑟的衣服留在身邊，等他的主人回家，她又用同樣的話給他講述說：「你給我們帶來的那個希伯來僕人，竟到這裡來調戲我。我一高聲呼喊，他就把他的衣服捨在我身邊，跑到外面去了。」主人一聽見他妻子對他所說：「你的僕人如此如此對待我的話，」便大發憤怒。若瑟的主人遂捉住若瑟放在監裡，即囚禁君王囚犯人的地方。他雖在那裡坐監，上主仍與他同在，對他施恩，使他在獄長眼中得寵；因此獄長將監中所有的囚犯都交在若瑟手中；凡獄中應辦的事，都由他辦理。凡交在若瑟手中的事，獄長一概不聞不問，因為上主與他同在，凡他所做的，上主無不使之順遂。（舊約創世紀 第三十九章第七－二十三節）

有一天蘇撒納像往日一樣，只帶著兩個婢女進了果園，由於天熱，她想在園中沐浴。那時園中除了這兩個藏著窺看她的長老外，沒有別人。蘇撒納對婢女說：「將油和香皂給我拿來，關上園門，我要沐浴。」她們便遵命去做，關上園門，從側門出去，去取她吩咐她們的東西，全不知道這兩個長老隱藏在那裡。婢女們一走出去，這兩個長老便起來，跑到她面前，對她說：「看，園門關了，沒有人能看見我們，我們早就愛上了你，你要答應我們，與我們交合罷！不然，我們就要作證控告你，說有一個青年人同你在一起，所以你纔打發婢女們離開你。」蘇撒納歎息說：「我眞是左右為難！因為我若作了這事，我是必死無疑；我若不作這事，我也難逃你們的手。我不如不作，寧可落在你們手裡，也不願在上主面前犯罪。」蘇撒納遂高聲喊叫，這兩個長老為對付她也喊叫起來，其中一個跑去開了園門。家人一聽見園中的喊聲，就急忙從側門進來，要看看她遭遇了什麼事。但是當長老們說出這段話以後，僕人們都感覺羞慚，因為從來沒有人說蘇撒納有過這樣的事。

第二天人民聚集到她丈夫的約雅金那裡的時候，那兩個長老也來了，滿懷惡意，一心要將蘇撒納置於死地。他們在人民面前說：「派人將希耳克雅的女兒，約雅金的妻子，蘇撒納帶上來！」差人便去了。蘇撒納同他的父母，她的孩子和她所有的親戚都來了。蘇撒納長得體態輕盈，相貌美麗。這兩個壞人命她除去面紗·‧因為她原是帶著面紗的·‧好讓自己飽覽她的美色。她的親友和看見她的人都在哭泣。那兩個長老遂在人民中站起來，把手按在蘇撒納的頭上。她哭著仰視上天，衷心依賴上主。兩個長老說：「當時只有我們兩人在園中散步，她同兩個婢女進來，隨即關上了園門，並辭退了兩個婢女。一個預先藏在園中的青年人，走到她面前，與她睡在一起。我們在園中的角落裡看見這種醜事，便跑到他們那裡。我們雖然看見他們二人在一起，但我們卻不能捉住那個青年，因為他比我們有力，他便開門逃走了。我們捉住這女人以後，問她那個青年是誰，她卻不肯告訴我們，對於這些事，我們是見證。」會眾相信了他們，因為他們是人民的長老和民長，於是便定了蘇撒納的死罪。

蘇撒納遂大聲呼號說：「永生的天主！你洞察隱秘的事，凡事在發生以前，你已知道了；你知道他們對我所作的假見證；看，現在我要死了，然而我並沒有作過，他們惡意對我捏造的事。」上主俯聽了她的呼聲；當她被押赴刑場的時候，天主感動了一個青年人的聖善心靈，這青年名叫達尼爾，他便高聲呼喊說：「對於流這女人的血，我是沒有罪的！」民眾轉過身來問他說：「你說這話有什麼意思呢？」達尼爾立在民眾中間說：「以色列子民！你們怎麼這樣糊塗？未經審問，不查實情，就定一個以色列女子的罪案嗎？你們再回審判廳！因為他們兩人作了假見證，誣陷了她。」於是民眾急忙回去，眾長老對達尼爾說：「請你來，坐在我們中間，明白地告訴我們，因為天主把長老的智慧賜給了你。」達尼爾對他們說：「將這兩個長老隔離開，讓我來審問他們。」把他們二人隔開以後，達尼爾叫過其中的一個來，對他說：「你這個一生作惡的老妖，你以前犯的罪，現在已臨到你身上了！你宣布不義的裁判，判定無辜者有罪，釋放有罪的人，雖然上主曾說：不可殺害無辜和正義的人。如果你眞看見了她，現在你告訴我：你看見他們在一起，是在什麼樹下？他回答說：「是在乳香樹下。」達尼爾說：「夠了！你在說謊，應砍你的頭，因為天主的天使已奉天主的命，要把你斬為兩段。」達尼爾叫他退下，命將另一個帶上來，對他說：「客納罕的苗裔而非猶太的苗裔啊！美色迷惑了你，淫慾顚倒了你的心。你們一向這樣對待了以色列的女子們，她們由於害怕而與你們交往，但是這個猶太女子，卻不能忍受你們邪惡！現在你告訴我：你發現他們在一起，是在什麼樹下？」他回答說：「是在樟樹下。」達尼爾對他說：「的確，你也一樣在說謊話，要將你斬為兩段，消滅你們。」全會眾遂大聲吶喊，讚美天主，因為他拯救了那些仰望他的人。眾人都起來攻擊那兩個長老，因為達尼爾按照他們二人的口供，證實了他們作假見證；他們怎樣惡意對待了自己的近人，民眾也怎樣對待了他們。於是眾人按照梅瑟的法律將他們處死；這樣，那一天救了無辜者的血。為此希耳克雅和他的妻子為女兒蘇撒納，同蘇撒納的丈夫約雅金和自己全體親友，一起稱謝了天主，因為在蘇撒納身上沒有找到什麼敗德的事。從那一天以後，達尼爾在人民面前大受尊重。（達尼厄爾先知書 第十三章第十五—六十四節）

於是上主打發納堂先知去見達味；他一來到他跟前就對他說：「在一座城裡有兩個人，一富一貧：富的有很多牛羊；貧的，除一隻小母羊外，什麼也沒有。這隻小母羊是他買來餵養的，在他和他兒女身邊長大，吃他自己的食物，喝他自己杯中的飲料，睡在他的懷裡，待牠如同自己的女兒一樣。有一個客人，來到富人那裡，他捨不得拿自己的牛羊，款待那來到他這裡的旅客，卻取了那貧窮人的母羊，來款待那到他這裡來的人。」達味對這人大發忿怒，向納堂說：「上主永在！作這事的人該死！並且，因為他這樣行事，捨不得自己的牛羊，他應七倍償還。納堂對達味說：「這人就是你！以色列的天主上主這樣說：是我給你傅油，立你作以色列的君王，是我由撒烏耳手中將你救出，是我將你主人的家室賜給你；我把你主人的妻妾放在你懷裡，把以色列和猶太的家族也賜給了你；你若還以為太少，我願再給你這樣那樣的恩惠。你為什麼輕視上主，作出他眼中視為邪惡的事，借刀殺了赫特人烏黎雅，為佔取他的妻子，據為己有？你借阿孟子民的刀殺了烏黎雅。從此刀劍永不離開你家！因為你輕視了我，佔取了赫特人烏黎雅的妻子，據為己有。上主這樣說：看，我要由你自己的家裡激起災禍反對你，我要當你的眼前拿你的妻妾給與你的近人，他要在光天化日之下與你的妻妾同寢。你在暗中行的事，我卻要叫這事在眾以色列前和太陽下進行。」達味對納堂說：「我得罪了上主！」納堂對達味說：「上主已赦免了你的罪惡，你不致於死；但因你在這事上蔑視了上主，給你生的那個孩子，必要死去。」

以後納堂就回家去了。上主打擊了烏黎雅妻子給達味所生的孩子，使他患病甚重。達味就為孩子懇求天主，並且禁食，進入房內，穿著苦衣躺在地上過夜。皇室的長老到他跟前，要將他從地上扶起來，他卻不願意，也不與他們一起吃飯。到了第七天，孩子竟然死了。達味的臣僕怕告訴他孩子死了，因為他們說：「孩子活著的時候，我們勸他，他不聽我們的話；我們若告訴他孩子死了，豈不是更使他痛苦？」達味見自己的臣僕低聲耳語，就曉得孩子死了，便問他的臣僕說：「孩子死了嗎？」他們答說：「死了。」達味就由地上起來，沐浴、抹油更衣，進了上主的庭院朝拜了；然後回到家裡，叫人給他擺上飯來，他就吃了。他的臣僕對他說：「你這是作的什麼事？孩子活著，你為他禁食哀哭；孩子死了，你反而起來吃飯。」他回答說：「孩子活著，我禁食悲哭，因為我：也許上主會可憐我，使孩子生存，有誰知道？如今，他死了，我為什麼還要禁食？難道我能叫回他來？是我要到他那裡去，他不會回到我這裡來了！」

事後達味安慰了妻子巴特舍巴，再走近她，與她同寢；她又生了一個兒子，給他起名叫撒羅滿；上主也喜愛他。派了先知納堂去，代替上主給他起了個別號，叫耶狄狄雅。（舊約撒慕爾書下 第十二章第一——二十五節）

耶穌基督的八端真福的第六端：「心裡潔淨的人是有福的」，教人清心節慾，又說看見女人生淫心的人，已犯了奸淫罪，教人要冰清玉潔。聖保祿宗徒教訓信友們說：身體是聖神的宮殿，怎麼可以予以淫污？奸淫的罪侮辱自己的身體，又冒犯天主聖神。

婚外情更是破壞婚姻合一的大惡，既犯奸淫又犯毀約，更傷夫妻感情，造成離婚的悲劇。

古經所載若瑟和蘇撒納被誘，雖知將遭妄控，受冤致死，仍舊毅然拒絕。勾引若瑟的主婦，惱羞成怒，反控被誘；引誘蘇撒納的兩老，因恨作假證，天主則照顧忠心守誠的人。若瑟因坐牢而有機會被埃及王認識而擢爲宰相；蘇撒納得先達尼爾能洗冤・獲得清白；天主不負好心人。目前，台灣離婚率很高，原因多半在婚外情。

達味王雖是聖人，卻犯了奸淫和殺無辜者的大罪。他因見皇宮對面陽台一女人沐浴，貪好女人的美色，召她入宮同床。女人巴特巴懷了孕，達味王令她的從軍作戰的丈夫烏黎雅回來，命他回家。烏黎雅朝見國王，在皇宮和僕役同寢，不回家，因爲他想軍隊總帥和同僚都露宿戰場，他不應回家和妻子共宿。達味乃打發他回營，密令總帥攻城，置烏黎雅於最危險處，讓他陣亡。烏黎雅陣亡了，達味娶了他的妻子（梅瑟法律准多妻）。天主遣納堂先知指責達味，達味認罪悔過，天主仍舊嚴罰，由奸而生的兒子病兒，別的兒子兄弟相殺，兩子謀奪王位。如先知代天主所說：「我要由你自己的家裡激起災禍反對你。」

奉獻子女

這些事以後，天主試探亞巴郎說：「亞巴郎！」他答說：「我在這裡。」天主說：「帶你心愛的獨生子依撒格往摩黎雅地方去，在我所要指給你的一座山上，將他獻為全燔祭。」亞巴郎次日清早起來，備好驢，帶了兩個僕人和自己的兒子依撒格，劈好為全燔祭用的木柴，就起身往天主指給他的地方去了。第三天亞巴郎舉目遠遠看見了那個地方，就對僕人說：「你們同驢在這裡等候，我和孩子要到那邊去朝拜，以後就回到你們這裡來。亞巴郎將為全燔祭用的木柴，放在兒子依撒格的肩上，自己手中拿著刀和火，兩人一同前行。路上依撒格對父親亞巴郎說：「阿爸！」他答說：「我兒，我在這裡。」依撒格說：「看這裡有火有柴，但是那裡有作全燔祭的羔羊？」亞巴郎答說：「我兒天主自會照料作全燔祭的羔羊。」於是二人再續繼一同前行。當他們到天主指給他的地方，亞巴郎便在那裡築了一座祭壇，擺好木柴，將兒子依撒格捆好，放在祭壇上的木柴上。亞巴郎正伸手舉刀要宰獻自己的兒子時，上主的使者從天上對他喊說：「亞巴郎！亞巴郎！」他答說：「我在這裡。」使者說：「不可在這孩子身上下手，不要傷害他！我現在知道你實在敬畏天主，因為你為我竟連你的獨生子也不顧惜。」亞巴郎舉目一望，見隻公綿羊，兩角纏在灌木中，遂前去取了那隻公綿羊，代替自己的兒子，獻為全燔祭。亞巴郎給那地方起名叫「上主自會照料。」直到今日人還說：「在山上，主自會照料。」

上主的使者由天上又呼喚亞巴郎說：「我指自己起誓，——上主的斷語，—

—因為你作了這事沒有顧惜你的獨生子，我必多多祝福你，使你的後裔必佔領他們仇敵的城門；地上萬民要因你的後裔蒙受祝福，因為你聽從了我的話。」亞巴郎回到自己僕人那裡，一同起身回了貝爾舍巴，遂住在貝爾舍巴。

（舊約創世紀　第二十二章第一——十九節）

天主教會的敬禮，不單不殺牛羊，更不許殺害子女作祭；梅瑟的法律也沒有子女的祭祀。天主是生命的主人，祂可以命人祭獻自己的生命，但是天主愛惜人的生命，不願意接受人的殺人祭；祇是爲救贖人類，祂令自己的聖子，捨生作代人類贖罪之祭，寃死在十字架上。

天主卻願試探亞巴郎，令他祭殺自己的兒子。亞巴郎一心聽從天主的命令，又堅信天主所許從兒子出生後裔的諾言，毫不猶豫地預備獻子。天主賞識了他的誠心，收回成命

在天主教會內有另一種奉獻子女號召，號召父母准許子女離家，獻身爲基督服務，參加修會或在俗獻身的團體，或作教士。這種奉獻子女，表現愛基督的誠心，自己心靈也受益處，子女將來一生爲父母向天主祈福，以自己的基督的靈性工作，安慰父母的心靈。雖然在物質上，奉獻了子女不受裨益，精神上父母子女更緊密結合，有助於家庭的和睦。

家庭災變

有一天，天主的眾子都來侍立在上面前，撒殫也夾在他們當中。上主問撒殫說：「你從那裡來？」撒殫回答上主說：「我走遍世界，周遊了各地回來。」上主對撒殫說：「你曾留心注意到我的僕人約伯沒有？因為世上沒有一個像他那樣十全十美，生性正直，敬畏天主，遠避邪惡的人。」撒殫回答上主說：「約伯那裡是無緣無故敬畏天主的呢？你不是四面保護他、他的家庭和他所有的一切麼？並且凡是他親手做的，你都祝福了；你使他的牲畜在地上繁殖增多。但是你若伸手打擊他所有的一切，他必定當面詛咒你。」上主對撒殫說：「看，他所有的一切，都隨你處理，只是不要伸手加害他的身體。」撒殫遂離開天主走了。

初步試探　有一天，他的兒子同他的女兒，正在長兄家裡歡宴飲酒的時候，有個帶信的跑來向約伯說：「牛正在耕田，母驢在旁吃草的時候，舍巴人突然闖來將牲口搶了去，用刀將那僕人殺了，只有我一人逃脫，來向你報告。」這人還在報告時，另一個跑來說：「天主的火由天降下，將羊群和僕人都燒死了，只有我一人逃脫，來向你報告。」這人還在報告時，另一個跑來說：「加色丁人分成三隊闖入駱駝群，將駱駝搶走了，用刀將僕人殺了，只有我一人逃脫，來向你報告。」這人還在報告還時，另一個跑來說：「你的兒女正在長兄家宴飲的時候，忽然從曠野那邊吹來一陣颶風，颳倒了房屋的四角，壓死了你的孩子，只有我一人倖免，來向你報告。」約伯就起來，撕裂了自己外氅，剃去頭髮，俯伏在地叩拜，說「我赤身脫離母胎，也要赤身歸去；上主賜的，上主收回。願上主的名受到讚美！」就這一切事而論，約伯並沒有犯罪，也沒有說抱怨天主的話。（舊約約伯傳 第一章第六—二十二節）

約伯回答上主說：我知道你事事都能，你所有的計劃，沒有不實現的。是我以無智的話，使你的計劃模糊不明；是我說了無知的話，說了那超越我智力的話。請你聽我發言；我求你指教我。以前我只聽見了有關你的事，現今我親眼見你。為此，我收回我所說過的話，坐在灰塵中懺悔。

上主對約伯說完這些話，就對特曼人厄里法次說：「我應向你和你的兩個友人發怒，因為你們講論我，不如我僕約伯講論的正確。現在你們要牽七頭公牛，和七隻公羊到我僕約伯那裡，叫他為你們奉獻全燔祭，也叫他為你們祈禱，因為我要看他的情面，不懲罰你們的糊塗，因為你們講論我，不如我僕約伯講的正確。」於是特曼人厄里法次、叔亞人彼耳達得、納阿瑪人左法爾依照上主所吩咐的作了；上主就看了約伯的情面，饒恕了他們。約伯為他的朋友祈禱之後，上主就恢復了約伯原有的狀況，還照約伯以前所有的，加倍地賜給了他。約伯的兄弟和姐妹，並且以前相識的人都來看望他，在他家中同他一起用飯；對於上主降於他的一切災禍，都向他表示同情，安慰他；每人還贈給他一枚金幣和一個金戒指。上主賜給約伯以後的福分，遠勝過以前所有的。（舊約約伯傳 第四十二章第一——十二節）

猶太古人以爲一個人有不尋常的災禍，是因爲他有罪。例如福音記載一個生來的瞎子，宗徒們就問耶穌是不是因爲他的父母有罪，耶穌答說：不是因爲誰有罪，而是要使天主變光榮。但是耶穌治好了那躺在水池邊多年等待下水治病的癱子，則吩咐他不要再作惡，免得遭到更壞的病。有些病是生理上或心理上的惡事所造成的，一般的災禍和病痛則是考驗人的。孟子曾說過上天要重用一個人，必先用逆難去鍛鍊他。

約伯遭了橫逆，因爲魔鬼妒忌他，要求天主允許考驗他。魔鬼一天使他萬貫家財□和強壯美麗的子女都喪亡了，又使他滿身長生毒瘡，百萬富翁驟然窮到無立錐之地，坐在灰土中，用瓦片刮瘡。素常往來的親戚朋友都卻步了，祇有三個朋友從遠地來看他，勸他認罪，向天主求赦。約伯自認清白，但信天主有權打擊他。最後天主賞識了約伯的好心，終止了魔鬼的考驗，恢復了約伯的健康，加給了約伯的財產，賞賜他更多更美麗的子女。

約伯成了我們天主教會中的忍耐榜樣。身體或家中有難，須要加強信心，不喪氣，不失望，天主決不捨棄有信心的人。

家庭祈禱

他一看到猶太人喜歡，便命人連伯多祿也加以拘捕時，正值無酵節日；把他拿住以後，就押在獄中，交由四班兵士——每班四人——看守，願意在逾越節後，給百姓提出來。伯多祿就被看管在監獄中，而教會懇切為他向天主祈禱。及至黑落德將要提出他的時候，那一夜伯多祿被兩道鎖鏈縛著，睡在兩個士兵中，門前還有衛兵把守監獄。忽然主的一位天使顯現，有一道光，照亮了房間，天使拍著伯多祿的肋膀，喚醒他說：「快快起來！」鎖鏈遂從他手上落下來。天使向他說：「束上腰，穿上你的鞋！」他都照辦了。天使吩咐他說：「披上你的外氅，跟我來罷！」他就出來跟著走，還不知道天使所行是實在的事，只想是見了異像。他們經過第一道崗，又第二道，來到城的鐵門前，鐵門就自動地給他們開了；他們便出去，往前走了一條街，忽然天使離開他，不見了。伯多祿這纔清醒過來，說：「現今我實在知道主派了他的天使來，救我脫免黑落德的手和猶太人民所希望的事。」他既明白過來，就往若望——號稱馬爾谷——的母親瑪利亞的家去，在那裡有好些人聚集祈禱。（新約宗徒大事錄 第十二章第三—十二節）

宗徒們在書信裡，常勸告信友多祈禱，平日在家中不忘誦經。當時，初期的信友心火很熱，天天祈禱；尤其爲教會、爲宗徒們祈禱。伯鐸宗徒被牢禁，信友們在家裡熱切爲他祈求天主助祐。

現代社會日形複雜，每人工作增多，夫婦分地工作，要能有機會讓全家聚齊一起，心情相通。這種機會就是家庭祈禱。或者每天早晌，大家出門前，兩三分鐘一同唸經；或者晚晌臨睡以前，大家一同唸經，若能唸一段聖經，更好。在祈禱裡，全家心神合向天主，同求天主照顧，大家有家庭感，有互相連繫感，有信心，有愛，這樣的家庭不怕風吹雨打，經得起考驗；何況天主常會恩待他們。

「教會爲教友家庭祈禱，並且指示他們要慷慨地依照大司祭基督交付給他們的司祭恩惠和任務去生活。事實上，信友們在洗禮中所領受的、並在婚姻聖事中所實施的司祭職，是夫婦和家庭司祭般聖召和使命的基礎，因此他們的日常生活變成了『經由耶穌基督爲天主所接受的屬神的祭獻』。這種變化，不但由於領受聖體和其他聖事，以及爲光榮天主而奉獻他們自己而達成，也由於他們的祈禱生活、和在聖神內經由耶穌基督與天父所作的虔誠交談而完成。

家庭祈禱有它自己的特徵。它是丈夫和妻子一起，父母和子女一起「共同」奉獻的祈禱。祈禱中的共融，一方面是聖洗和婚配聖事所給共融的後果，同時也是要求。主耶穌許下的臨在，能特別地應用在教友家庭的成員中：「我實在告訴你們，若你們中二人，在同心合意，無論爲什麼事祈禱，我在天之父，必要給他們成就，因爲那裡有兩個或三個人，因我的名聚在一起，我就在他們中間。」家庭祈禱的主要對象是家庭生活本身，在不同環境中的家庭生活，被視爲天主的召叫，並當作兒女答覆天主召叫的生活。喜樂和憂苦、希望和沮喪、誕生和生日的慶祝、父母的結婚紀念、出門、離別和回家、重要的和遠大的決定、親人的死亡等，這一切都是家庭歷史中，天主愛的干預的標記。這一切應該作爲感恩、祈求、把家庭完全託付在天父之手的適切時刻。基督徒家庭—家庭教會—的尊位和責任，惟有在天父不停的助佑下才能達成，假如謙遜而又誠懇地祈求的話，此助佑一定會得到。」（家庭團體勸諭第五十九節）

勞作

弟兄們，我們還因我們的主耶穌基督的名，吩咐你們，要遠離一切游手好閒，或不按得自我們的傳授生活的弟兄。你們自己原來知道該怎樣效法我們，因為我們在你們中沒有閒散過，也沒有白吃過人的飯，而是黑夜白日辛苦勤勞地操作，免得加重你們任何人的負擔。這不是因為我們沒有權利，而是為以身作則，給你們立榜樣，叫你們效法我們；並且當我們在你們那裡的時候，早已吩咐過你們：誰若不願意工作，就不應當吃飯，因為我們聽說，你們中有些人游手好閒，什麼也不作，卻好管閒事。我們因主耶穌基督吩咐這樣的人，並勸勉他們安靜工作，吃自己的飯。至於你們，弟兄們，行善總不可懈怠。但是如果有人，不聽從我們書信上的話，應把這人記出，不要與他交際來往，好叫他慚愧；可是不要把他當仇敵看待，但要把他當弟兄規勸。（新約得撒洛尼後書 第三章第六—十五節）

聖保祿宗徒勸信友們勞作，他自己以身作則，雖然忙於傳道，仍舊白天勞作，賺取生活費，不要信友因他加重負擔。

「不工作，不吃飯」。衣食是人生所需要的，天主也就給了人工作的能力，人用自己的能力去謀衣食。有力而不用，成天好閒，喪失了自己的人格；而且在今天的社會裡，不工作就不能生存。男人工作要養家，女人工作增加家庭的收入，乃是天經地義的事。

今天，社會裡倒出現反面的現象—工作熱，學生打工，女子值夜班，造成許多心理上和倫理道德上的問題，一些貪財惡心的人，無情地利用年青人的精力和沒經驗，使他們耗費精力，道德倫落。又有人，一年白天黑夜埋頭勞作，從不知道休閒，肇致早年白頭，精力或神經失常。

勞作和精力，應有平衡。主日進堂參與禮儀，即是平衡勞作的方式。

圓滿的家庭

那時，科爾乃略召集了自己的親戚和密友，等候他們來。當伯多祿進來的時候，科爾乃略去迎接他，跪伏在他腳前叩拜。伯多祿拉他起來說：「起來！我自己也是個人。」就同他談著話進去了，看見有許多人聚集在那裡，便對他們說：「你們都知道猶太人是不准同外邦人交接來往的；但是，天主指示給我，沒有一個可說是污穢或不潔的人。為此，我一被請，毫不猶豫地就來了。請問：你們請我來，是為什麼緣故？」科爾乃略說：「從此時起，四天以前，第九時辰，我在我房中天使突對我說，你的施捨在天主前得到紀念。所以，你要打發人往約培去，叫號稱伯多祿的西滿來，他客居在靠近海的皮匠西滿家裡。我就立刻打發人到你那裡去了。你來的眞好！現今我們眾人都在天主前，要聽主所吩咐你的一切。」

伯多祿遂開口說：「我眞正明白了：天主是不看情面的，凡在各民族中，敬畏他而又履行正義的人，都是他所中悅的。他藉耶穌基督——他原是萬民的主——宣稱了和平的喜訊，把這道先傳給以色列子民。你們都知道：在若翰宣講洗禮以後，從加里肋亞開始，在全猶太所發生的事：天主怎樣以聖神和德能傅了納匝肋的耶穌，使他巡行各處，施恩行善，治好一切受魔鬼壓制的人，因為天主同他在一起。我們就是他在猶太人地域和耶路撒冷所行一切的見證人。他們卻把他懸在木架上，殺死了。第三天，天主使他復活了，叫他顯現出來，不是給所有的百姓，而是給天主所預揀的見證人，就是給我們這些在他從死者中復活後，與他同食共飲的人。他吩咐我們向百姓講道，指證他就是天主所立的生者與死者的判官。一切先知都為他作證：凡信他的人，賴他的名字都要獲得罪赦。」

伯多祿還在講這些話的時候，聖神降在所有聽道的人身上。那些受過割損與伯多祿同來的信徒，都驚訝聖神的恩惠也傾注在外邦人身上，因為聽見他們說各種語言，並頌揚天主。那時，伯多祿就發言說：「這些人既領受了聖神，和我們一樣，誰能阻止他們不受水洗呢？」遂吩咐人以耶穌基督的名給他們付洗。以後，他們求伯多祿再住了幾天。（新約宗徒大事錄 第十章第二十四—四十八節）

科爾乃略為第一個非猶太人的家庭，信奉基督，全家領洗。領洗由宗徒之長聖伯鐸宗徒主禮，聖伯鐸則由天主直接的指示而行禮，不怕猶太信友的反對，開了非猶太人得救之門，後來聖保祿成了非猶太人的宗徒導師。

全家領洗，信奉基督，敬拜天父，家庭成為一個圓滿家庭；不僅因為基督降福這種家庭，聖父特予以照顧，也因為同一信仰，結合全家人的心靈歸向天主，對事件的價值觀有同一標準，又因基督之愛堅定天倫之愛，家庭充滿愛心。

「目前社會宣傳的家庭思想，扭曲實情，以感情為主，而感情又不是純潔之愛；多雜肉慾，不能持久；想望圓滿的家庭，卻是破碎的家庭。

還有不是破碎，而被成為家庭的家庭，意義空虛，精神偏失，雖在社會受到注意，但為非有道德的生活。

第一個不正常的例子是所謂的「試婚」，今日許多人喜歡視之為正當，認為它有某種價值。可是人的理性叫人看出試婚是不能接受的，因為以人作「試驗」是不可思議的事，人性的尊嚴要求自我奉獻的愛，不得受任何時間或任合環境的限制。

教會方面，由於自信仰所引申的理由，不能容忍這種結合。首先因為在性關係中肉體的給予，是整個人的給予的實在象徵：況且這種給與，在今世沒有基督所賜的愛德的助力，是無法真正地完成的。第二，兩個領過洗者的婚姻，實在是基督和教會結合的象徵，那不是暫時的，或是「試驗的」結合，而是忠貞不渝的結合。因此，在兩個已領洗者之間，只能有不可解散的婚姻。

這種情形普通是無法克服的，除人從童年起，藉基督的恩寵而沒有死懼地得到訓練，從開始就控制情慾，並與別人建立起純正的愛的關係。對純正的愛以及性的正確應用，沒有好的教育是無法有把握的，因此要使人格的各方面，包括肉體方面，導引至基督奧蹟的圓滿中。

調查此一現象的原因，包括心理和社會性方面的，有助於尋得適當的治療方法。（家庭團體勸諭 第八十節）

「自由同居，這是沒有任何民法或宗教方面所公開承認的約束力而有的結合。這種日漸普遍的現象，使人靈的牧者不得不關切，同時也是因爲它基於許多不同的因素，其後果可能靠適當的行動而予以遏制。

有些人被迫自由結合，是由於困難的經濟、文化或宗教的情況，他們的理由是，假如他們舉行正常的婚禮，他們會受到某種損害，可能喪失經濟的利益，或受到差別的待遇等。另外，可能遇到某些人，他們蔑視、反抗或排斥社會、家庭制度及社會和政治秩序，或是他們只尋求肉體的快樂。也有的是因爲無知或貧窮，而道致這樣的境遇，有時是爲實在的不公道

的情形所支配，或是由於某種心理的不成熟，使他們猶豫或是怕開始一種固定的和決定性的結合。」（家庭團體勸諭 第八十一節）

「在此世界上，有無數的人不幸地毫無可能成為一個真正家庭的成員。有好多人生活在極端的貧窮之中，雜亂、無住所、人間關係的不正常和不穩固，極端的缺乏教育，使之無法有一個真正的家庭。還有那些為了種種理由，被孤立於世界的人。但是為這一些人，也有『家庭福音』的存在。

對這些極端貧窮的人，我曾提出迫切需要致力於尋求解決辦法，在政治方面，要能設法幫助他們並且克服此降低人性的情形。

這是整個社會的職責，但這更是政府的任務，因為他們的地位和責任，也是家庭的任務，他們應該表示極度的瞭解以及幫助的願望。

為那些沒有自然家庭的人，教會大家庭的門—教會的具體表現是在教區和堂區家庭中，在教會基本團體中，在使徒事業的運動中—應該大大地打開。沒有一個人在這世界上是沒有一個家庭的：教會為每一個人是家，是家庭，特別為那些『勞苦而負重擔的人』」。（家庭團體勸諭 第八十五節）

家庭教會

我們從提洛到仆托肋買，便行完了航程；向弟兄們請過安，就在他們那裡住了一天。第二天我們出發，來到凱撒勒雅，進了傳福音者斐理伯的家，住在他那裡，他是七執事之一。他有四個女兒，都是貞女，能說預言。我們住了多日。有一個先知，名叫阿加波從猶太下來。他來到我們這裡，拿起保祿的腰帶，將自己的腳和手綁了，說：「聖神這樣說：猶太人要在耶路撒冷這樣捆綁這條腰帶的主人，將他交在外邦人手中。」我們一聽這話，就同當地居民請求保祿不要上耶路撒冷去。保祿回答說：「你們為什麼啼哭，使我心碎呢？為了主耶穌的名，我不但準備受細綁，而且也準備死在耶路撒冷。」我們既不能說服他，也就靜默了，只說：「願主的旨意成就罷！」（宗徒大事錄 第二十一章第七—十四節）

在福音開始傳播時，各處還沒有興建教堂，宗徒們每到一城，選擇一個好心人的家庭，住在他家裡。耶穌曾訓示十二宗徒和七十二門徒，「無論進了那一家，就住在那裡，直到從那裡離去」（瑪竇福音 第九章第四節）「無論進了那一家，先說：願這一家平安！……你要住在那一家，吃喝他們所供給的。」（同上，第十章第五節）古羅瑪帝國皇帝們，連續兩百多年迫害教會，羅瑪教宗常在地下壙墓裡行彌撒典禮。後來宗教自由了，各處聖堂林立，傳教講道便常常在聖堂進行了。

但是近年各地天主教會都強調家庭教會，少數志同道合的朋友，或是教友基層小團體，通常在一個家庭中聚會，共同祈禱，研讀聖經，講解教義，引領不同信仰或沒有信仰的好心人參加，向他們傳道。銀髮的退休人，有時間、有精力，從事佈道工作，調適自己的精神生活。

「基督徒家庭被召以嶄新而特殊的方式，積極而負責地參與教會的使命，就是以它「生命和愛的親情團體」身份，以生活和行動來爲教會和社會服務。

既然基督徒家庭是，經由信仰和聖事爲基督所革新的人際關係的團體，家庭之分享教會的使命，應該依照一個團體的模式：夫婦一齊以一對佳偶，父母和兒女以一個家庭的身份，爲服務教會和世界而生活。他們應該在信仰內「一心一意」，經由激勵他們的共同的使徒心火，以及共同的投身而在教會和國民的團體中服務。

基督徒家庭，經由一切有關並決定家庭生活的日常事務，而在歷史中建立天主的國。即在夫婦及家庭成員之間的愛中—包括整個的、專一的、忠貞的和滋生的價值和要求的愛—教友家庭分享耶穌基督和教會的先知、司祭和王道的使命，得以表達和實現。因此，愛和生命是教支家庭在教會內並爲教會完成救世使命的核心。

梵二大公會議重申此事說：「家庭應將其精神財富，慷慨地通傳其他家庭。所以，教友家庭既出源於婚姻，而婚姻不僅象徵，而且還分享基督和教會相愛的盟約，故應藉著夫妻的恩愛、豪爽的多產、團結、忠實及其成員的精誠合作，將救主親臨世界中的事實及教會的真正性質，彰顯於世人前。」（家庭團體勸諭 第五十節）

在夫婦和家庭團體方面，應該「一起」，藉著因基督之神而生活的、丈夫和妻子、父母和兒女之間愛的經驗，去發現並服從天主的計劃。

這樣小型的家庭教會，就像大型教會一般，需要不斷地並徹底地受到福音的傳播：由此產生家庭在信仰上長期教育的責任。（家庭團體勸諭 第五十一節）

當基督徒家庭接受福音並在信仰上成熟時，成了一個傳佈福音的團體。我們再一次聽聽保祿六世的話：「家庭如同教會，應是傳授福音及福音發揚光大的地方。在一個意識到此使命的家庭中，所有成員都在傳佈福音，也受到福音的傳佈，父母不只將福音傳給子女，他們也從子女身上接受他們所深深生活的同樣福音。這樣的家庭成了許多其他家庭及其鄰里的福音傳佈者」

世界主教會議引證我在普艾勃拉的呼籲，重申說福音傳佈的未來，大部份要靠家庭的教會，家庭的這項宗教使命基於洗禮，而從婚姻聖事的恩寵中汲取新的力量，用以傳授信仰，依天主的計劃聖化並改革我們現在的社會。（家庭團體勸諭　第五十二節）

民族女英雄

教羅斐乃令人領她到佈滿銀具的餐廳內，吩咐人給她吃他自己的食品，給她喝他自己的酒。但友弟德回答說：「我不願吃這些東西，怕有什麼防礙；我帶來的東西，已足夠我吃用的了。」教羅斐乃問她說：「假使你帶來的東西用完了，從那裡能拿同樣的東西來給你呢？我們這裡沒有你同族的人。」友弟德答應他說：「我主萬歲！直到上主藉著我的手，完成他所願意的事以前，我帶來的東西，你的婢女是不會用盡的。」以後教羅斐乃的僕從領她進入一座帳幕。她睡到半夜，晨更前便起來了，打發人到敖羅斐乃那裡說：「請我主下令，准你的婢女出外祈禱。」敖羅斐乃就吩咐侍衛，不要阻止她。她在營中住了三天，每夜都出去，往拜突里雅山谷中，哨兵佈防的水泉旁沐浴；然後上來，哀求上主以色列的天主，指給她一條拯救自己同族子民的正路。她取潔回去後，留在帳幕裡，直到晚上吃飯的時候。

到了第四天，敖羅斐乃設宴，只邀請自己的侍衛，軍官中一個也沒有邀請。他對自己的總管巴哥阿官官說：「你去勸說住在你旁邊的那個希伯來婦女到我們這裡來，同我們一起宴飲。如果有這樣一個美人在跟前，而不與她交結，這眞是掃興的事！如果我們不引她來，人反會恥笑我們。」巴哥阿離開敖羅斐乃去見她說：「你這美麗的女郎！不要躊躇到我主上那裡去，當面受他的尊敬，與我們飲酒取樂。今日你要變作拿步高宮內亞述的公主。」友弟德回答他說：「我是誰，膽敢違背我主上的意思？凡他喜歡的事，我必趕快去作。這是我一生至死最大的喜悅。」遂立即前來，穿上錦衣，佩帶了婦女所帶的裝飾品；叫她婢女先去，把巴哥阿給她每日坐著吃飯的皮墊拿去，給友弟德鋪在敖羅斐乃對面的地上。友弟德進來，就了位，敖羅斐乃一看她，即心不守舍，神魂顚倒，貪其美色；原來自從見了她那一天起，就想乘機勾引她。此時敖羅斐乃對她說：「喝罷，大家一同歡樂！」友弟德說：「是，我主！我願喝，因為我有生以來，我的生活沒有像今天再有價值的了！」就在他面前，將自己婢女預備好的，拿來吃喝。敖羅斐乃見她如此喜極狂歡，遂開懷暢飲；有生以來，沒有一天，喝過這麼多的酒。（舊約友弟德書 第十二章）

夜已深了，他的僕役都迅速離去，巴哥阿從外面把帳幕關好，又示意叫侍從離開主人面前；由於宴飲時間過長，人都感到疲乏，就各自上床睡了。此時，在帳幕內只有友弟德，和泥醉橫臥在床上的敖羅斐乃。友弟德遂吩咐自己的婢女，要她像平日一樣，在寢室外等候她出來，因為她說自己要出去祈禱；且也對巴哥阿這樣說了。此時，所有的人都走了，不論大小，沒有一個留在寢室內。友弟德就站在他的床邊，心裡說：「上主，全能的天主！求你在此時，眷顧我手要行的工作，為顯揚耶路撒冷！因為如今正是救助你家業的時候，請玉成我的計劃，消滅那起來攻擊我們的敵人！」她走到靠敖羅斐乃頭部的床柱前，由上面取下了他的短劍，再走近床前，抓住他的頭髮說：「上主，以色列的天主，求你今天賜我力量！」遂用盡氣力，在他頸上砍了兩下，割下他的頭顱，把他的屍首從床上滾下，由柱上卸下帳幔，即刻走出，將敖羅斐乃的頭，交給自己的使女，使女把頭放進食袋裡。然後二人一起，照習慣出外祈禱去了。

二人經過兵營，繞過山谷，爬上拜突里雅山，來到了自己的城門下。友弟德從遠處向守門的人說：「開門！開門啊！天主，我們的天主，與我們同在，他今日所作的，再次證明他以色列中的能力，和處置敵人的威力。」城裡的人，一聽見她的聲音，就趕快下來，到城門口，召集了城中的長老。於是老幼大小一齊都跑來，由於她回來實在出乎他們意料之外。遂開門迎接她們，點起明亮的火把，將二人圍起來。友弟德大聲對他們說：「讚美天主！讚美，讚美天主！他不但沒有從以色列家收回他的仁慈，今夜反藉著我的手，粉碎了我們的敵人。」遂由袋裡取出一個人頭來，指著對他們說：「看，這就是亞述軍隊的總司令敖羅斐乃的頭。看！這就是他醉後睡的帳幔！上主藉著一個婦人的手，擊殺了他。上主永在！他在我行的路上保護了我，因為我的容貌迷惑了他，叫他趨於喪亡；他未曾與我犯罪，玷污羞辱我。」民眾聽了，不勝驚奇，都俯伏在地，朝拜天主，同聲說道：「今日使你民族的敵人化為烏有的，我們的天主啊！你是應受讚美的！」敖齊雅對她說：「我女！全世界婦女中，你分外應受到高者天主的祝福！創造天地的上主，領你割取我們的敵人統帥頭顱的天主，應受讚美！在永遠記得天主能力的人心中，不會忘記你的信心。你不忍見我們民族所受的屈辱，竟不顧惜你的性命，出去挽救我們的危亡，在我們的天主面前，履行正道；希望天主永遠使你獲得光榮，賜與你幸福！」民眾答說：「但願如此！但願如此！」（舊約友弟德書　第十三章）

第三天，艾斯德爾身穿王后的華服，站在王宮的內院，面向宮殿；那時君王正坐在宮殿的寶座上，面向宮門。君王一見艾斯德爾王后在庭院內，就對她起了寵幸的心，於是向艾斯德爾申出手中的金杖，艾斯德爾遂上前來，摸了金杖的頂端。君王問她說：「艾斯德爾后，你有什麼事？你要求什麼！即使要求一半江山，我也必賜給你！」艾斯德爾答說：「若大王開恩，請大王今日與哈曼同去飲妾為陛下所預備的酒宴。」王遂說：「快叫哈曼來，以滿足艾斯德爾的心願！」於是王和哈曼一同去赴艾斯德爾預備的酒宴。酒興之餘，王對艾斯德爾說：「你要求什麼，我必給你；不管你求什麼，那怕是半壁江山，也必照辦。」艾斯德爾答說：「這即是我的懇請和要求：如果我見寵於大王，如果大王樂意俯允我的懇請，請實踐我的要求，就請大王明天與哈曼再來飲妾所設的酒宴；明天我必依照君王的命答覆陛下。」

那一天哈曼出去，非常高興，滿心喜樂；但是哈曼一見在御門前的猶太人摩爾德開既不起立，也不退避，就對他滿懷憤恨，卻仍忍氣回了家，且打發人叫他的朋友和愛妻則勒士來，向他們誇耀自己如何富貴榮華，子女如何眾多，君王如何尊崇他，如何高舉他在眾公卿和朝臣之上。他又說：「甚至，艾斯德爾王后，除我以外，沒有請任何人與君王一同赴她設的盛宴；明天又請我再同君王到她那裡去。但當我一見坐在御門前的猶太人摩爾德開時，這一切於我都乏味了！」他的愛妻則勒士和他的朋友便對他說：「該做一個高五十尺的刑架，天一亮就對君王說：把摩德爾開懸在上面！這樣你可欣然與君王共同赴筵了。」哈曼看這主意不錯，就叫人做了一個刑架。（舊約艾斯德爾傳 第五傳）

那一夜，君王因失眠，便令人取大事錄，即年鑑來，在他面前誦讀。書上這樣記載：摩爾德開如何告發了君王的兩個守門太監彼革堂和特勒士，企圖殺害薛西斯王的事。王問說：「摩爾德開為這事得到什麼尊榮和地位？」服侍他的僕役答說：「他什麼也沒有得到。」

正當君王探聽摩爾德開的賢德時，恰巧哈曼在庭院裡，於是王問說：「是誰在庭院裡？」原來哈曼正走到王宮的外庭，要請求君王把摩爾德開懸在他豎起的刑架上。王的僕役答應說：「是哈曼站在庭院裡。」王說：「叫他進來！」哈曼進來，王對說：「假如君王要顯耀一個人，應該怎樣對待他？」哈曼心想：除我以外，君王還能顯耀誰呢？於是哈曼對君王說：「大王對願顯耀的人，應拿出大王穿的龍袍和大王騎的頭戴「御馬冠」的駿馬；將龍袍和駿馬交給大王的一個大臣，叫他給大王所要顯耀的人穿上，領他騎著御馬在城中的廣場遊行，還要有人走在他前面喊道：看，凡皇上願意顯耀的人，就是這樣的待他。」

王對哈曼說：「趕快拿龍袍和駿馬來，就照你所說的，去對待坐在御門旁的猶太人摩爾德開罷！凡你所說的，一點也不可忽略！」哈曼就拿了龍袍和駿馬來，先給摩爾德開穿上龍袍，然後扶他騎上駿馬，領他在市內的廣場遊先，還走在他前面喊道：「凡皇上願意顯耀的人，就是這樣待他。」事後摩爾德開回到御門，哈曼卻趕快回了家，蒙著頭飲泣。哈曼將所遭遇的，都給他的愛妻則勒士和朋友述說了。他的謀士和愛妻則勒士對他說：「在摩爾德開前，你既開始失敗，如果他眞是猶太人，你決不能得勝他，終必敗於他前。」他們正同他談論時，王的太監來催哈曼赴艾斯德爾設的盛宴。（舊約艾斯德爾傳 第六傳）

君王和哈曼同來與艾斯德爾王后宴飲。在這第二天的酒與之餘，王又對艾斯德爾說：「艾斯德爾后！你要求什麼，我必給你；不論你要求什麼，即便是半壁江山，也必照辦。」艾斯德爾后答說：「大王！如果我獲得你垂青寵愛，如果大王歡喜，請饒我一命，這是我的懇請；也饒我民族一命，這是我的要求，因為我和我的民族，已被人出賣，快要遭受蹂躪、屠殺、毀滅。若是我們只被人賣為奴婢，那麼我必不開口；但這仇人毫不顧及君王所受的災害。」薛西斯王問艾斯德爾后說：「這人是誰？那心內打算作這事的人在那裡？」艾斯德爾答說：「這仇人和死敵，就是這敗類哈曼。」哈曼立時在君王及王后前，驚惶萬分。於是君王勃然大怒，即刻退席，走進了御苑；哈曼遂起來懇求艾斯德爾后饒他一命，因為他看出了君王已決意要將他置於死地。王由御苑回到餐廳，哈曼正俯伏在艾斯德爾所坐著的榻旁，王惡聲 叱說：「在王宮內當著我的面，居然膽敢存心悔辱王后！」王的話一出口，僕人就蒙起哈曼的臉。君王座前的一個太監哈波納說：「正巧，在哈曼家裡，有他給那位曾一言造福大王的摩爾德開，豎立的一個五十尺高的刑架。」王說：「將他懸在上面！」人們遂把哈曼懸在他自己為摩爾德開所做的刑架上；王的忿怒這纔平息。（舊約艾斯德爾傳 第七傳）

薛西斯王當日就將猶太人的敵人哈曼的家業，賜給了艾斯德爾王后；艾斯德爾同時也說明了摩爾德開與她自己的關係，摩爾德開就來覲見君王。君王於是取下由哈曼那裡拿回來的指璽，給了摩爾德開，艾斯德爾以後叫摩爾德開管理哈曼的家業。

艾斯德爾又去向君王求情，俯伏在他足下，含淚哀求他取消阿加格人哈曼所加的禍害，和他為害猶太人所設的陰謀。王向艾斯德爾伸出金杖，艾斯德爾就起來，站在君王前，說「如果大王喜歡，如果我得陛下寵幸，如果大王認為合理且喜愛我，就請寫一道諭令，把大王為消滅全國各省的猶太人所頒下的文書，即阿加格人哈默大達的兒子哈曼的陰謀廢除。事實上，我怎能忍見我的民族遭受迫害？我怎能忍見我的親屬消滅？」薛西斯王對艾斯德爾后和猶太人摩爾德開說：「我已將哈曼的家業賜給了艾斯德爾，而他本人已被懸在刑架上，因為他竟要對猶太人下毒手。如今就照你們的意思，以君王的名義，為保護猶太人寫一道文書，蓋上君王的玉印。凡以君王名義所寫，且蓋有君王玉印的文書，決不得廢除。」就在那時候，即在三月——「息汪」月二十三日召集了眾御史，要依照摩爾德開為保護猶太人提示的一切，用各省的文字，各民族的語言也給猶太人以他們的文字語言寫了一道文書，公告由印度至雇士一百二十七省的猶太人、御史大臣、各省省長及首長。摩爾德開遂以薛西斯王的名義，寫了這道文書，蓋上君王的玉印，然後派遣驛使，騎著御廄裡的駿馬，傳遞文書。文書上載著：君王恩准在各城市的猶太人，有團結自衛的權利，也准許他們破壞、殺害、消滅那些侵害他們的各族各省的軍民，也可殺他們的婦孺，搶奪他們的財產；且應在十二月「阿達爾」月十三日那一天，在薛西斯帝國各省內開始生效。（舊約艾斯德爾傳 第八傳）

亞述王的軍隊由統帥敖羅斐乃圍困了以色列的重鎮拜突里雅，以色列全民的軍隊都在城中，四面受敵，無法逃出，祇有投降，被擄作奴。友弟德小姐乃挺身而出，自願出城，單身往敵軍營中，以美色陷害統帥。友弟德生身非常美麗，又非常智敏，這次出動，先有天主的啓示，她守齋祈禱，深信賴天主能救以色列民族。結果，天主賞賜她既保守貞操，又割了統帥的頭。予以色列民族歌頌她爲民族的光榮。教會後來用當時民眾歌頌她的話來讚揚聖母瑪利亞。中世紀法國也出來一位民族女英雄達克若望娜（D' arc Geanne）鄉間少女帥兵擒王，打敗英國軍隊，後被陷害，誣爲魔女，被火焚死，教會敬她爲聖女。

艾斯德爾因生身美麗，被選爲波斯王后。她是猶太人，是孤女，由叔父摩爾德開養大。她被選後，摩爾德開常在皇宮外面巡遊，首相哈曼路過時，常不行禮下拜，哈曼大怒，決心消滅國內曾被擄來的猶太人，建議國王下了諭旨，殺盡國人全部猶太人，不分因女老幼。摩爾德開囑咐艾斯德爾向國王求救，王后設宴，當面控告哈曼，轉回王意。

現在男女平等，各項職業，各項工作中都可以有女子，在國家危難時，當然也可以有女英雄，奔赴國難。但在日常生活中，女英雄或女強人，則是一位聖善的母親，擔負教育的困難，培植有能力有品德的兒女，爲國家民族擴建事業。

根據主教會議所表達的願望，假如一種革新的「工作神學」能闡明並深刻研究基督徒生活中的工作意義，並且定下工作的意義，那麼婦女在家庭工作的價值，更易於確定。因此，教會能夠也應該幫助現代社會，不停地強調婦女在家庭裡的工作，應該得到大家的承認，其無法替代的價值也要受到尊敬。這在教育工作上更是重要：爲使不同的工作和職業之間，可能有的差別能徹底消除，要知道在任何階層的人，都是以同等的權利和責任在工作。這樣在男人和女人內的天主的肖像，能更顯露光輝。當我們承認，婦女和男子一樣有權擔任不同的公職時，社會的架構應該使做妻子和母親的，實際上不要被迫在家庭以外工作，而使她們的家庭能相稱的生活和繁榮，即使他們完全獻身於自己家庭的工作上。況且應該克服重視在家庭以外工作的婦女，而不重視在家庭裡工作的婦女的那種思想，這就要求男人們應該真正地尊敬並愛婦女，完全敬重她們的人格尊嚴，而社會應該製造並發展，有助於在家裡工作的條件。（家庭團體勸諭 第二十三節）

一切是愛

可愛的諸位，我們應該彼此相愛，因為愛是出於天主；凡有愛的，都是生於天主，也認識天主；那不愛的，也不認識天主，因為天主是愛。天主對我們的愛在這事上已顯出來：就是天主把自己的獨生子，打發到世界上來，好使我們藉著他得到生命。愛就在於此：不是我們愛了天主，而是他愛了我們，且打發自己的兒子，為我們做贖罪祭。

可愛的諸位，既然天主這樣愛了我們，我們也應該彼此相愛。從來沒有人瞻仰過天主；如果我們彼此相愛，天主就存留在我們內，他的愛在我們內纔是圓滿的。我們所以知道我們存留在他內，他存留在我們內，就是由於他賜給了我們的聖神。至於我們，我們卻曾瞻仰過，並且作證：父打發了子來作世界的救主。誰若明認耶穌是天主子，天主就存在他內，他也存在天主內。我們認識了，且相信了天主對我們所懷的愛。

天主的愛，那存留在愛內的，就存留在天主內，天主也存留在他內。（新約若望一書 第四章第七—十六節）

我長老致書給蒙選的主母和她的子女，就是我在眞理內所愛的，不但我一個人，而且也是所有認識眞理的人所愛的；這愛的因由，就是那存在我們內，並永遠與我們同在的眞理。願恩寵、仁愛與平安由天主父及天父之子耶穌基督，在眞理與愛情內與我們同在。

我很喜歡，因為我遇見了你的一些子女，照我們由天父所領受的命令，在眞理內生活。主母，我現在請求你，我們應該彼此相愛；這不是我寫給你的一條新命令，而是我們從起初就有的命令。我們按照他的命令生活，這就是愛；你們應在愛中生活，這就是那命令，正如你們從起初聽過的。（若望二書

第一—六節）

家庭是天生的團體，是人成長的搖籃，是人生活的保障，是人工作的避風港。這一切都靠有愛。家庭的愛是天性的愛，是天倫之樂。夫妻靠愛以維持婚姻，父母子女靠愛以維持血肉之恩情，兄弟靠愛以維持連繫，老幼靠愛以互相照顧。愛使家庭活，使家庭樂，使家庭幸福。

人世的愛常禁不起風霜，抵不過時間的侵蝕，天倫之愛在現代社會中逐漸淡化而且逐漸消失。婚姻聖事以基督的聖愛，傾注在夫妻心中，夫妻以家庭祈禱保全，加增基督之聖愛，家庭的天倫之愛，血肉之愛得以聖化，得以健全，得以持久。夫婦稟著白頭偕老的信念，手牽手從事每日的勞作，眼睛望天，在基督的愛內，久而彌堅。

羅光全書

冊廿六之二

宗徒訓示

臺灣學生書局印行

詮釋者的話：

《福音生活》出版後，大家都說很有用；冊子小，攜帶輕便，每篇字句少，容易閱讀，我乃按照《福音生活》的方式，詮釋了宗徒們的書信，選擇書信中思想的重點，每條加以簡單的詮釋，按序排列，成爲一種有系統的思想。系統的「一貫之道」爲天主的愛，由愛而被召以獲救恩。宗徒們訓示我們走入救恩的路途，指出爲救恩應做的工作，到達現世生命的終點時，心地平靜地面對基督進入永生。

宗徒訓示

目錄

三、接受救恩

四、救恩生活

一、蒙召得救

天主召選

「願我們的主耶穌基督的天主和父受讚美，他在天上，在基督內，以各種屬神的祝福，祝福了我們。因為他於創世以前，在基督內已揀選了我們，為使我們在他面前，成為聖潔無瑕疵的，又由於愛，按照自己旨意的決定。預定了我們藉著耶穌基督獲得義子的名分，而歸於他，為頌揚他恩寵的光榮，這恩寵是他在自己的愛子內賜與我們的。我們就是全憑天主豐厚的恩寵，在他的愛子內，藉他愛子的血，獲得了救贖，罪過的赦免。」（厄弗所書 第一章第三—七節）

「而且我們也知道：天主使一切協助那些愛他的人，就是那些按他的旨意蒙召的人，獲得益處，因為他所預選的人，也預定他們與自己的兒子的肖像相同，好使他在眾多弟兄中作長子。天主不但召叫了他所預定的人，而且也使他所召叫的人成義，並使成義的人，分享他的光榮。」（羅瑪人書 第八章第二十八－三十節）

我們領洗，信從基督，這乃是天父的大恩。天父在創世以前，預定了聖子降生成人，救贖人類。在救贖的計劃中，選擇了我們，因聖子基督的聖血，滌洗罪惡。成爲天父的義子義女，肖似基督，顯揚基督救主的德能，光榮天父。我們信從基督，不是偶然的事，乃是天父在創世以前，預定了召選我們。在天父的預定計劃中，還要我們成爲聖潔的完人，以歸屬於基督，承繼天國的幸福。

一方面，我們感到天父對我們的愛；一方面認識我們爲天父義子女的身份；一方面要勉力遵守規誡，作一個名符其實的基督信徒。

天主是愛

「以愛還愛，可愛的諸位，我們應該彼此相愛，因為愛是出於天主；凡有愛的，都是生於天主，也認識天主；那不愛的，也不認識天主，因為天主是愛。天主對我們的愛在這事上已顯出來：就是天主把自己的獨生子，打發到世界上來，好使我們藉著他得到生命。愛就在於此；不是我們愛了天主，而是他愛了我們，且打發自己的兒子，為我們做贖罪祭。可愛的諸位，既然天主這樣愛了我們，我們也應該彼此相愛。從來沒有人瞻仰過天主；如果我們彼此相愛，天主就存留在我們內，他的愛在我們內纔是圓滿的。我們所以知道我們存留在他內，他存留在我們內，就是由於他賜給了我們的聖神。至於我們，我們卻曾瞻仰過，並且作證：父打發了子來作世界的救主，誰若明認耶穌是天主子，天主就存在他內，他也存在天主內。我們認識了，且相信天主對我們所懷的愛。（若望一書　第四章第七—十六節）

「天主是愛，那存留在愛內的，就存留在天主內，天主也存留在他內。我們內的愛得以圓滿，即在於此：就是我們可在審判的日子放心大膽，因為那一位怎樣，我們在這世界上也怎樣。在愛內沒有恐懼，反之，圓滿的愛把恐懼驅逐於外，因為恐懼內含著懲罰；那恐懼的，在愛內還沒有圓滿。我們應該愛，因為天主先愛了我們。假使有人說：我愛天主，但他卻惱恨自己的弟兄，便是撒謊的；因為那不愛自己所看見的弟兄的，就不能愛自己所看不見的天主。我們從他蒙受了這命令；那愛天主的，也該愛自己的弟兄。」（若望一書 第四章第十七節—二十一節）

基督的福音，啓示我們一項新的真理，即天主是我們的父親，基督教給宗徒們的祈禱文，開端就直呼「我們的天父」。天父以純全的父親的愛，愛我們，在我們還沒有出生以前，就選定我們由聖子而得救恩。

天主本體就是愛，愛就是生命，普通我們稱父母的愛爲仁愛，仁就是生命。父母給我們生命，就愛我們的生命，天主本體是生命，又是一切生命的源，天主本體就是愛。

我們懷著孝子的心情，愛我們的天父，我們就留在天父的生命內，天父也留在我們的生命內。

派遣聖子

「天主對我們的愛在這事上已顯出來：就是天主把自己的獨生子，打發到世界上來，好使我們藉著他得到生命。愛就在於此：不是我們愛了天主，而是他愛了我們，且打發自己的兒子，為我們做贖罪祭。」（若望一書　第四章第九—十節）

「但時期一滿，天主就派遣了自己的兒子來，生於女人，生於法律之下，為把在法律之下的人贖出來，使我們獲得義子的地位。」（迦拉達書　第四章第四節）

「願我們的主耶穌基督的天主和父受讚美！他因自己的大仁慈，藉耶穌基督由死者中的復活，重生了我們，為獲得那充滿生命的希望，為獲得那為你們已存留在天上不壞、無瑕、不朽的產業。」（伯鐸前書 第一章第三—四節）

天主聖父在創世以前，因愛而召選我們，使我們因基督而成爲義子，在創世以前就作了救世的計劃。到了要實行這計劃的時候，派遣了聖子降生成人，救世的計劃，是愛的計劃，我們是在罪惡中，基督捨了自己的生命，用祂的聖血，洗滌了我們的罪惡，以祂的復活，賜給了我們新的生命，並爲我們在天上預備了不壞無瑕的幸福。

基督降生，又爲把關於聖父的奧妙，啓示給我們。天主聖父在古代曾派先知教訓被選的以色列民族，但是卻派了聖子來教訓我們。

我們身感榮幸，能接受基督的教訓，成爲祂的信徒，獲得生活的目的。

天主聖子

「因此，我一聽見你們對主耶穌的信德和對眾聖徒的愛德，便不斷為你們感謝天主，在我的祈禱中記念你們，為使我們的主耶穌基督的天主，即那光榮的父，把智慧和啓示的神恩，賜與你們，好使你們認識他，並光照你們心靈的眼目，為叫你們認清他的寵召有什麼希望，在聖徒中他嗣業的光榮，是怎樣豐厚，他對我們虔信的人，所施展的強有力而見效的德能是怎樣的偉大。正如他已將這德能施展在基督身上，使他從死者中復活，叫他在天上坐在自己右邊，超乎一切率領者、掌權者、異能者、宰制者，以及一切現世及來世可稱呼的名號以上；又將萬有置於他的腳下，使他在教會內作至上的元首，這教會就是基督的身體，就是在一切內充滿一切者的圓滿。」（厄弗所書 第一章第十五—二十三節）

「他是不可見的天主的肖像，是一切受造物的首生者，因為在天上和在地上的一切，可見的與不可見的，或是上座者，或是宰制者，或是率領者，或是掌權者，都是在他內受造的：一切都是藉著他，並且是為了他而受造的。他在萬有之先就有，萬有都賴他而存在；他又是身體—教會的頭：他是元始，是死者中的首生者。為使他在萬有之上獨佔首位。」（哥羅森書 第一章第十五—十八節）

「天主立了他為萬有的承繼者，並藉著他造成了宇宙。他是天主光榮的反映，是天主本體的眞像，以自己大能的話支撐萬有；當他滌除了罪惡之後，便在高天上坐於「尊威」的右邊。他所承受的名字既然超越眾天使的名字，所以他遠超過眾天使之上。天主曾向那一位天使說過：『你是我的兒子，我今日生了你？』或說過：『我要作他的父親，他要作我的兒子？』再者當天主引領首生子進入世界的時候，又說：『天主的眾天使都要崇拜他。』論到天使固然說過：『天主使自己的天使為風，使自己的僕役為火燄。』可是，論到自己的兒子卻說：『天主你的御座，永遠常存；你治國的權仗，是公正的權仗。你愛護正義，憎恨不法；為此天主，你的天主，用歡愉的油傅了你，勝過你的伴侶。』又說：『上主！你在起初奠定了下地，上天是你手的功績；諸天必要毀滅，而你永遠存在；萬物必要如同衣裳一樣破壞。你將它們捲起好像外套，它們必如衣服，都要變換更新；但是你卻永存不變，你的壽命無盡無限。』又向那一位天使說過：『你坐在我右邊，等我使你的仇敵，變作你腳下的踏板？』眾天使豈不都是奉職的神，被派遣給那些要承受救恩的人服務嗎？」（希伯來人書 第一章第二－十四節）

天主派遣聖子降生人世，救贖我們。聖子是誰？是天主聖父本體的肖像，是創造萬有的造物主，萬有中有天使和宇宙萬物。萬有由聖子所造，歸屬於聖子，聖子超越一切萬有以上。而且聖子捨棄生命爲救人，聖父使祂光榮地復活、升天，坐在聖父右邊，接受掌管宇宙的全權。

我們感激聖父的慈愛，天使犯罪，罰受永苦，人類有罪，天父派遣救主，而且沒有派天使，竟派了至高至尊的唯一聖子，降生救人，聖若望宗徒所以說天主的愛在派遣聖子來救我們，很明白地顯示出來。

我們得有一位救主，地位高出一切萬有具有完滿的天主性和人性，一切智慧美德。我們滿心慶幸我們的幸福，全心敬愛我們的救主。

滌除原罪

「但恩寵決不是過犯所能比的，因為如果因一人的過犯大眾都死了；那麼，天主的恩寵和那因耶穌基督一人的恩寵所施與的恩惠，更要豐富地洋溢到大眾身上。這恩惠的效果，也不是那因一人犯罪的結果所能比的，因為審判固然是由於一人的過犯而來，被判定罪；但恩賜卻使人在犯了許多過犯之後，獲得成義。如果因一人的過犯，死亡就因那一人作了王；那麼，那些豐富地蒙受了恩寵和正義恩惠的人，更要藉著耶穌基督一人在生命中為王了。這樣看來：就如因一人的過犯，眾人都被定了罪；也因一人的正義行為，眾人也都獲得了正義和生命。正如因一人的悖逆，大眾都成了罪人；同樣，因一人的服從，大眾都成了義人。法律本是後加的，是為增多過犯；但是罪惡在那裏越多，恩寵在那裏也越格外豐富；以致罪惡怎樣藉死亡為王，恩寵也怎樣藉正義而為王，使人藉著我們的主耶穌基督獲得永生。」（羅瑪人書 第五章第十五—二十一節）

基督降生，爲救贖人類，人類原是有罪的人類，沾有原祖遺留的罪污。

天主造了人，按照自己的肖像造了人，又加給人許多特恩；但給人定了一次考驗，考驗人是否誠心服從。人卻沒有勝過考驗，違背了天主的規定，既失去了天主的寵愛成了天主的敵對，傾向身體的物質享受，心中具有物慾。因著物慾，人類乃陷於罪過。

基督降生，自作犧牲以自己的性命奉獻天父，作人類的贖罪祭，天父乃寬赦人類的罪，使人類經由基督而得救。

得勝死亡

「故此就如罪惡藉著一人進入了世界，死亡藉著罪惡也進入了世界；這樣死亡就殃及了眾人，因為眾人都犯了罪；成義也是如此。但從亞當起，直到梅瑟，死亡卻作了王，連那些沒有像亞當一樣違法犯罪的人，也屬它權下，這亞當原是那未來亞當的預像。」（羅瑪人書　第五章第十二——十四節）

天主造了人，原來不願意人有死亡；但是所造的人沒有勝過考驗，違命犯罪，天主罰亞當、夏娃，由塵土而來的，仍要歸於土，乃有死亡，死亡成了和生相對的事，有生必有死。

但是人是心物合成的，心是靈魂，物是身體，身體有生，必有死，靈魂則生而不死，靈魂是按天主肖像造的，能知能愛。靈魂要知要愛的是真美善；真美善的本體，乃是天主，人既犯罪和天主相對，心靈便不能認識天主而愛天主，在身體死後，靈魂將受永罰，永遠和真美善相隔離，等於永遠的死亡。

基督降生救人，救人的靈魂免於永死，使能歸向天主，欣賞真美善的本體。

賜予和平

「這一切都是出於天主，他曾藉基督使我們與他自己和好，並將這和好的職務賜給了我們；這就是說：天主在基督內使世界與自己和好，不再追究他們的過犯，且將和好的話放在我們的口中。所以我們是代基督作大使了，好像是天主藉著我們來勸勉世人。我們如今代基督請求你們：與天主和好罷！因

此他曾使那不認識罪的，替我們成了罪，好叫我們在他內成為天主的正義。」（格林多後書 第五章第十八——二十一節）

「所以你們應該記得，你們從前生來本是外邦人，被那些稱為受割損的人——割損本是人手在肉身上所行的——稱為未受割損的人；記得那時你們沒有默西亞，與以色列社團隔絕，對恩許的盟約是局外人，在這世界上沒有希望，沒有天主。但是現今在基督耶穌內，你們從前遠離天主的人，藉著基督的血，成為親近的了。因為基督是我們的和平，他使雙方合而為一；他以自己的肉身，拆毀了中間阻隔的牆壁，就是雙方的仇恨，並廢除了由規條命令所組成的法律，為把雙方在自己身上造成一個新人，而成就和平。他以十字架誅滅了仇恨，他以十字架使雙方合成一體，與天主和好。所以他來，向你們遠離的人傳佈了和平。」（厄弗所書 第二章 第十一——十七節）

「因為天主樂意叫整個的圓滿居在他內，並藉著他使萬有，無論是地上的，是天上的，都與自己重歸於好，因著他十字架的血立定了和平。連你們從前也與天主隔絕，並因邪惡的行為在心意上與他為敵；可是現今天主卻以他血肉的身體，藉著死亡使你們與自己和好了，把你們呈獻在他眼前，成為聖潔，無暇和無可指摘的，只要你們在信總上站穩，堅定不移，不偏離你們由聽福音所得的希望，這福音己傳與天主一切受造物，我保祿就是這福音的僕役。」（哥羅森書 第一章 第十九—二十三節）

人類原祖違命犯罪，留下了遺毒；這種遺毒就是失去了和平，失去了與天主的和命，失去了自心的和平，失去人際間的和平，遺毒的原因是罪惡。

基督降生，犧牲性命，代人贖罪，天主接受基督的祭祀與人同歸於好，使人成爲祂的義子女，基督誕生時，天使：「善心人享和平」

我們因著慾情，心中常感受善惡互相衝突。又因自己所犯過失，有愧於天，有咎於人，自心乃不安，基督的救恩乃使我們悔罪，節制慾情，心地清白，自問無愧，便能心安。

社會間的糾紛，都是由爭利、爭名、爭權來的，基督教訓我們相愛；也助我們消滅糾紛的慾情，在教會開始時，信徒們一心一德，共同祈禱，把自己所有產業變賣，把錢獻與教會，彼此分享。

順命救世

「正如因一人的悖逆，大眾都成了罪人，同樣，因一人的服從，大眾都成了義人。」（羅瑪人書　第五章第十九節）

「當他還在血肉之身時，以大聲哀號和眼淚，向那能救他脫離死亡的天主，獻上了祈禱和懇求，就因他的虔敬而獲得了俯允。他雖然是天主子，卻由所受的苦難，學習了服從，且在達到完成之後，為一切服從他的人，成了永遠救恩的根源。」（希伯來書　第五章第七—九節）

「你們該懷有基督耶穌所懷有的心情；……他貶抑自己，聽命至死，且死在十字架上。」（斐理伯書　第二章第五—八節）

人類的罪惡導源於原祖的背命，違抗天主的規定。基督爲救世，就由順命開始，由順命完成，基督受天父的派遣降世，在人世的生活完全順從天父的旨意，而且講道時，常常聲明自己所講的、所做的，都是按照天父的旨意，講天父所要祂講的，做天父所要祂做的。在被難的前夕，同三個弟子在橄欖園中祈禱，三次向天父祈求免遭殺害，但說：「一切按天父的意思，不要照祂的意思」。

在講道時，基督說明：不是凡喊「我主，我主」的人都得救，而是那些遵行天父的旨意的人得救。並且聲明說「誰是我的母親，我的兄弟，姊妹？是那些遵行天父旨意的人，就是我的親人。

天父很看重基督的順命，特別舉揚了祂。

流血救世

「就是天主的正義，因對耶穌基督的信德，毫無區別地，賜給了凡信仰的人，因為所有的人都犯了罪，都失掉了天主的光榮，所以眾人都因天主白白施給的恩寵，在耶穌基督內蒙救贖，成為義人。這耶穌即是天主公開立定，使他以自己的血，為信仰他的人作贖罪祭的；如此，天主顯示了自己的正義，因為以前他因寬容放過了人的罪，為的是在今時顯示自己的正義，叫人知道他是正義的，是使信仰耶穌的人成義的天主。」（羅瑪人書 第三章第二十二—二十六節）

「可是基督一到，就作了未來鴻恩的大司祭，他經過了那更大，更齊全的，不是人手所造，不屬於受造世界的帳幕，不是帶著公山羊和牛犢的血，而是帶著自己的血，一次而為永遠進入了天上的聖殿，獲得了永遠的救贖。假如公山羊和牛犢的血，以及母牛的灰燼，灑在那些受玷污的人身上，可淨化他們得到肉身的潔淨，何況基督的血呢？他藉著永生的神，已把自己毫無瑕疵的奉獻於天主，他的血豈不更能潔淨我們的良心，除去死亡的行為，好去事奉生活的天主？」

「基督以自己的血訂立了新約　為此，他作了新的中保，以他的死亡補贖了在先前的盟約之下所有的罪過，好叫那些蒙召的人，獲得所應許的永遠的產業。凡是遺囑，必須提供立遺囑者的死亡，因為有了死亡，遺囑纔能生效，幾時立遺囑者還活著，總不得生效。因此，連先前的盟約也得用血開創。當日梅瑟向全民眾按法律宣讀了一切誡命之後，就用朱紅線和牛膝草，蘸上牛犢和公山羊的血和水，灑在約書和全民眾身上，說：『這是天主向你們所命定的盟約的血。』連帳幕和為敬禮用的一切器皿，他也照樣灑上了血；並且按照法律，幾乎一切都是用血潔淨的，若沒有流血，就沒有赦免。那麼，既然連那些天上事物的模型還必須這樣潔淨，而那天上的本物，自然更需要用比這些更高貴的犧牲，因為，基督並非進入了一座人手所造，為實體模型的聖殿，而是進入了上天本境，今後出現在天主面前，為我們轉求。他無須再三奉獻自己，好像大司祭每年應帶著不是自己的血進入聖殿一樣，否則，從創世以來，他就必須多次受苦受難了；可是現今，在今世的末期，只出現了一次，以自己作犧牲，除滅了罪過。就如規定人只死一次，這以後就是審判；同樣，基督也只一次奉獻了自己，為除免大眾的罪過；將來他要再次顯現，與罪過無關，而是要向那些期待他的人施行救恩。」（希伯來書 第九章第十一——二十八節）

在各民族的宗教，都有殺牲的祭祀，中國古代祭天用「郊特牲」，殺牛、殺羊、殺豬，以犧牲性命代替人贖罪；以犧牲的血，洗除罪污，但是畜牲的性命，怎麼可以代替人呢？就

是人自己奉獻自己的生命，在天主跟前，又有什麼價值？人和天主的距離太遠，孔子曾經說：「獲罪於天，無所禱也」。（八佾）

基督降生，以天主聖子和天父同性同體的身份祭獻自己的身體，被釘死在十字架上，祂的祭祀，乃蒙天父悅納，祂流的血，乃能洗除罪污，十字架的苦刑，成爲千古唯一有價值的祭祀，基督的血，也成爲天父和人類所訂新的盟約，作證的血，人類得救的代價。

復活救世

「『算為他的正義』這句話，不是單為他個人寫的，而且也是為了我們這些將來得算為正義的人，即我們這些相信天主使我們的主耶穌，由死者中復活的人寫的；這耶穌曾為了我們的過犯被交付，又為了使我們成義而復活。」（羅瑪人書　第四章第二十三—二十五節）

基督一次祭獻了自己，完成了救贖人類的大業。救贖的功效，在於使人靈魂不陷於永死，而能歸向天主而欣享真美善的本體，因此，基督預先就告訴門徒們，死了三天要復活，被釘，埋葬三天，祂復活了。

復活的事，證明基督是天主，證明祂所講的是真的，證明救贖大業已實現；因此，乃是我們信仰的基石，爲最重要的一樁大事，也是我們所有的希望的靠山，聖保祿乃說，若是基督沒有復活，我們的一切希望都落空，我們是人類最可憐的人。

啓示父愛

「天主在古時，曾多次並以多種方式，藉著先知對我們的祖先說過話；但在這末期內，他藉著自己的兒子對我們說了話。」（希伯來人書 第一章第一二節）

「要讓基督的話充分地存在你們內，以各種智慧彼此教導規勸，以聖詠、詩詞和屬神的歌曲在你們心內，懷著感恩之情，歌頌天主。你們無論作什麼，在言語上或在行為上，一切都該因主耶穌的名而作，藉著他感謝天主聖父。」（哥羅森書　第三章第十六—十七節）

「為此，我們必須更應注重所聽的道理，免得為潮流所沖去。如果藉著天使所傳示的話，發生了效力，凡違犯抗命的，都得了公平的報復；那麼，我們這些忽視這樣偉大救恩的人，怎能逃脫懲罰呢？這救恩原是主親自開始宣講的，是那些聽講的人給我們證實的，又是天主以神蹟、奇事和各種異能，以及照他的旨意所分配的聖神的奇恩，所一同證實的。」（希伯來人書　第二章第一—四節）

基督降生，爲救贖人類，引人重歸於天主，開啓人類的一種新生活，天主因基督的犧牲，赦免人類的罪，和人同歸於好。這種新的關係，結成一種新盟約，新的關係和盟約，是父子的關係，人類和基督相結合爲一體，作爲天主的義子女。基督便給人類講明這種關係，說明天父對我們的愛，一部福音，就是講天父的愛，福音乃是我們生活的寶鑑。

舊約時代的天主，顯示一位正義、慈祥的天主，有惡必罰；新約時代的天主，乃是一位慈祥的父親，把審判人類的權，交給了基督。

重整一切

「是全照他在愛子內所定的計劃：就是依照他的措施，當時期一滿，就使天上和地上的萬有，總歸於基督元首。」（厄弗所書 第一章第九—十節）

現在的苦楚比不上將來的榮耀 「我實在以為現時的苦楚，與將來在我們身上要顯示的光榮，是不能較量的。凡受造之物都熱切地等待天主子女的顯揚，因為受造之物被屈伏在敗壞的狀態之下，並不是出於自願，而是出於使它屈伏的那位的決意；但受造之物仍懷有希望，脫離敗壞的控制，得享天主子女的光榮自由。因為我們知道，直到如今，一切受造之物都一同歎息，同受產痛；不但是萬物，就是連我們這已蒙受聖神初果的，也在自己心中嘆息，等待義子期望的實現，即我們肉身的救贖。因為我們得救，還是在於希望。所希望的若已看見，就不是希望了；那有人還希望所見的事物呢？但我們若希望那未看見的，必須堅忍等待。同時，聖神也扶助我們的軟弱，因為我們不知道我們如何祈求纔對，而聖神卻親自以無可言喻的歎息，代我們轉求。那洞悉心靈的天主知道聖神的意願是什麼，因為他是按照天主的旨意代聖徒轉求。」（羅瑪書 第八章第十八—二十七節）

天主創造了宇宙，一切都好，都美，宇宙萬物合爲一體，互相融通，彼此合協，原祖的原罪，擾亂了一切，自然界的萬物，本爲養育人類，人類參加萬物的天樂，歌讚造物主的美妙。不幸，因著原罪的流毒，人類祇知求肉體的享受，役使萬物，破壞宇宙的次序，污染一切、濫殺濫用，除極少數的詩人和聖者，知道用自然界的萬物歌讚造物主外，宇宙已成爲罪惡的淵藪。基督降生，重整宇宙的次序，使人物再各得其所，但是基督的重整，如同救恩一樣，需要人們接受而實行，我們目前所見的，則仍是罪污的宇宙，因爲人類不願接受基督的救贖。

基督司祭

「我們既然有一位偉大的，進入了諸天的司祭，天主子耶穌，我們就應堅持所信奉的眞道，因為我們所有的，不是一位不能同情我們弱點的大司祭，而是一位在各方面與我們相似，受過試探的，只是沒有罪過。所以我們要懷著依恃之心，走近恩寵的實座，以獲得仁慈，尋到恩寵，作及時的扶助。」（希伯來書 第四章第十四——十六節）

基督永為大司祭 事實上，每位大司祭是由人間所選拔，奉派為人行關於天主的事，為奉獻供物和犧牲，以贖罪過，好能同情無知和迷途的人，因為他自己也為弱點所糾纏。因此他怎樣為人民奉獻贖罪祭，也當怎樣為自己奉獻。誰也不得自己擅取這尊位，而應蒙天主召選，有如亞郎一樣。照樣，基督也沒有自取做大司祭的光榮，而是向他說過：『你是我的兒子，我今日生了你』的那位光榮了他；」（希伯來書 第五章第一——五節）

「再者，耶穌成為司祭，是具有天主誓言的，其他的司祭並沒有這種誓言就成了司祭。耶穌成為司祭，卻具有誓言，因為天主向他說：『上主一發了誓，他決不再反悔；你永為司祭。』如此，耶穌就成了更好的盟約的擔保人。再者，肋未人成為司祭的，人數眾多，因為死亡阻礙他們長久留任，但是耶穌因永遠長存，具有不可消逝的司祭品位。因此，凡由他而接近天主的人，他全能拯救，因為他常活著，為他們轉求。」

「這樣的大司祭纔適合於我們，他是聖善的、無辜的、無玷的、別於罪人的、高於諸天的；他無須像那些大司祭一樣，每日要先為自己的罪，後為人民的罪祭獻犧牲；因為他奉獻了自己，只一次而為永遠完成了這事，因為法律所立為大司祭的人是有弱點的；可是在法律以後，以誓言所立的聖子，卻是成全的，直到永遠。」（希伯來書 第七章第二十—二十八節）

基督被釘死十字架上，奉獻贖罪的祭祀，祂自己擔任司祭的職務，受天父的委派，成爲新約時代的司祭，代替舊約時代的亞郎族的司祭；十字架聖祭，也代替舊約梅瑟所定的祭祀。

祭祀不單爲贖罪，也是敬禮天主的敬禮，基督在最後晚餐建立了聖體聖事，囑咐宗徒們要照樣奉行這聖事爲紀念祂。聖體聖事乃是彌撒聖祭爲行彌撒，祂仍舊是司祭，是犧牲，但在人事方面，以行祭的司鐸代祂完成一切行動，行彌撒的司鐸，爲專職司祭，領洗與基督合成一體的信徒，也分享基督的普通司祭身份，常要奉獻祈禱和克苦，以光榮天父。

基督獻祭

「我們所論述的要點即是：我們有這樣一位大司祭，他已坐在天上『尊威』的寶座右邊，在聖所，即眞會幕裏作臣僕；這會幕是上主而不是人所支搭的。凡大司祭都是為奉獻供物和犧牲而立的，因此這一位也必須有所奉獻。假使他在地上，他就不必當司祭，因為已有了按法律奉獻供物的司祭。這些人所行的敬禮，只是天上事物的模型與影子，就如梅瑟要製造會幕時，曾獲得神示說：『要留心——上主說——應一一按照在山上指示你的式樣去做。』」（希伯來書 第八章第一—五節）

基督在十字架上，舉行了祭祀，用自己的身體作犧牲，奉獻於天父。十字架的祭祀，一次完成了救贖的大業，彌撒聖祭則繼續十字架的祭祀，爲敬拜天，爲實施救贖的功效。在彌撒聖祭裏，基督仍舊是司祭，祂把自己的體和血奉獻於天父。同時把自己的體和血，分給領聖體的信徒，既向天父表示高深的愛心，對於信徒又表示關懷的愛心，彌撒聖祭乃是愛的聖事。

梅瑟所定的會幕聖所和祭祀，乃是彌撒聖祭的象徵，基督升天，坐在聖父右側，把地上所行的彌撒聖祭，奉獻天父，常爲人類祈禱。

基督中保

「首先我勸導眾人，要為一切人懇求、祈禱、轉求和謝恩，並為眾君王和一切有權位的人，為叫我們能以全心的虔敬和端莊，度寧靜平安的生活。這原是美好的，並在我們的救主天主面前是蒙受悅納的，因為他願意所有的人都得救，並得以認識眞理，因為天主只有一個，在天主與人之間的中保也只有一個，就是降生成人的基督耶穌，他奉獻了自己，為眾人作贖價；這事在所規定的時期已被證實，而我也是為了這事，被立為宣道者和宗徒—我說的是實話並非說謊—在信仰和眞理上，做了外邦人的教師。」（弟茂德前書　第二章　第一—七節）

「現今耶穌已得了一個更卓絕的職分，因為他作了一個更好的，並建立在更好的恩許之上的盟約的中保，如果那第一個盟約是沒有缺點的，那麼，為第二個就沒有餘地了。其實天主卻指摘以民說：『看，時日將到—上主說—我必要與以色列家和猶大家訂立新約，不像我昔日握住他們的手，領他們出離埃及時，與他們的祖先所訂立的盟約一樣。』」（希伯來書　第八章第六—八節）

「我的孩子們，我給你們寫這些事，是為叫你們不犯罪；但是，誰若犯了罪，我們在父那裏有正義的耶穌基督作護衛者。他自己就是贖罪祭，贖我們的罪過，不們贖我們的，而且也贖全世界的罪過。」（若望一書　第二章第一—二節）

在舊約時代，天主直接領導選民以色列民族，天主本性是愛又是正義，遇到以色列民族作惡，敬拜邪神，天主就嚴重降罰，甚至使以色列民族亡國，在新約時代，天主聖父不直接領導人類，把對人類宇宙的一切權力交給了聖子耶穌，由聖子耶穌掌管，並作審判，天父看宇宙人類，都由聖子的管道去看，在天父和人的中間，站著聖子耶穌；人類犯罪、天父自然要罰，因爲祂是正義；但聖子耶穌因著救贖人類的愛心，代人向天父救赦，聖子耶穌乃是人類的中保。

二、傳報救恩

宣傳基督

「因為基督的愛催迫著我們，因我們曾如此斷定；既然一個人替眾人死了，那麼眾人就都死了；他替眾人死，是為使活著的人不再為自己生活，而是為替他們死而復活了的那位生活。所以我們從今以後，不再按人的看法認識誰了；縱使我們曾按人的看法認識過基督，但如今不再這樣認識他了。所以誰若在基督內，他就是一個新受造物，舊的已成過去，看，都成了新的。這一切都是出於天主，他曾藉基督使我們與他自己和好，並將這和好的職務賜給了我們；這就是說：天主在基督內使世界與自己和好，不再追究他們的過犯，且將和好的話放在我們的口中。所以我們是代基督作大使了，好像是天主藉著我們來勸勉世人。我們如今代基督請求你們：與天主和好罷！因為他曾使那不認識罪的，替我們成了罪，好叫我們在他內成

為天主的正義。」（格林多後書 第五章第十四－二十一節）

基督完成了救贖大業，復活、升天，爲繼續救贖的工作，祂建立了教會，派遣宗徒們向世界宣傳福音，宗徒們再把自己的工作，交給繼任的主教，主教再傳給繼任的主教，直到世界末日。

宗徒們在書信裏常聲明自己的身份，是基督的僕人，蒙召爲宣傳福音的人，聖保祿更說明，自己因被基督的愛催促向各處傳道，所傳的不是自己，不是自己的思想，而是基督，而是基督的福音，他是代基督說話，是基督的大使，對做大使的要求，是忠實，忠於派他來的主人。

福音眞義

「想你們必聽說過天主的恩寵、為了你們賜與我的職分：就是藉著啓示，使我得知我在上邊已大略寫過的奧秘，你們照著讀了，便能明白我對基督的奧秘所有的了解，這奧秘在以前的世代中，沒有告訴過任何人，有如現在一樣，藉聖神已啓示給他的聖宗徒和先知；這奧秘就是：外邦人藉著福音在基督耶穌內與猶太人同為承繼人，同為一身，同為恩許的分享人。至於我，我依照天主大能的功效所賜與我的恩寵，作了這福音的僕役；我原是一切聖徒中最小的，竟蒙受了這恩寵，得向外邦宣佈基督那不可測量的豐富福音，並光照一切人，使他們明白，從創世以來，即隱藏在創造萬有的天主內的奧秘，為使天上的率領者和掌權者，現在藉著教會得知天主的各樣智慧，全是按照他在我們的主基督耶穌內所實現的永遠計劃；所以只有在基督內，我們纔可藉著對他所懷的信德，放心大膽地懷著依恃之心，進到天主面前。為此，我請求你們，不要因我為你們所受的苦難而沮喪，我的苦難原是你們的光榮。」（厄弗所書 第三章第二—十三節）

「我雖希望快到你那裏去，但我仍把這些事寫給你；假使我遲遲不到，你可以知道到天主的家中應當如何行動，這家就是永生天主的教會，眞理的柱石和基礎。無不公認，這虔敬的奧蹟是偉大的：就是他出現於肉身，受證於聖神，發顯於天使，被傳於異民，見信於普世，被接於光榮。」（弟茂德前書第三章第十四—十六節）

宗徒們和繼承他們的主教們以及他們所遺派傳道的司鐸，大家所傳的福音，是天主的奧蹟，這奧蹟，即是天主聖子降生人世，出現於肉身，因聖神的佐證，傳道顯靈，死而復活；即是耶穌基督。傳道者所傳的福音，是傳耶穌救主，人類因祂而得救。

得救恩惠的分施，又是一大奧秘。基督升天，宗徒們傳道，當時大家相信救恩祇是施給選民以色列民族，其他民族的人均先受割捨禮成爲以色列人才可以受基督的洗禮，但是天主的救贖計劃，乃是爲全人類，這種計劃的奧秘，天主啓示了聖伯鐸，且特別選派聖保祿作非猶太人的傳道者，聖保祿就宣佈這椿奧秘；基督的福音是至公的，是施給全人類。

宣傳天慧

「弟兄們，就是我從前到你們那裏時，也沒有用高超的言論或智慧，給你們宣講天主的奧義，因為我曾決定，在你們中不知道別的，只知道耶穌基督，這被釘在十字架上的耶穌基督；而且當我到你們那裏的時候，又軟弱，又恐懼，又戰兢不安；並且我的言論和我的宣講，並不在於智慧動聽的言詞，而是在於聖神和他德能的表現，為使你們的信德不是憑人的智慧，而是憑天主的總能。」

「我們在成全的人中也講智慧，不過不是今世的智慧，也不是今世將要消滅的有權勢者的智慧；我們所講的，乃是那隱藏的，天主奧秘的智慧，這智慧是天主在萬世之前，為使我們獲得光榮所預定的；今世有權勢的人中沒有一個認識她，因為如果他們認識了，決不至於將光榮的主釘在十字架上。經上這樣記載說：『天主為愛他的人所準備的，是眼所未見，耳所未聞，人心所未想到的。』

「可是天主藉著聖神將這一切啓示給我們了，因為聖神洞察一切，就連天主的深奧事理他也洞悉。除了人內裏的心神外，有誰能知道那人的事呢？同樣，除了天主聖神外，誰也不能明瞭天主的事。我們所領受的，不是這世界的精神，而是出於天主的聖神，為使我們能明瞭天主所賜與我們的一切。為此，我們宣講，並不用人的智慧所教的言詞，而是用聖神所教的言詞，給屬神的人講論屬神的事。然而屬血氣的人，不能領受天主聖神的事，因為為他是愚忘；他也不能領悟，因為這些事只有藉聖神纔可審斷。惟有屬神的人能審斷一切，但他卻不為任何人所審斷。經上說：『誰知道上主的心意，去指教他呢？』可是我們有基督的心意。」（格林多前書 第二章第一—十六節）

福音是天主的智慧，天主聖言降生，向人們啓示天父的愛，啓示皈依天父的路。聖言的啓示，成爲救人的福音，聖言乃是天主的智慧，祂所啓示的福音，當然就是天主的智慧。天主的智慧，是屬於心靈的真理，不是屬於物質的思想，屬於心靈的真理，由天主聖神印證、顯明、通曉，不由世俗的學者、語言、思想去傳說。

天主的智慧和世俗的智慧不同，前者歸於天主，後者歸於世俗，歸於天主的智慧，認識天主，認識精神價值，引人行善，歸於世俗的智慧，則對錢、對名、對權力、對慾情、作計劃、蓄貪心、誘人作惡。

宣傳福音者，乃宣傳天主的智慧。

十字聖架

「弟兄們，就是我從前到你們那裏時，也沒有用高超的言論或智慧，給你們宣講天主的奧義，因為我曾決定，在你們中不知道別的，只知道耶穌基督，這被釘在十字架上的耶穌基督；而且當我到你們那裏的時候，又軟弱，又恐懼，又戰兢不安；並且我的言論和我的宣講，並不在於智慧動聽的言詞，而是在於聖神和他德能的表現，為使你們的信德不是憑人的智慧，而是憑天主的德能。」（格林多前書 第二章第一—五節）

「原來十字架的道理，為喪亡的人是愚妄，為我們得救的人，卻是天主的德能，因為經上記載：『我要摧毀智者的智慧，廢除賢者的聰明。』智者在那裏？經師在那裏？這世代的詭辯者又在那裏？天主豈不是使這世上的智慧變成了愚忘嗎？因為世人沒有憑自己的智慧，認識天主，天主遂以自己的智慧，決意以愚妄的道理來拯救那些相信的人，的確，猶太人要求的是神蹟，希臘人尋求的是智慧，而我們所宣講的，卻是被釘在十字架上的基督：這為猶太人固然是絆腳石，為外邦人是愚妄，但為那些蒙召的，不拘是猶太人或希臘人，基督卻是天主的德能和天主的智慧，因為天主的愚妄總比人明智，天主的懦弱也總比人堅強。」

「弟兄們！你們看看你們是怎樣蒙召的：按肉眼來看，你們中有智慧的人並不多，有權勢的人也不多，顯貴的人也不多；天主偏召選了世上愚妄的，為羞辱那有智慧的；召選了世上懦弱的，為羞辱那堅強的；甚而天主召選了世上卑賤的和受人輕視的，以及那些一無所有的，為消滅那些有的，為使一切有血肉的人，在天主前無所誇耀。你們得以結合於基督耶穌內，全是由於天主，也是由於天主。基督成了我們的智慧、正義、聖化者和救贖者，正如聖經上所記載的：『凡要誇耀的，應因主而誇耀。』」（格林多前書 第一章第十八－三十一節）

在天主智慧中，最奇怪點，就是十字架，十字架本是一項非常卑鄙，非常痛苦的死刑，是罪惡的象徵。

耶穌基督爲救贖人類，甘願被冤枉判處十字架死刑，以這種十字架死刑作爲贖罪的祭祀，祂自己擔任司祭，用自己的身體當做犧牲，終死以前，祂大聲喊說：「一切都完結了」，即是說救贖的大業已經完結了。

十字架乃成爲救贖大業的標記，爲基督的愛的家象，爲一切恩寵的泉源。天主教乃以十字架作爲徽號，所敬拜的救主乃是釘在十字架上的基督。

耶穌復活

「我們先前給你們所傳報的福音，這福音你們已接受了，且在其上站穩了；假使你們照我給你所傳報的話持守了福音，就必因這福音得救，否則，你們就白白地信了。我當日把我所領受而又傳授給你們的，其中首要的是：基督照經上記載的，為我們的罪死了，被埋葬了，且照經上記載的，第三天復活了，並且顯現給刻法，以後顯現給那十二位；此後，又一同顯現給五百多弟兄，其中多半到現在還活著，有些已經死了。隨後，顯現給雅各伯，以後，顯現給眾宗徒；最後，也顯現了給我這個像流產兒的人。我原是宗徒中最小的一個，不配稱為宗徒，因為我迫害過天主的教會。然而，因天主的恩寵，我成為今日的我；天主賜給我的恩寵沒有落空，我比他們眾人更勞碌；其實不是我，而是天主的恩寵偕同我。總之，不拘是我，或是他們，我們都這樣傳了，你們也都這樣信了。」（格林多前書 第十五章第一—十一節）

和十字架相對稱的，是耶穌復活。十字架爲贖罪的祭祀，基督代表人類，把自己作犧牲，祭獻於天父。贖罪祭的結果，天父寬赦人的罪，免除人靈魂的死亡，基督乃從死者中復活了。

耶穌復活代表救贖的效果，代表基督的勝利，同時又是福音的證據，證明耶穌基督是天主聖子，證明耶穌所傳的福音是真的，祂先期三次預言自己遭難，死後三日復活，祂確實復活了，復活總結了祂在人世的歷史。

宗徒們宣傳福音，他們作耶穌復活的見證人，以耶穌復活作福音的基石，以耶穌復活作信徒的永生希望。

分施聖事

「這是我從主所領受的，我也傳授給你們了；主耶穌在他被交付的那一夜，拿起餅來，祝謝了，擘開說：『這是我的身體、為你們而捨的，你們應這樣行，為記念我。』晚餐後又同樣拿起杯來說：『這杯是用我的血所立的新約，你們每次喝，應這樣行，為記念我。』的確，直到主再來，你們每次吃這餅，喝這杯，你們就是宣告主的死亡。」

「冒行聖體晚餐必遭天主降罰　為此，無論誰，若不相稱地吃主的餅，或喝主的杯，就是干犯主體和主血的罪人。所以人應省察自己，然後纔可以吃這餅，喝這杯。因為那吃喝的人，若不分辨主的身體，就是吃喝自己的罪案。為此，在你們中有許多有病和軟弱的人，死的也不少。但是，若我們先省察自己，我們就不至於受罰了。我們即使受罰，只是受主的懲戒，免得我們和這世界一同被定罪。所以，我的弟兄們，當你們聚集吃晚餐時，要彼此等待

。誰若餓了，在家裏先吃，免得你們聚集自遭判決。其餘的事，等我來了再安排。」（格林多前書 第十一章第二十三—三十三節）

實踐自己的許諾。

基督升天前一刻，許給宗徒們常和同他們在一起，齊到世界末日，聖體聖事，就是基督聖體聖事爲彌撒聖祭。舉行彌撒時，基督親自降來把麵餅變爲自己的體，把葡萄酒變成自己的血，如同在十字架上，作爲犧牲，奉獻於天父，祭獻畢，把自己的體血，分給領聖體的信徒，教會從基督升天一直到世界末日，舉行彌撒，基督便常和信徒同在一起。

參加彌撒聖祭，領取聖體，必須虔誠堅信與基督同在，以愛心還報基督的愛心。

司牧職位

「我們既蒙垂青，獲得了這職務，我們決不膽怯；反而戒絕了一切可恥的隱瞞行為，不以狡猾行事，也不變通天主的道理，只是藉著顯示眞理，在天主前將我們自己舉薦於眾人的良心。但如果說我們的福音也被蒙住了，那只是為喪亡的人蒙著，因為今世的神已蒙蔽了這些不信者的心意，免得他們看見基督─天主的肖像─光榮福音的光明。因為我們不是宣傳我們自己，而是宣傳耶穌基督為主，我們只是因耶穌的緣故作了你們的奴隸。因為那吩咐『光從黑暗中照耀』的天主，曾經照耀在我們心中，為使我們以那在【耶穌】基督的面貌上，所閃耀的天主的光榮的知識，來光照別人。」

「但我們是在瓦器中存有這寶貝，為彰顯那卓著的力量是屬於天主，並非出於我們。我們在各方面受了磨難，卻沒有被困住；絕了路，卻沒有絕望；被迫害，卻沒有被棄捨；被打倒，卻沒有喪亡；身上時常帶著耶穌的死狀，為使耶穌的生活也彰顯在我們身上。的確，我們這些活著的人，時常為耶穌的緣故被交於死亡，為使耶穌的生活也彰顯在我們有死的肉身上。這樣看來，死亡施展在我們身上，生活卻施展在你們身上。」（格林多後書 第四章第一─十二節）

「如今我在為你們受苦，反覺高興，因為這樣我可在我的肉身上，為基督的身體─教會，補充基督的苦難所欠缺的；我依照天主為你所授與我的職責，作了這教會的僕役，好把天主的道理充分地宣揚出去，這道理就是從世世代代以來所隱藏，而如今卻顯示給他的聖徒的奧秘。天主願意他們知道，這奧秘為外邦人是有如何豐盛的光榮，這奧秘就是基督在你們中，作了你們得光榮的希望。我們所傳揚的，就是這位基督，因而我們以各種智慧，勸告一切人，教訓一切人，好把一切人，呈獻於天主前，成為在基督內的成全人；我就是為這事而勞苦，按他以大能在我身上所發動的力量，盡力奮鬥。」（哥羅森書 第一章第二十四—二十九節）

基督創立了自己的教會，教會不是普通社會團體，由團員結合而成，而是超性的實體，稱爲基督的妙體，由基督天主聖言所創立，祂聲明以聖伯鐸爲教會的磐石，在聖伯鐸磐石上建立自己的教會，祂召選了十二位門徒，作爲教會的柱石，立定了聖事，以聖洗聖事爲進入教會的門限，成爲教會的份子，爲得新生命的泉源。

宗徒們爲教會的基石和棟樑，由他們支構教會大廈。教會爲基督的妙體，基督是頭，宗徒爲妙體的主幹。

十二宗徒分佈各方，宣傳福音，設立各地的地方教會，委派了繼任自己職位的人，這些人稱爲司牧或長老，我們稱爲主教。

敬禮聖職

「司牧與信友間的義務　所以我這同為長老的，為基督苦難作證的，以及同享那將要顯示的光榮的人，勸勉你們中間的眾長老：你們務要牧放天主托付給你們的羊群；盡監督之職，不是出於不得已，而是出於甘心，隨天主的聖意；也不是出於貪卑鄙的利益，而是出於情願；不是做托你們照管者的主宰，而是做群羊的模範；這樣，當總司牧出現時，你們必要受那不朽的榮冠。」

（伯鐸前書　第五章第一—四節）

「所以我們可以放心大膽地說：『有上主保護我，我不畏懼；人能對我怎樣？』你們應該記念那些曾給你們講過天主的道理，作過你們領袖的人，默想他們的生死，好效法他們的信德。耶穌基督昨天、今天、直到永遠，常是一

樣。不可因各種異端道理而偏離正道；」（希伯來書 第十三章第六—九節）

在基督的教會內有各種的職務，如同基督自己所說：在上的要用心爲在下的服務，作司牧的要如同好牧人，用心照顧自己的羊群。

宗徒們在書信裏，常對信徒表現爲人父的心腸，他們愛信徒如同父親愛兒子，平信徒教友和聖職員的關係，是互相愛護的關係，彼此的心都看著基督。聖職員代替基督施行聖事，以爲基督服務的心行事，看教友爲基督救贖大業的對象，謹慎地使救恩能有實效。教友看聖職員爲基督的替身，予以愛敬。

在天主教會有基督所設立的聖統制，全教會由教宗治理，每個教區由主教治理，第二世紀殉道聖依納爵和聖波里加爾波都囑咐教友，沒有主教同意，不干預教區的事，對於主教要敬重爲基督的代表。

聖職自省

「你們豈不知道為聖事服務的，就靠聖殿生活；供職於祭壇的，就分享祭壇上的物品嗎？主也這樣規定了，傳福音的人，應靠福音而生活。可是，這些權利我一樣也沒有用過，我寫這話，並非要人這樣對待我，因為我寧願死，也不願讓人使我這誇耀落了空。我若傳福音，原沒有什麼可誇耀的，因為這是我不得已的事；我若不傳福音，我就有禍了。假使我自願作這事，便有報酬；若不自願，可是責任已委託給我。這樣看來，我的報酬是什麼呢？就是傳佈福音時白白地去傳，不享用我在傳福音上所有的權利。我原是自由的，不屬於任何人；但我卻使自己成了眾人的奴僕，為贏得更多的人。對猶太人，我就成為猶太人，為贏得猶太人；對於在法律下的人，我雖不在法律下，仍成為在法律下的人，為贏得那在法律下的人，對那些法律以外的人，我就成為法律以外的人，為贏得那些法律以外的人；其實，我並不在天主的法律以外，而是在基督的法律之下。對軟弱的人，我就成為軟弱的，為贏得那軟弱的人；對一切人，我就成為一切，為的是總要救些人。我所行的一切，都

是為了福音，為能與人共沾福意的恩許。」（格林多前書 第九章第十三—二十三節）

「信德生活的眞正目的　至於你，天主的人哪！你要躲避這些事；但要追求正義、虔誠、信德、愛德、堅忍和良善，要奮力打這場有關信仰的好仗，要爭取永生；你正是為此而蒙召，並為此在許多證人前宣示了你那美好的誓言。我在使萬有生活的天主前和曾對般雀比拉多宣過美好誓言的基督耶穌前命令你，務要保守這訓令，不受玷污，無可指摘，直到我們的主耶穌基督的顯現；在預定的時期使人看見這顯現的，是那眞福，惟一全能者，萬王之王，萬主之主，是那獨享不死不滅，住於不可接近的光中，沒有人看見過，也不能看見的天主。願尊崇和永遠的威權歸於他！阿們。」（弟茂德前書 第六章第十一—十六節）

「因為我們成了供世界、天使和世人觀賞的一場戲劇。我們為了基督成了愚妄的人，你們在基督內卻成了聰明的人。我們軟弱，你們卻強壯；你們受尊敬，我們受羞辱。直到此時此刻，我們仍是忍饑受渴，衣不蔽體，受人拳打，居無定所，並且親手勞碌操作。被人咒罵，我們就祝福；被人迫害，我們就忍受；被人誹謗，我們就勸戒；直到現在，我們仍被視為世上的垃圾和人們的廢物。」

「勸格林多人效法自己　我寫這話，並不是為叫你們羞愧，而是為勸告你們，就如同勸告我所親愛的孩子一樣，因為你們縱然在基督內有上萬的教師，但為父親的卻不多，因為是我在基督耶穌內藉福音生了你們。所以我求你們：你們要效法我！為了這個緣故，我打發弟茂德到你們那裏去，他在主內是我親愛和忠信的孩子，他要使你們想起我在基督內怎樣行事，和我到處在各教會內所教導的。」（格林多前書　第四章第九—十七節）

聖職員爲天父所召選，爲基督的教會服務，宣傳基督的福音，指示歸向天父的道路。聖職員便要時時反省，認清自己的職責，要忠於自己的聖召。聖保祿宗徒說明聖職員乃是供世界、天使和世人觀賞的一場戲劇，萬雙眼睛都看著他，看他是否實踐基督的福音。聖職員不是在金錢上、在名位上，要超出別人，而是在生活的樸素上、行爲的節制上、品格的清高上，高人一等，聖職員要有信心作世人的光。在紛亂和污濁的社會裏，代表真理、代表道德，不怕衣服粗，吃食淡，臥房簡陋，不怕被人鄙視爲世上的垃圾，心中則常有基督，常爲福音工作，使人共沾福音的恩許。

努力傳道

「其實，阿頗羅算什麼？保祿算什麼？不過只是僕役，使你們獲得信仰，每人照主所指派的而工作：我栽種，阿頗羅澆灌，然而使之生長的，卻是天主。可見，栽種的不算什麼，澆灌的也不算什麼，只在那使之生長的天主。所以栽種的和澆灌的原是一事，不過各人將要按自己的勞苦領受自己的賞報。我們原是天主的助手，你們是天主的莊田，是天主的建築物。」（格林多前書 第三章第五—九節）

「感謝天主時常使我們在基督內參與凱旋的行列，並藉我們在各處播揚認識基督的芬芳；因為我們就是獻與天主的基督的馨香，在得救的人中是，在喪亡的人中也是；但為後者，是由死入死的芬芳；為前者，卻是由生入生的芬芳。對這樣的工作，誰夠資格呢？至少我們不像那許多人為利而混亂了天主的道理；我們宣講乃是出於眞誠，出於天主，當著天主的面，在基督內。」

（格林多後書 第二章第十四—十七節）

「我在天主和那要審判生死者的基督耶穌前，指責他的顯現和他的國，懇求你；務要宣講眞道，不論順境逆境，總要堅持不變；以百般的忍耐和各樣的教訓去反駁，去斥責，去勸勉。因為時候將到，那時人不接受健全的道理，反因耳朵發癢，順從自己的情慾，為自己聚攏許多師傅；且掩耳不聽眞理，偏去聽那無稽的傳說。至於你，在一切事上務要謹慎，忍受艱苦，作傳揚福音的工作，完成你的職務。」（弟茂德後書 第四章第一—五節）

基督在升天前一刻，訓示宗徒們，要到全世界，向一切的人宣傳福音，引人領洗。在遭難的前一晚，在晚餐席上，基督向宗徒們說：「我派遣你們，如同天父派遣了我。」宗徒們從基督接受了救贖的使命，他們把這種使命傳給了繼任的人，聖職員便都負有傳道救人的責任。

聖保祿曾經說：假使他不宣傳福音，他是有禍的，將受基督的責罰。聖職員無論在那種環境裏，都不能忘記了這項重大的責任。自身的言行，要是奉獻於天主基督的馨香，放出由死入生的芬芳。

聖言全能

「天主的話確實是生活的，是有效力的，比各種雙刃的劍還銳利，直穿入靈魂和神魂，關節與骨髓的分離點，且可辨別心中的感覺和思念。沒有一個受造物，在天主面前不是明顯的，萬物在他眼前都是袒露敞開的，我們必須向

他交賬。」（希伯來書 第四章第十二－十三節）

聖職員負責所傳的福音，是天主的聖言，聖言出自天主，具有天主的德能，能深入人心，能動人意志，促成行為。

基督在福音上說：天地要過去，天主的話是長存在的。天主的話必不空出，必要實現所言，取得成果。但是人有自由，可以拒絕天主的話。基督在福音上說過撒種子的譬喻，撒出的種子，只有落在好地裏，有陽光雨水的滋潤，結出果實。

人的自由，所負的責任，非常重大，拒絕天主的聖言，也就是拒絕聖神，拒絕聖神的罪，基督說明是不可赦免的。

確實記據

「我們將我們的主耶穌基督的大能和來臨，宣告給你們，並不是依據虛構的荒誕的故事，而是因為我們親眼見過他的威榮。他實在由天主接受了尊敬和光榮，因那時曾有這樣的聲音，從顯赫的光榮中發出來，向他說：『這是我的愛子，我所喜悅的。』這來自天上的聲音，是我們同他在那座聖山上的時候，親自聽見的。」（伯鐸後書 第一章第十六—十八節）

「論到那從起初就有的生命的聖言，就是我們聽見過，我們親眼看見過，瞻仰過，以及我們親手摸過的生命的聖言—這生命已顯示出來，我們看見了，也為他作證，且把這原與父同在，且已顯示給我們的永遠的生命，傳報給你們—我們將所見所聞的傳報給你們，為使你們也同我們相通；原來我們是同父和他的子耶穌基督相通的。我們給你們寫這些事是為叫我們的喜樂得以圓滿。」（若望一書 第一章第一—四節）

宗徒們親身同基督，三年在一起生活，親耳聽見基督的講道，親眼看見基督顯靈，他們後來所宣講的福音，都是親身的經歷，有確實的證據。聖伯鐸聲明自己所講的，不是虛構的荒誕故事，而是他自己親自見過耶穌的威榮。聖若望也說明，所宣傳的聖言，是自己聽見過，親眼看見過，親手摸過的。一部福音，真是歷史的事實，不能神話。

有人說，爲什麼現在我們不見靈蹟，不能提出靈蹟來作證我們所宣傳的？這是因爲我們宣傳福音，福音的證據是基督的靈蹟，靈蹟的證據，是親眼見過的宗徒們，用不著我們來證明。

三、接受救恩

接受聖道

「你們既然接受了基督耶穌為主，就該在他內行動生活，在他內生根修建，堅定你們所學得的信德，滿懷感恩之情。你們要小心，免得有人以哲學，以虛偽的妄言，按照人的傳授，依據世俗的原理，而不是依據基督，把你勾引了去。因為是在基督內，眞實地住有整個圓滿的天主性，你們也是在他內得到豐滿。他是一切率領者和掌權者的元首，你們也是在他內受了割損，但不是人手所行的割損，而是基督的割損，在乎脫去肉慾之身。你們既因聖洗與他一同埋葬了，也就因聖洗，藉著信德，即信使他由死者中復活的天主的能力，與他一同復活了。你們從前因了你們的過犯和未受割損的肉身，原是死的；但天主卻使你們與基督一同生活，赦免了我們的一切過犯：塗抹了那相反我們，告發我們對誡命負債的債券，把它從中除去，將它釘在十字架上；解除了率領者和掌權者的武裝，把他們公然示眾，仗賴十字架，帶著他們舉行凱旋的儀式。」（哥羅森書 第二章第六—十五節）

聽了基督的福音，誠心接受，虔敬地相信所接受的不是傳道人的思想，而是天主的聖言是聖神的啓示，是天主的德能，是人生的大道。

接受福音，知道自己生命的來源，生命的價值，生命的目的，生命的歸宿。生命由天主所造，由基督救主重新改建，福音所給的生命是基督的生命，這種新生命歸向天主。

接受福音的生命，是接受基督，接受和基督結成一體和基督一同生活。

聖洗聖事

「難道你們不知道：我們受過洗歸於基督耶穌的人，就是受洗歸於祂的死亡嗎？我們藉著洗禮已歸於死亡與祂同葬了，為的是基督怎樣藉著父的光榮，從死者中復活了，我們也怎樣在新生活中度生，如果我們藉著同祂相似的死亡，已與祂結合，也要藉著同祂相似的復活與祂結合，因為我們知道，我們的舊人已與他同釘在十字架上了，使那屬罪惡的自我消逝。」（羅瑪人書　第六章第三—六節）

接受了福音，願意追隨基督成祂的門徒，乃領受洗禮。洗禮用聖父聖子聖神的名，用水洗受洗者的頭，在洗禮中，聖神赦免受洗者的原罪和本罪，以基督的生命分給受洗者，賞賜信望愛三愛，使受洗者成爲天主的義子女，聖保祿用譬喻解釋聖洗的實效，受洗者同基督一樣死亡，同基督一樣復活，死於身體的肉慾生命，復活於心靈的超性新生命。受洗以前，專於身體的生命，受洗以後，專於心靈的生命，在上面所引的同一章，聖保祿論聖洗結語說：「但該將自己獻於天主，有如從死中復活的人，將你們的肢體獻於天主，當作正義的武器。」（第十三節）又在哥羅森書說：「欣然感謝那使我們有資格，在光明中分享聖徒福分的天父，因爲是祂從黑暗的權勢下救出了我們，並將我們移置在祂愛子的國內，我們且在祂內得到了救贖，獲得了罪赦。」（第一章第十二—十四節）

得沾救恩

「願我們的主耶穌基督的天主和父受讚美！他因自己的大仁慈。藉耶穌基督由死者中的復活，重生了我們，為獲得那充滿生命的希望，為獲得那為你們已存留在天上的不壞、無瑕、不朽的產業，因為你們原是為天主的能力所保護，為使你們藉著信德，而獲得那已準備好，在最後時期出現的救恩。為此，你們要歡躍，雖然如今你們暫時還該在各種試探中受苦，這是為使你們的信德，得以精煉，比經過火煉而仍易消失的黃金，更有價值，好在耶穌基督現顯時，堪受稱識、光榮和尊敬。你們雖然沒有見過他，卻愛慕他；雖然你們如今仍看不見他，還是相信他；並且以不可言傳，和充滿光榮的喜樂而歡躍，因為你們已把握住信仰的效果：靈魂的救恩。關於這救恩，那些預言了你們要得恩寵的先知們，也曾經尋求過，考究過。就是考究那在他們內的基督的聖神，預言那要臨於基督的苦難，和以後的光榮時，指的是什麼時期，或怎樣的光景。這一切給他們啓示出來。並不是為他們自己，而是為給你們服務：這一切，如今藉著給你們宣傳福音的人，依賴由天上派遣來的聖神，

傳報給你們；對於這一切奧蹟，連眾天使也都切望窺探。」（伯鐸前書　第一章第三—十二節）

宗徒們常強調救恩的偉大，和救恩的高貴；因爲救恩乃是天父因預見基督捨生的聖血，預定我們而得救。

受洗的人，常想是自己願意進教，自己願意領洗。卻不想你聽道的機會原是天主安排的：你願意受洗，更是天主激發的，聖若望宗徒所以說：是天主先愛了我們，不是我們先愛了天主。受洗而得沾救恩，乃是天主的恩惠。

救恩使我們得救：得救把我們因著原罪而與天主相敵對的境遇中，解放出來，使我們成爲天主的義子，天主施給我們聖寵，遣派聖神引導並支持我們行善，又用聖事協助往天國的路，身後後升天國。

別的宗教信徒，若本人行善避惡，不故意不信天主，天主也將使他們得救，但得救的機會不容易。

天主子女

「弟兄們！這樣看來，我們並不欠肉性的債，以致該隨從肉性生活。如果你們隨從肉性生活，必要死亡；然而，如果你們依賴聖神，去致死肉性的妄動，必能生活，因為凡受天主聖神引導的，都是天主的子女。其實，你們所領受的聖神，並非使你們作奴隸，以致仍舊恐懼；而是使你們作義子。因此，我們呼號：『阿爸，父呀！』聖神親自和我們的心神一同作證：我們是天主的子女。我們既是子女，便是承繼者，是天主的承繼者，是基督的同承繼者；只要我們與基督一同受苦，也必要與他一同受光榮。」（羅瑪人書　第八章第十二—十七節）

「請看父賜給我們何等的愛情，使我們得稱為天主的子女，而且我們也眞是如此。世界所以不認識我們，是因為不認識父。可愛的諸位，現在我們是天主的子女，但我們將來如何，還沒有顯明；可是我們知道：一顯明了，我們必要相似他，因為我們要看見他實在怎樣。所以，凡對他懷著這希望的，必聖潔自己，就如那一位是聖潔的一樣。凡是犯罪的，也就是作違法的事，因為罪過就是違法。你們也知道，那一位曾顯示出來，是為除免罪過，在他身上並沒有罪過。凡存在他內的，就不犯罪過；凡犯罪過的，是沒有看見過他，也沒有認識過他。」(若望一書 第三章第一—六節)

受洗成爲天主的子女，受洗、信從基督，天主聖神赦免受洗者的原罪和本罪，使他和基督結成一體，成爲基督妙體的肢體，取得基督的天主性生命，基督按天主性是天主的聖子，同祂結成一體的信徒，便是天主的子女，不是天主所生的子女，而是因著聖子結合的妙體的義子女。

義子女因有基督的天主性生命，能夠相稱的認識天主，愛天主，最後在天堂永遠和天主同在，聖保祿說這是如同兒子繼承父親的產業：天堂的永福，即是天主的產業。

天堂永福是面對面見到天主，欣享天主的真美善，在世上，信徒從信德中相信天主，在天堂上則是當面見到天主。

舊人新人

「為此我說，且在主內苦勸你們，生活不要再像外邦人，順隨自己的虛妄思念而生活；他們的理智受了蒙蔽，因著他們的無知和固執，與天主的生命隔絕了。這樣的人既已麻木，便縱情恣慾，貪行各種不潔。但你們卻不是這樣學了基督。如果你們眞聽過他，按照在耶穌內的眞理，在他內受過教，就該脫去你們照從前生活的舊人，就是因順從享樂的慾念而敗壞的舊人，應在心思念慮上改換一新，穿上新人，就是按照天主的肖像所造，具有眞實的正義和聖善的新人。」（厄弗所書 第四章第十七—二十四節）

領了洗的人，覺得自己沒有什麼改變，心裏雖然感到欣慰和平安，身體和心靈的思想情感，仍和領洗以前一樣，但是實際上有了重大的改變。領洗以前是負有原罪的人，生活在世界以內，領了洗以後，罪惡赦免了，獲得了耶穌基督天主性的生命，成了一個超越世界的人，以天主爲生活的目的，所以聖保祿以互相強烈對照的舊人和新人，來說明領洗前後的身價，領洗以前的舊人，是專於身體生活的人，生活不出乎現世的享受；領洗以後的新人，專於心靈生活的人，以身體生活爲心靈生活而活，生活的目的在愛天主，遵守天主的規誡，努力成爲真實正義而聖善的人。

教友身份

「至於你們，你們卻是特選的種族，王家的司祭，聖潔的國民，屬於主的民族，為叫你們宣揚那由黑暗中召叫你們，進入他奇妙之光者的榮耀，你們從前不是天主的人民，如今卻是天主的人民；從前沒有蒙受愛憐，如今卻蒙受了愛憐。」（伯鐸前書 第二章第九—十節）

「你們豈不知道，不義的人不得承繼天主的國嗎？你們不要自欺：無論是淫蕩的、或拜偶像的、犯姦淫的、作孌童的、好男色的、偷竊的、貪婪的、酗酒的、辱罵人的、勒索人的，都不能承繼天主的國。你們中從前也有這樣的人，但是你們因著【我們的】主耶穌基督之名，並因我們天主的聖神，已經

洗淨了，已經祝聖了，已經成了義人。」（格林多前書 第六章第九—十一節）

猶太人曾經認爲自己是天主所選的民族，其他的民族都在他們以下，救贖的恩惠要經過猶太族而取得，聖保祿指責這是一種虛僞的自大心理。

受洗信從基督的人，是天主所召選的，是得救的人，而且和基督結成一體，分有基督的身份。聖伯鐸指明是「特選的種族、王者的司祭、聖潔的國民，屬於主的民族」。這些頭銜不是爲增加自己傲氣，而是爲加重自己的責任感，自己知道是屬於天主的民族，便該修身自好，行爲斂點，較比不受洗的人更好。

聖保祿聲明不以福音爲恥，基督信徒也就不以福音爲恥。不以自己是基督信徒而自羞。反之，要以不能表現是名符其實的基督信徒爲恥。

信友責任

「因為我們認識了那藉自己的光榮和德能，召叫我們的基督，基督天主性的大能，就將各種關乎生命和虔敬的恩惠，賞給了我們，並藉著自己的光榮和德能，將最大和寶貴的恩許賞給了我們，為使你們藉著這些恩許，在逃脫世界上所有敗壞的貪慾之後，能成為有分於天主性體的人。正為了這個原故，你們要全力奮勉，在你們的信仰上還要加毅力，在毅力上加知識，在知識上加節制，在節制上加忍耐，在忍耐上加虔敬，在虔敬上加兄弟的友愛，在兄弟的友愛上加愛德。實在，這些德行如果存在你們內，且不斷增添，你們決不致於在認識我們的主耶穌基督上，成為不工作，不結果實的人，因為那沒有這些德行的，便是瞎子，是近視眼，忘卻了他從前的罪過已被清除。為此，弟兄們，你們更要盡心竭力，使你們的蒙召和被選，賴善行而堅定不移；倘若你們這樣作，決不會跌倒。的確，這樣你但便更有把握，進入我們的主和救主耶穌基督永遠的國。」（伯鐸後書 第一章第三—十一節）

基督的信徒，受洗而成爲天主的子民，獲得天主義子女的名份，取得領取聖事的權利，同時，也負上了多種的責任。

第一、遵守誡命，勉力成聖的責任，既信仰基督，當然要順從基督的順示。

第二、分擔王者司祭的責任，奉獻祭祀和行聖事，有基督選派的專業司祭。普通信徒，則有讚頌天主的職務，要常祈禱。

第三、信徒彼此互相愛的責任，信徒都屬基督妙身的肢體，要休戚相關。

第四、傳揚福音，基督的福音乃爲一切人的得救。基督信徒，都應以言以行，傳揚福音的愛心。以福音的愛參加家庭、社會、國家的各種工作。

基督妙體

「就如身體只是一個，卻有許多肢體；身體所有的肢體雖多，仍是一個身體：基督也是這樣。因為我們眾人，不論是猶太人，或是希臘人，或是為奴的，或是自主的，都因一個聖神受了洗，成為一個身體，又都為一個聖神所滋潤。原來身體不只有一個肢體，而是有許多。如果腳說：『我既然不是手，便不屬於身體；』它並不因此就不屬於身體。如果耳說：『我既然不是眼，便不屬於身體；』它並不因此就不屬於身體。若全身是眼，那裏有聽覺？若全身是聽覺，那裏有嗅覺？但如今天主卻按自己的意思，把肢體個個都安排在身體上了。假使全都是一個肢體，那裏還算身體呢？但如今肢體雖多，身體卻是一個。眼不能對手說：『我不需要你；』同樣，頭也不能對腳說：『我不需要你們。』不但如此，而且那些似乎是身體上比較軟弱的肢體，卻更為重要；並且那些我們以為是身體上比較欠尊貴的肢體，我們就越發加上尊貴的裝飾，我們不端雅的肢體，就越發顯得端雅。至於我們端雅的肢體，就無須裝飾了。天主這樣配置了身體，對那缺欠的，賜以加倍的尊貴，免得在身體內發生分裂，反使各肢體彼此互相關照。若是一個肢體受苦，所有的肢體都一同受苦；若是一個肢體蒙受尊榮，所有的肢體都一同歡樂。」

「神恩各有其作用　你們便是基督的身體，各自都是肢體，天主在教會內所設立的：第一是宗徒，第二是先知，第三是教師，其次是行異能的，再次是有治病奇恩的、救助人的、治理人的、說各種語言的。眾人豈能都做宗徒？豈能都做先知？豈能都做教師？豈能都行異能？豈能都有治病的奇恩？豈能都說各種語？言豈能都解釋語言？你們該熱切追求那更大的恩賜。我現在把一條更高超的道路指給你們。」（格林多前書 第十二章第十二—三十一節）

人類由原祖流傳下來，因血脈而相通，基督救贖再造的新人，因聖寵而互相連。聖寵是天主賦與新生命的生命力，信徒因著聖寵和基督相遠，又和信徒彼此相連，彼此都是同一的超性生命，成爲一個超性的妙體，基督爲妙體的頭。

妙體的肢體互相連繫，不能脫離，脫離便沒有生命。

妙體的肢體互相服務，彼此幫助，同甘同苦。

妙體的肢體，各有自己的職位，自己的工作。教會具有自己的聖統制，職位工作可以互助，但不能混亂。

聖神的恩惠，也發動各種工作，然要在教會的制度內，一切都有次序。

基督首領

「所以我這在主內為囚犯的懇求你們，行動務要與你們所受的寵召相稱，凡事要謙遜、溫和、忍耐，在愛德中彼此擔待，盡力以和平的聯繫，保持心神的合一，因為只有一個身體和一個聖神，正如你們蒙召，同有一個希望一樣。只有一個主，一個信德，一個洗禮，只有一個天主和眾人之父，他超越眾人，貫通眾人，且在眾人之內，但我們各人所領受的恩寵，卻是按照基督賜恩的尺度，為此經上說：『他帶領俘虜，升上高天，且把恩惠賜與人。』說他上升了，豈不是說他曾下降到地下嗎？那下降的，正是上升超乎諸天之上，以充滿萬有的那一位，就是他賜與這些人作宗徒，那些人作先知，有的作傳福音者，有的作司牧和教師，為成全聖徒，使之各盡其職；為建樹基督的身體，直到我們眾人都達到對於天主子，有一致的信仰和認識，成為成年人，達到基督圓滿年齡的程度；使我們不再做小孩子，為各種教義之風所飄盪，所捲去，而中了人的陰謀，陷於引入荒謬的詭計；反而在愛德中持守眞理，在各方面長進，而歸於那為元首的基督，本著他，本身都結構緊湊，藉著

各關節的互相補助，按照各肢體的功用，各盡其職，使身體不斷增長，在愛德中將它建立起來。」（厄弗所書 第四章第一－十六節）

「他又是身體─教會的頭：他是元始，是死者中的首生者，為使他在萬有之上獨佔首位，因為天主樂意叫整個的圓滿居在他內，並藉著他使萬有，無論是地上的，是天上的，都與自己重歸於好，因著他十字架的血立定了和平。」（哥羅森書 第一章第十八－二十節）

一個身體首領是頭腦，或者有人說一個人的身體，以心臟爲中心，心主掌一切，但是心有知覺思索才能主宰，知覺思索乃是頭腦的事。基督妙體的首領是基督，祂是妙體的頭。妙體的生命，由基督而來，由基督而維持，基督妙體的心乃是聖神。

在人世界間，教會是個有形的組織，由人所組成。爲維持這個組織，第一由同一的信仰，第二由基督所立的聖統連繫。但教會在精神方面，則是一個超性的精神組織，爲維持這個組織，由基督派遣聖神給予教會生命，由聖神發動精神生活；基督又立了聖事，灌輸精神生命的力量，無論在有形和無形方面，教會都由基督主宰，不能脫離基督。

四、救恩生活

成聖責任

「你們要像那召叫你們的聖者一樣，在一切生活上都是聖的，因為經上記載：『你們應是聖的，因為我是聖的。』」（伯鐸前書 第一章第十五—十六節）

領洗的人，乃是聖者，即是聖人。在我們中國人聽來這是誇大，這是不可能的，因爲聖人，在中國人的心目中，乃心無慾情，表現天理、品德十全十美的偉人，孔子之後，沒有另見聖人。但是在天主教會中，聖人是奉獻於天主的人，不爲世人世物所用。而是爲供天主用，一個人領洗入教，死於了以前的舊人，新生於基督的生命，成爲屬於天主的新人，新人奉獻了自己於天主，所以成爲聖者，成爲聖化的人，不是俗人。

但是屬於天主的人，必須遠離罪惡，控制慾情，一心以天主的誡命爲規矩，在行爲上，要清潔，要守義，要勉力行善，走向中國所說的聖賢品格。教會所恭敬的聖人，就是這等高尚品格的人，凡是領洗的人，都有責任往這種目的走。

認識基督

「你們要對天主的旨意有充分的認識，充滿各種屬神的智慧和見識，好使你們的行動相稱於主，事事叫他喜悅，在一切善功上結出果實，在認識天主上獲得進展。」（哥羅森書　第一章　第九—十節）

一位信從基督的信徒，對於基督，應該具有充分的認識。基督是天主聖子，認識聖子就認識聖父，聖父是造生宇宙萬物的天主，是我們生命的根源，是我們信仰的對象，耶穌曾經教訓宗徒們要經由祂而到聖父，要由祂領我們到聖父，我們便應認識基督而認識聖父。基督是我們的救主是我們得救的道路，我們爲能得救，便要認識耶穌基督的教訓，好能追隨祂。

基督的教訓，在福音以內，在宗徒們的書信裏，福音和宗徒書信合成新約的聖經，新約聖經就應是我們日常誦讀的書，舊約聖經，爲基督降生的預言，指引走向基督的路。

誦讀聖經，爲我們信主的人，該是日常的生活。

愛慕基督

「誰能使我們與基督的愛隔絕？是困苦嗎？是窘迫嗎？是迫害嗎？，是飢餓嗎？是赤貧嗎？是危險嗎？是刀劍嗎？然而靠著那愛我們的主，我們在一切事上都已獲全勝。」（羅瑪人書　第八章第三十五—三十七節）

認識基督，不是研究學術的知識，也不是一般人的常識，而是愛慕基督的知識，我們認識自己的父母越多，越愛父母，越認識自己的老師越多，越愛老師。問題祇在父母是不是好的人，老師是不是好的，他們愛不愛我們，耶穌基督是天主的聖者，爲救我們而捨生，是位好牧童，日常好心照顧、保護我們。我們越認識祂的愛心，我們越加愛祂。

聖保祿宗徒，爲宣傳基督的福音，整個的人都投在這種工作裏，爲基督甘願承擔各種痛苦的遭遇，他聲明沒有任何痛苦，任何威力，可以使他不愛基督，他的生活是和基督相連的生活，以愛基督爲自己的生命。

同主生活

「為能生活於天主，我已同基督被釘在十字架上了，所以，我生活已不是我生活，而是基督在我內生活。我現今在肉身內生活，是生活在對天主子的信仰內，他愛了我，且為我捨棄了自己，我決不願使天主的恩寵無效。」（迦拉達書 第二章第十九－二十一節）

相愛的生活，是彼此相連的生活，人世的人，無論怎樣相愛，每個人常是獨立的人，就是夫妻兩人合成一體，兩個人的身體心靈，還不能完全合成一個，丈夫不能把自己的心，放進妻子的胸腔裏，妻子女不能把自己的心，放進丈夫的胸腔裏，祗是在心理上，彼此的心相合爲一。

基督是天主，復活以後，身體也是精神，無所不在，無所不入，祂能進入我們的心裏。而且祂說過，我們愛祂，祂要同天父進到我們心中，作爲自己的寓所。

聖保祿乃說，他的生命和基督的生命，合成一個生命，他活著，是基督在他身裏活著。他所想的，是基督所想的；所愛的，是基督所愛的；所作的，是基督所作的，這種生活，乃是信徒的完美生活。

聖神保證

「你們信從了福音，並且在祂內受了恩許聖神的印證；這聖神是我們得嗣業的保證，為使天主所置為嗣業的子民，蒙受完全的救贖，為頌揚祂的光榮。」（厄弗所書 第一章第十三—十四節）

領洗的聖事，給領洗的人一個精神的印記，如同古來有一種酷刑，在犯人臉上，用刀刻字，用墨摸出，領洗的印記則是刻在靈魂上精神印記，表示領洗者已領洗，堅振聖事，也給一個精神印記。司祭品聖事，也給一個印記，這些精神印記，由天主聖神所刻記。聖神印刻靈魂一種印記，給一種權利，一種保證，領洗者，是天主的義子女，有繼承天主嗣業的權利，爲得嗣業乃有權利取得教會聖事的幫助，領堅振，爲聖強信德，取得聖神七種神恩。領司祭聖品，取得獻祭和佈道施行聖事的權利。聖神用印記立定印記的權利，也作爲權利的保證。

聖神引導

「你們若隨聖神的引導行事，就決不會去滿足本性的私慾，因為本性的私慾相反聖神的引導，聖神的引導相反本性的私慾。」（迦拉達書 第五章第十六—十七節）

「聖神的效果卻是：仁愛，喜樂，平安，忍耐，良善，溫和，忠信，柔和，節制。如果我們因聖神而生活，就應隨從聖神的引導而行事。」（同上，第二十二—二十三—二十五節）

在基督信徒的生活裏，聖神不僅保證信徒的精神權利，而且引導他們，度信徒的生活。領了洗的人，他本性的心物合一的生命就沒有改變，祗在他的心靈提攝到基督的天主性生活中，可以信仰天主，可以愛天主。但是他的身體的慾情仍然存在，仍然引他追求身體生活的享受。天主聖神引導領了洗的基督信徒，遵守天主的誡命，克制肉慾普通的人，都受到自己以內有靈肉的衝突，有如孔子所說：有義利之爭。領了洗的基督信徒，更感到這種衝突，不僅肉慾引人向惡，魔鬼也誘人向惡，天主聖神便引導他抵抗魔鬼，節制肉慾，乃能有仁愛、和平、忍耐、忠信、潔淨的善德。

聖神宮殿

「藉著他，我們雙方在一個聖神內，纔得以進到父面前。所以你們已不再是外方人或旅客，而是聖徒的同胞，是天主的家人；已被建築在宗徒和先知的基礎上，而基督耶穌自己卻是這建築物的角石，靠著他，整個建築物結構緊湊，逐漸擴大，在主內成為一座聖殿；並且靠著他，你們也一同被建築，因著聖神，成為天主的住所。」（厄弗所書 第二章第十八—二十二節）

「你們不知道，你們是天主的宮殿，天主聖神住在你們內嗎？誰若毀壞天主的宮殿，天主必要毀壞他，因為天主的宮殿是聖的，這宮殿就是你們。誰也不要自欺：你們中若有人在今世自以為是有智慧的人，該變為一個愚妄的人，為成一個有智慧的人，因為這世界的智慧在天主前原是愚妄。」（格林多前書 第三章第十六—十九節）

人的身體，由父母的血肉所成，人的靈魂，由天主直接按自己肖像所造，領了洗靈魂被攝進基督的天主性生命，靈魂的基督天主性生命，擴到身體的生命，使身體也有超性生命的價值。基督信徒整個的一個人，成爲基督妙體的肢體。同樣，基督妙體如同一座大殿，基督信徒充當大殿的建築磚石，妙體和聖殿，都有天主在裏面，所以基督的身體，稱爲天主的宮殿，另外稱爲聖神的宮殿，因爲聖洗以後的聖化工作，都由聖神激發而完成，聖神乃常在信徒的身內。再者，耶穌曾經說過，祂和天父，要住在信徒的心中。因此，基督信徒的身體是經過洗禮的水所淨化的，經過聖神所聖化的，身內常有天主聖三。聖保祿宗徒特別強調，絕不可淫污自己的身體。

聖神代禱

「再說承繼人幾時還是孩童，雖然他是一切家業的主人，卻與奴隸沒有分別，仍屬於監護人和代理人的權下，直到父親預定的期限。同樣，當我們以前還作孩童的時候，我們是隸屬於今世的蒙學權下；但時期一滿，天主就派遣了自己的兒子來，生於女人，生於法律之下，為把在法律之下的人贖出來，使我們獲得義子的地位，為證實你們確實是天主的子女，天主派遣了自己兒子的聖神，到我們心內喊說：『阿爸，父啊！』所以你已不再是奴隸，而是兒子了；如果是兒子，賴天主恩寵，也成了承繼人。」（迦拉達書 第四章第一—七節）

「同時，聖神也扶助我們的軟弱，因為我們不知道我們如何祈求纔對，而聖神卻親自以無可言喻的嘆息，代我們轉求。那洞悉心靈的天主知道聖神的意願是什麼，因為祂是按照天主的旨意代聖徒轉求。」（羅瑪人書 第八章第二十六—二十七節）

天主住在我們心內，我們便要同天主交談，向天主祈禱。普通心裏的事情和念慮多的很，想不起有天主在心中。想起來了，又不知道怎麼向天主講話。天主聖神在冥冥中會引導我們想起天主，默默啓示我們，祈禱的經文。但這要我們有好心，願意歸向天主，若沒有好心，天主聖神不會強迫我們。又要我們不自以為知道向天主祈禱，乃靜靜地求聖神相助。聖神便指導我們祈禱，且代我們祈禱。

聖神不會給我們製造長篇闊論的祈禱文，也不會製造高妙的美麗的禱詞，聖神教給我們的祈禱必定是簡單地、誠懇地，從心裏向天父表示兒女孝愛的心情。

聖神安慰

「願我們的主耶穌基督的天主和父，仁慈的父和施與各種安慰的天主受讚揚，是他在我們的各種磨難中，常安慰我們，為使我們能以自己由天主所親受的安慰，去安慰那些在各種困難中的人。因為基督所受的苦難，加於我們身上的越多，我們藉著基督，所得的安慰也越多。我們如果受磨難，那是為叫你們受安慰與得救；我們如果受安慰，那也是為叫你們受安慰；這安慰足以能使你們堅忍那與我所受的同樣苦難。為此，我們對你們所懷有的希望是堅定不移的，因為我們知道：你們怎樣分受了痛苦，也要怎樣同享安慰。」

「弟兄們！我們深願你們知道，我們在亞細亞所受的磨難：我們受到了非人力所能忍受的重壓，甚至連活的希望也沒有了；而且我們自己也認為必死無疑，這是為叫我們不要倚靠自己，而只倚靠那使死人復活的天主。他由這樣多的死亡危險中救援了我們，而今仍在施救，我們切望將來還要施救，只要你們以祈禱協助我們；這樣，因為有許多人為我們求得恩賜，好使將來也有許多人替我們感恩。」（格林多後書 第一章第三－十一節）

耶穌基督在最後晚餐中，曾許給宗徒們，要派安慰的聖神來安慰宗徒們，聖神降臨節那天，聖神降臨到宗徒們心中，他們心裏一團熱火，興高彩烈地出去傳道，歡欣地爲基督受苦。

每個人的一生裏，憂悶苦痛的時候，一定有可多可少，雖然有父母的安慰，夫妻的安慰，朋友的安慰，總不能解除心中的傷痛。天主聖神可以進入心中，以天主的愛，安慰我們，安定我們的憂慮，提高我們的勇氣，明瞭痛苦的意義，在天主的愛中，我們的痛苦溶化爲答謝天主的愛。

聖神施恩

「神恩雖有區別，卻是同一的聖神所賜；職分雖有區別，卻是同一的主所賜；功效雖有區別，卻是同一的天主，在一切人身上行一切事。聖神顯示在每人身上雖不同，但全是為人的好處。這人從聖神蒙受了智慧的言語，另一人卻由同一聖神蒙受了知識的言語；有人在同一聖神內蒙受了信心，另有人由同一聖神內卻蒙受了治病的奇恩；有的能行奇蹟，有的能說先知話，有的能辨別神恩，有的能說各種語言，有的能解釋語言；可是，這一切都是這唯一而同一的聖神所行的，隨他的心願，個別分配與人。」（格林多前書　第十二章第四－十一節）

天主聖神爲天主三位中的第三位，代表天主的愛，天主的能力，基督升天以後，派遣聖神在教會中啓發、引導、鼓勵、支持，各項救贖的工作。教會聖統制的工作，由聖神主動，平信徒教友的宗教生活也由聖神支配。

救贖的工作有公開的，有私人的；有公開制度化的，有臨時非常的。在通常的情況下，公開的救贖工作，都有已定的制度，但是聖神很自由地臨時啓發一種非常的工作，例如創立一種新組織，制定一種新的傳道方式，或者一件非常的恩惠，例如說先知的預言，說人不懂的各種語言，或醫治病人。但是這些非常的恩惠，一定不會擾亂教會秩序，受聖統制的紀律；因爲都是同一聖神的作爲。

聖神的恩惠，完全由聖神自由施給，任何人也絕對不能說自己具有這種恩惠，沒有人能夠號稱自己是祈禱治病的人，也沒有人能夠自認是祈禱說方言的人。

靠主神力

「力量來自天主　但我們是在瓦器中存有這寶貝，為彰顯那卓著的力量是屬於天主，並非出於我們。我們在各方面受了磨難，卻沒有被困住；絕了路，卻沒有絕望；被迫害，卻沒有被棄捨；被打倒，卻沒有喪亡；身上時常帶著耶穌的死狀，為使耶穌的生活也彰顯在我們身上。的確，我們這些活著的人，時常為耶穌的緣故被交於死亡，為使耶穌的生活也彰顯在我們有死的肉身上。這樣看來，死亡施展在我們身上，生活卻施展在你們身上。」（格林多後書　第四章第七—十二節）

辦教育的人，常常鼓勵青年人要有信心，自己相信自己的能力，立定志向，勉力向前走，灰心喪志的人，不能有所成就。

但是我們每人也常感到「心有餘而力不足」，在事業上，另外，在修身上，常是遇到「無可奈何」的心境，自己承認能力實在有限。

聖保祿宗徒一生的遭遇，逆境不斷地連著逆境，似乎常在死亡的危機中生活著。但是他越走越氣旺，越遭難越有希望，他不靠自己，靠天主的神力。

每個人的處境，都有天主聖意的措置；天主給人一種職務，必定給予須要的助祐，我們信仰基督，每天勉力追隨基督，爲走這條路程，天主聖神常協助我們，我們爲盡人世間的職務，天主也不會讓我們無力盡職。我們誠心信賴天主，虛心不自誇張，不求自榮，必能愉快地滿足我們的職責。

舉心向上

「你們既然與基督一同復活了，就該追求天上的事，在那裏有基督坐在天主的右邊。你們該思念天上的事，不該思念地上的事，因為你們已經死了，你們的生命已與基督一同藏在天主內了；當基督，我們的生活顯現時，那時，你們也要與他一同出現在光榮之中。為此，你們要致死屬於地上的肢體，致死淫亂、不潔、邪情、惡慾和無異於偶像崇拜的貪婪，為了這一切，天主的義怒纔降在悖逆之子身上；當你們生活在其中時，你們也曾一度在其中行動過，但是現在你們卻該戒絕這一切。」（哥羅森書 第三章第一—八節）

聖洗使我們死於舊人，同基督復活於新的生命中；新的生命是基督的生命，我們在新的生命，又以基督爲中心，以基督的訓言和誡命作生活規律。

孔子就已經教訓弟子要有義和利的分別，守義不守利，思言行爲要合於倫理正義，而不是祇一心追求金錢名利。基督的信徒，便要想永生和現生，現世的生命，是爲預備永遠的生命；現世的善惡，在永生中要受賞報。

我們的想望，我們的精神要放在高遠的永生，不放在現世目前的利益和享受，這樣心也會安定，不隨著一切遭遇而動亂，基督是我們的救主，我們舉心向祂，祂常來到我的心內，和我們一同走過艱難困苦。

恆常祈禱

「你們要恆心祈禱，在祈禱中要醒寤，要謝恩；同時，也要為我們祈禱，求天主給我們大開傳道之門，好叫我們以宣講基督的奧秘—我就是為此帶上了鎖鏈—好叫我能照我該說的，把這奧秘傳揚出去。與外人來往要有智慧，要把握時機。你們的言談常要溫和，像調和上了鹽，要知道應如何答應每個人。」（哥羅森書　第四章第二—六節）

「我願意男人們在各地舉起聖潔的手祈禱，不應發怒和爭吵；又願意女人們服裝端正，以廉恥和莊重裝飾自己，不要用鬈髮和金飾，或珍珠和極奢華的

服裝，而要以善行裝飾自己，這纔合乎稱為虔敬天主的女人。」（弟茂德前書 第二章 第八—十節）

領洗後的生命，是基督的天主性生命，是同基督一起生活；怎麼可以不常想起基督，想起基督的母親聖瑪利亞呢？想起基督和聖母就問候，感謝，救助，這就是祈禱。

基督爲天主聖子，和聖父同性同體，不能分離。基督在世時，曾常祈禱聖父又曾說祂和聖父要到信徒心中來，基督的信徒怎麼可以不常同基督向聖父祈禱，表示孝愛的心情？這就是祈禱。

我們在生活裏常有困難，心中常有憂慮，我們就要向天父、向基督、向聖母祈禱。基督是我們的中保，聖母是我們的母親，我們有喜歡、有痛苦、有成就、有失敗，都該向聖母，向基督訴說，這就是祈禱。

喜樂於主

「你們在主內應當常常喜樂，我再說：你們應當喜樂！你們的寬仁應當叫眾人知道：主快來了。你們什麼也不要掛慮，只在一切事上，以懇求和祈禱，懷著感謝之心，向天主呈上你們的請求；這樣，天主那超乎各種意想的平安，必要在基督耶穌內固守你們的心思念慮。此外，弟兄們！凡是眞實的，凡是高尚的，凡是正義的，凡是純潔的，凡是可愛的，凡是榮譽的，不管是美德，不管是稱譽；這一切你們都該思念；凡你們在我身上所學得的，所領受的，所聽見的，所看到的；這一切你們都該實行；這樣，賜平安的天主必與你們同在。」（斐里伯書 第四章第四—九節）

信仰基督的生活，是愉快的生活。是喜樂的生活，我們既找到了生命的根源，生命的歸宿，爲什麼不喜歡？我們知道天父如同父親愛我們，知道基督是救主，時常保祐我們，又知道還有聖母瑪利亞照顧我們，爲什麼還不大快樂？我們的心不在人世的金錢、名位和愛情，而是在取得天父的愛，表現天父的愛，這樣，世物的得失，就不動我們心，我們的心，常可安定，爲什麼不快樂呢？

孔子曾稱讚顏回居陋巷「一簞食，一瓢飲」常常歡樂。道家莊子隳形骸，不要人世的一切享受，自覺自由快樂。佛家出家人，以絕慾爲樂，我們心不放在世物上，心放在天主的愛上，還不能更心安而快樂嗎？

知足常樂

「再者，我在主內非常喜歡，因為你們對我的關心又再次表現出來；你們始終是關心我，只不過缺少表現的機會。我說這話，並不是由於貧乏，因為我已學會了，在所處的環境中常常知足。我也知道受窮，也知道享受；在各樣事上和各種境遇中，或飽飫、或饑餓、或富裕、或貧乏，我都得了秘訣。我賴加強我力量的那位，能應付一切。但是，你們也實在做得好，因為你們分擔了我的困苦。你們斐理伯人也知道：當我在傳福音之初，離開馬其頓時，沒有一個教會在支收的事項上供應過我，惟獨只有你們；就連我在得撒洛尼時，你們不只一次，而且兩次曾給我送來我的急需。我並不是貪求餽贈，我所貪求的，是歸入你們賬內的豐厚的利息。如今我已收到了一切，已富足了；我由厄帕洛狄托收到了你們所送來的芬芳的馨香，天主所悅納中意的祭品，我已滿夠了。我的天主必要以自己的財富，在基督耶穌內，豐富滿足你們的一切需要。願光榮歸於天主，我們的父，至於世世。阿們。」（斐里伯書第四章第十—二十節）

「的確，虔敬是一個獲利的富源，但應有知足的心；因為我們沒有帶什麼到世界上，同樣也不能帶走什麼，只要我們有吃有穿，就當知足。至於那些想望致富的人，卻陷於誘惑，墜入羅網和許多背理有害的慾望中，這慾望叫人沉溺於敗壞和滅亡中，因為貪愛錢財乃萬惡的根源；有些人曾因貪求錢財而離棄了信德，使自己受了許多刺心的痛苦。」（弟茂德前書 第六章第六—十節）

《中庸》第十四章說：「君子素其位而行，不願乎其外，素富貴，行乎富貴，素貧賤，行乎貧賤，……在上位，不陵下，在下位，不援上，……上不怨天下不尤人。」這是儒家教人要有君子的氣量，安於自己的地位，常能知足自樂。

聖保祿更說出自己的心境，在所處的環境中常常知足，知道受窮，知道享受，仰賴天主，知道應付各樣的環境。他知道使用世物，但不爲世物所奴役。追隨基督的人，基督明白教訓神貧的人是有福的，心地純潔的人是有福的，因爲這種人心不在人世的享受，而在爲愛天主受苦、工作。天主聖神必安慰他們。

聖保祿宗徒感謝以財物資助他的教友，稱讚他們作了愛德的善事，有天主的賞報，但是他聲明他的心，不因取得財物而樂。

諸善之源

「我親愛的弟兄們，你們切不要錯誤！一切美好的贈與，一切完善的恩賜，都是從上，從光明之父降下來的，在他內沒有變化或轉動的陰影。他自願用眞理之言生了我們，為使我們成為他所造之物中的初果。」—（雅各伯書 第

一章第十六—十八節）

中國詩人最能欣賞山水的美麗，和自然界的花草蟲魚鳥獸互通情感，寫出感人的詩詞。天主教的聖人，如同聖五傷方濟，更能在山水、花草、蟲魚、鳥獸、日月、星辰的美麗中，欣賞造物主的美妙，作歌讚頌天主。

一切美善，都來自全美全善的天主。

人一生的所有，不是也來自天主嗎？身體四肢，完整美麗，心靈靈活，理智聰明，感情濃厚，這些都是天主所賜，都是天生的，不是人送的。人一生所得的工作成果，一生所有的健康，所有的家庭樂趣，看似是人自己所造，但仍是天主所賜。人自助乃得天助，人若自棄，天主也不扶他。對於這一切好處，人應多謝天主。

不誇主恩

「若必須誇耀——固然無益——我就來說說主的顯現和啓示。我知道有一個在基督內的人，十四年前，被提到三層天上去──或在身內，我不知道，或在身外，我也不知道，惟天主知道──我知道這人──或在身內，或在身外，我不知道，天主知道──他被提到樂園裏去，聽到了不可言傳的話，是人不能說出的。對這樣的人，我要誇耀；但為我自己，除了我的軟弱外，我沒有可誇耀的。其實即使我願意誇耀，我也不算是狂妄，因為我說的是實話；但是我絕口不談，免得有人估計我，超過了他在我身上所見到的，或由我所聽到的。」

「對軟弱的誇耀　免得我因那高超的啟示而過於高舉自己，故此在身體上給了我一根刺，就是撒殫的使者來拳擊我，免得我過於高舉自己。關於這事，我曾三次求主使它脫離我；但主對我說：『有我的恩寵為你夠了，因為我的德能在軟弱中纔全顯出來。』所以我甘心情願誇耀我的軟弱，好叫基督的德能常在我身上。為此，我為基督的緣故，喜歡在軟弱中，在凌辱中，在艱難中，在迫害中，在困苦中，因為我幾時軟弱，正是我有能力的時候。」

「保祿的自誇是出於不得已　我成了狂妄的人，那是你們逼我的。本來我該受你們的褒揚，因為縱然我不算什麼，卻一點也不在那些超等的宗徒以下。」（格林多後書　第十二章第一─十一節）

人得天主的恩惠，有多有少。天主是絕對自主的，要給誰多，就給多，要給誰少，就給少。要揀選誰，就擇選誰，聖保祿教訓信徒說：好比一個陶藝匠，用泥塑成一個人像，或塑一個夜器，隨他的意思去做，做成的陶器不能向他抱怨，爲什麼它是高貴的器皿，我是卑賤的器皿。

每個人所有，都是天主賜的，要心滿意足。按照自己所有，愛敬天主，將來所得天主的賞報，是按各人愛天主的心，不是按各人所有身份和地位。

聖保祿曾得天主的奇恩，親見天國的奇妙，他絕不敢因此自誇，反而自覺軟弱。他在軟弱中，表現天主的大能。

信德成義

「我決不以福音為恥，因為福音正是天主的德能，為使一切有信仰的人獲得救恩，先使猶太人，後使希臘人。因為福音啓示了天主所施行的正義，這正義是源於信德，而又歸於信德，正如經上所載：『義人因信德而生活。』」（羅瑪人書　第一章　第十六——十七節）

受洗者的生活，生活在信德裏，以信德作基礎。

信有天主，信有永生，信有賞罰；信基督爲救主，信教會爲救恩的施與者，信基督在聖體內，信司鐸在告解聖事中有權赦罪，受洗者的生活，按照這些信念去規劃，去實行，受洗者的生活，乃是信德的生活，所以聖經說：「義人因信仰而生活」。

相信天主的賞罰，賞罰且在身後的永生，就不會貪現世的享受，不守天主的規誡。

相信基督救主，赦罪，來到信徒的身中，就會去辦告解聖事，去參與彌撒聖祭，恭領聖體。

人做事，都有理由，都有目的，受洗者做事，做事的理由和目的，都由信德出發，沒有信德，信仰生活就沒有基礎。

望德成功

「我實在以為現時的苦楚，與將來在我們身上要顯示的光榮，是不能較量的，凡受造之物都熱切地等待天主子女的顯揚，因為受造之物被屈伏在敗壞的狀態之下，並不是出於自願，而是出於使它屈伏的那位的決意；但受造之物仍懷有希望，脫離敗壞的控制，得享天主子女的光榮自由。因為我們知道，直到如今，一切受造之物都一同歎息，同受產痛；不但是萬物，就是連我們這已蒙受聖神初果的，也在自己心中嘆息，等待著義子期望的實現，即我們肉身的救贖。因為我們得救，還是在於希望，所希望的若已看見，就不是希望了；那有人還希望所見的事物呢？但我們若希望那未看見的，必須堅忍等待。」（羅瑪人書　第八章第十八節—二十五節）

「可是，親愛的諸位！我們雖這樣說，但對你們，我們確信你們將有更好的表現，更近於救恩；因為天主不是不公義的，甚至於忘掉了你們的善工和愛德，即你們為了他的名，在過去和現在，在服事聖徒的事上所表現的愛德。我們只願你們每一位表現同樣的熱心，以達成你們的希望，一直到底。這樣，你們不但不會懈怠，而且還會效法那些因信德和耐心而繼承恩許的人。」「當天主應許亞巴郎的時候，因為沒有一個比天主大而能指著起誓的，就指著自己起誓說：『我必多多祝福你，使你的後裔繁多。』這樣亞巴郎因耐心等待，而獲得了恩許。人都是指著比自己大的起誓；以起誓作擔保，了結一切爭端。為此天主願意向繼承恩許的人，充分顯示自己不可更改的旨意，就以起誓來自作擔保，好叫我們這些尋求避難所的人，因這兩種不可更改的事——在這些事上天主決不會撒謊——得到一種強有力的鼓勵，去抓住那擺在目前的希望。我們拿這希望，當作靈魂的安全而又堅固的錨，深深地抛入帳幔的內部。作前驅的耶穌已為我們進入那帳幔內部，按照默基瑟德品位做了永遠的大司祭。」（希伯來書 第六章第九—二十節）

一個人活著就是他有希望；若是一點希望都沒有，他就活不如死了。自殺的人，就是沒有希望。

領洗信基督的人，希望同基督生活，希望成爲天主的子女，身後永遠同天主生活。宇宙萬物，原本是天主所造，都歸於天主；但因人類負有原罪，與天主相分離，自然界的萬物，由人使用，祇歸於人而不歸於天主了。聖保祿說自然界的萬物都痛惜被濫用，切望重歸於天主。人類的人，更是人心不安，不知道歸於誰，期望基督降生，救贖人類，人類與天主和好，成爲天主的子女，宇宙重整了秩序，天主和人類重訂了誓誡，稱爲福音新約。

按照新約，領洗者是天主子女，有希望繼承天國的產業。懷著這種希望，也因著這種希望，不怕今世的痛苦，常希望著身後永生。

愛德成聖

「除了彼此相愛外，你們不可再欠人什麼，因為誰愛別人，就滿全了法律。其實『不可奸淫，不可殺人，不可偷盜，不可貪戀。』以及其他任何誡命，都包含在這句話裏：就是『愛你的近人如你自己。』愛不加害於人，所以愛就是法律的滿全。」（羅瑪人書　第十三章第八－十節）

「我若能說人間的語言，和能說天使的語言；但我若沒有愛，我就成了個發聲的鑼，或發響的鈸。我若有先知之恩，又明白一切奧秘和各種知識；我若有全備的信心，甚至能移山；但我若沒有愛，我什麼也不算。我若把我所有的財產全施捨了，我若捨身投火被焚；但我若沒有愛，為我毫無益處。」

「愛是含忍的，愛是慈祥的，愛不嫉妒，不誇張，不自大，不作無禮的事，不求己益，不動怒，不圖謀惡事，不以不義為樂，卻與眞理同樂；凡是包容，凡事相信，凡事盼望，凡事忍耐。」

「愛永存不朽，而先知之恩，終必消失；語言之恩，終必停止，知識之恩，終必消逝。因為我們現在所知道的，只是局部的；我們作先知所講的，也只是局部的；及至那圓滿的一來到，局部的就必要消逝。當我是孩子的時候，說話像孩子，看事像孩子，思想像孩子；幾時我一成了人，就把孩子的事丟棄了。我們現在是藉著鏡子觀看，模糊不清，到那時，就要面對面的觀看了。我現在所認識的，只是局部的，那時我就要全認清了，如同我全被認清一樣。現今存在的有信、望、愛這三樣，但其中最大的是愛。」（格林多前書第十三章第一—十三節）

「因此，我在天父面前屈膝——上天下地的一切家族都是由他而得名——求他依照他豐富的光榮，藉著他的聖神，以大能堅固你們內在的人，並使基督因著你們的信德，住在你們心中，叫你們在愛德上根深蒂固，奠定基礎，為使你們能夠同眾聖徒領悟基督的愛是怎樣的廣、寬、高、深，並知道基督的愛是遠超人所能知的，為叫你們充滿天主的一切富裕。」

「願光榮歸於天主，他能照他在我們身上所發揮的德能，成就一切，遠超我

們所求所想的。願他在教會內並在基督耶穌內，獲享光榮，至於萬世萬代！阿們。」（厄弗所書　第三章第十四—二十一節）

領洗時，聖神賞賜信聖愛三德，這三項善德，爲超性的善德，爲超性的能力，也就是領洗後的新生命，分享基督的天主性生命。基督的天主性生命在信徒身中，就是信望愛三德的活動，三種善德加高，新生命也加高；三德減輕，新生命也減輕。三德消失，新生命也消失。三德中，信德是基礎，望德是目標，愛德是生活。身後面見天主，不須要信德和望德，便祗有愛德。愛德是愛天主和愛人，是同一種愛德，愛天主在萬有之用，同時因愛天主而愛人，且愛天主同時愛人，因人是天主的子女。

天主愛我們的愛，乃是無限的大，無限的深。我的浸溶在天主的愛中，忘掉人世的嫉妒、爭鬥、報復、胸襟廣大、天地萬物都包在心中；同時體驗天主愛心的廣大高深。

光明之子

「因為你們應該清楚知道：不論是犯邪淫的，行不潔的，或是貪婪的——即崇拜偶像的——在基督和天主的國內，都不得承受產業。不要讓任何人以浮言欺騙你們，因為就是為了這些事，天主的忿怒纔降在這些悖逆之子身上。所以你們不要作這些人的同伴。從前你們原是黑暗，但現在你們在主內卻是光明，生活自然要像光明之子一樣；光明所結的果實，就是各種良善、正義和誠實，你們要體察什麼是主所喜悅的；不要參與黑暗無益的作為，反要加以指摘，因為他們暗中所行的事，就是連提起，也是可恥的。凡一切事，一經指摘，便由光顯露出來；因為凡顯露出來的，就成了光明；為此說：『你這睡眠的，醒起來罷！從死者中起來罷！基督必要光照你！』」

「所以你們應細心觀察自己怎樣生活；不要像無知的人，卻要像明智的人；應把握時機，因為這些時日是邪惡的；因此不要作糊塗人，但要曉得什麼是主的旨意。也不要醉酒，醉酒使人淫亂；卻要充滿聖神，以聖詠、詩詞及屬神的歌曲，互相對談，在你們心中歌頌讚美主；為一切事，要因我們的主耶

穌基督的名，時時感謝天主父；又要懷著敬畏基督的心互相順從。」（厄弗所書 第五章第五—二十一節）

「我們由他所聽見，而報傳給你們的，就是這個信息：天主是光，在他內沒有一點黑暗。如果我們說我們與他相通，但仍在黑暗中行走，我們就是說謊，不履行眞理。但如果我們在光中行走。如同他在光中一樣，我們就彼此相通，他聖子耶穌的血就會洗淨我們的各種罪過。」

「如果我們說我們沒有罪過，就是欺騙自己，眞理也不在我們內。但若我們明認我們的罪過，天主既是忠信正義的，必赦免我們的罪過，並洗淨我們的各種不義，如果我們說我們沒有犯過罪，我們就是拿他當說謊者，他的話就不在我們內。」（若望一書 第一章第五—十節）

聖若望宗徒在所著的福音中，開端就說：聖言是生命，生命是人世的光。聖言降生人世，光明進入了人世。基督在福音，告訴我們是天主按照自己肖像所造的，基督捨生補償我們的原罪和本罪，我們要節制肉慾，遵守天主的規誡。

不守福音的訓示，不遵天主的誡律，一心追求人世的名利和色慾，便是在黑暗裏活著，不分善惡，不明是非，自己毀了自己的人格，基督的信徒，不該是這樣的人。

自由平等

「弟兄們，你們蒙召選，是為得到自由；但不要以這自由作為放縱肉慾的藉口，惟要以愛德彼此服事。因為全部法律總括在這句話內：『愛你的近人如你自己。』但如果你們彼此相咬相吞，你們要小心，免得同歸於盡。我告訴你們：你們若隨聖神的引導行事，就決不會去滿足本性的私慾，因為本性的私慾相反聖神的引導，聖神的引導相反本性的私慾；二者互相敵對，致使你們不能行你們所願意的事。但如果你們隨聖神的引導，就不在法律權下。本性私慾的作為是顯而易見的：即淫亂、不潔、放蕩、崇拜偶像、施行邪法、仇恨、競爭、嫉妒、忿怒、爭吵、不睦、分黨、妒恨、【兇殺、】醉酒、宴樂，以及與這些相類似的事。我以前勸戒過你們，如今再說一次：做這種事的人，決不能承受天主的國。然而聖神的效果卻是：仁愛、喜樂、平安、忍耐、良善、溫和、忠信、柔和、節制：關於這樣的事，並沒有法律禁止。凡屬於耶穌基督的人，已把肉身同邪情和私慾釘在十字架上了。如果我們因聖神生活，就應隨從聖神的引導而行事，不要貪圖虛榮，不要彼此挑撥，互相嫉妒。」（迦拉達書 第五章第十三—二十六節）

「你們原已脫去了舊人和他的作為，且穿上了新人，這新人即是照創造他者的肖像而更新，為獲得知識的；在這一點上，已沒有希臘人或猶太人，受割損的或未受割損的，野蠻人、叔提雅人、奴隸、自由人的分別，而只有是一切並在一切內的基督。為此，你們該知天主所揀選的，所愛的聖者，穿上憐憫的心腸、仁慈、謙卑、良善和含忍；如果有人對某人有什麼怨恨的事，要彼此擔待，互相寬恕；就如主怎樣寬恕了你們，你們也要怎樣寬恕人。在這一切以上，尤該有愛德，因為愛德是全德的聯繫。還要叫基督的平安，在你們心中作主；你們所以蒙召存於一個身體內，也是為此，所以你們該有感恩之心。要讓基督的話充分地存在你們內，以各種智慧彼此教導規勸，以聖詠、詩詞和屬神的歌曲在你們心內，懷著感恩之情，歌頌天主。你們無論作什麼，在言語上或在行為上，一切都該因主耶穌的名而作，藉著他感謝天主聖

父。」（哥羅森書 第三章第九－十七節）

在現代的社會裏，大家都講自由平等；受管教的人，子女和學生，要爭自己的權利，不受約束。傳統有階級的，要廢除階級，女子爭權利，和男子平等。這些現象，用得其當，是很合理的。但是社會的自由平等，祇是外面的自由平等，並不能使人的心，取得自由平等。而且若取得不當，用得不當，反而變成不自由，不平等。

聖保祿宗徒說明了人的內心自由平等。內心的自由，是心不受慾情的束縛，不受世物的牽制，心能超出世物以上；基督在福音上就說祂是來給人帶給這種精神的自由。領洗的聖事，使人成爲基督的肢體。肢體的作用，雖有貴賤的不同；但本質上都是一個身體的肢體，沒有高下的等級。同樣，領洗的人，都是基督妙體的肢體，都是天父的子女，沒有種族、階級、貧富、貴賤的分別，大家一律平等，這種自由平等，乃是超性生活的內心自由平等。

五、救恩工作

信而實行

「我親愛的弟兄們，你們要知道：每人都該敏於聽教，遲於發言，遲於動怒，因為人的忿怒，並不成全天主的正義。因此，你們要脫去一切不潔和種種惡習，而以柔順之心，接受那種在你們心裏，而能救你們靈魂的聖言。不過，你們應按這聖言來實行，不要只聽，自己欺騙自己；因為，誰若只聽聖言而不去實行，他就像一個人，對著鏡子照自己生來的面貌，照完以後，就離去，遂即忘卻了自己是什麼樣子。至於那細察賜予自由的完美法律，而又保持不變，不隨聽隨忘，卻實際力行的，這人因他的作為必是有福的。」（雅各伯書 第一章第十九—二十五節）

「我的弟兄們，若有人說自己有信德，卻沒有行為，有什麼益處？難道這信德能救他嗎？假設有弟兄或姐妹赤身露體，且缺少日用糧，即使你們中有人給他們說：『你們平安去罷！穿得暖暖的，吃得飽飽的！』卻不給他們身體所必需的，有什麼益處呢？信德也是這樣：若沒有行為，自身便是死的。」「也許有人說：你有信德，我卻有行為；把你沒有行為的信德指給我看，我便會藉我的行為，叫你看我的信德。你信只有一個天主嗎！你信得對，連魔鬼也信，且怕得打顫。虛浮的人啊！你願意知道信德沒有行為是無用的嗎？我們的祖宗亞巴郎，把他的兒子依撒格獻在祭壇上，不是由於行為而成為義人的嗎？你看他的信德是和他的行為合作，並且這信德由於行為纔得以成全，這就應驗了經上所說的：『亞巴郎相信了天主，因而這事為他便算是正義，』得被稱為『天主的朋友。』你們看，人成義是由於行為，不僅是由於信德。接待使者，從別的路上將他們放走的辣哈布妓女，不也是同樣因行為而成義的嗎？正如身體沒有靈魂是死的，同樣信德沒有行為也是死的。」（雅各伯書 第二章第十四—二十五節）

儒家的修身原則，在於知而必行，知和行要合一，《中庸》書裏講誠；誠是誠實，誠實有兩點：第一點，是內外相合；外面口說的，要同心裏所想的相合；外面身體所行的，要同人性的規律相合，第二點，是知同行相合，行是知的實；知有實，才是誠實的，知沒有力行，便是虛偽的，儒家從孔子，一直教人所知的，要實行。

聖雅各伯（雅格）宗徒爽直指出，信仰沒有實踐，信仰是死的，又像人對著鏡子照自己的像，離開鏡子，像就消失了。信仰乃是生活的基礎，有信仰的人，要按照信仰去生活；若不按信仰而生活豈不是和沒有信仰的人一樣嗎？

勤讀聖經

「然而你要堅持你所學和所信的事，你知道你是由誰學來的。你自幼便通曉了聖經，這聖經能使你憑著那在基督耶穌內的信德，獲得得救的智慧。凡受天主默感所寫的聖經，為教訓、為督責、為矯正、為教導人學正義，都是有益的，好使天主的人成全，適於行各種善工。」（弟茂德後書 第三章第十四—十七節）

「因此，我們認定先知的話，更為確實，對這話你們當十分留神，就如留神在暗中發光的燈，直到天亮，晨星在你們的心中昇起的時候。最主要的，你們應知道經上的一切預言，決不應隨私人的解釋，因為預言從來不是由人的意願而發的，而是由天主所派遣的聖人，在聖神推動之下說出來的。」（伯鐸後書 第一章第十九—二十一節）

爲按信仰生活，當然要明瞭自己的信仰，信仰基督的信仰，是在福音中，福音記載了基督的行實，紀錄了基督的教訓。我們按照信仰生活，便要勤讀福音，福音爲新約聖經的第一部份，第二部份是宗徒們的書信，宗徒們在書信裏，訓示了信徒們生活的規則，新約聖經便是我們日常生活的規範。聖經還有舊約聖經，舊約聖經爲先知們代替天主向天主的選民以色列民族，所有的預言，所有的教訓，這些預言和教訓，爲我們新約時代的信徒，也有益處。

誓反教徒曾批評天主教徒不讀聖經，不懂聖經。他們說天主教徒祇有一本要理，以往我們確實有這種缺點，近年來，天主教內讀聖經的風氣很盛了，不僅有小團體讀聖經運動，還有家庭讀聖經運動，實際上我們應每天讀一小段福音。

保持信德

「為此，聖神有話說：『今天你們如果聽從他的聲音，不要再心硬了，像在叛亂之時，像在曠野中試探的那一天；在那裏，你們的祖宗以考驗試探了我，雖然見了我的作為，共四十年之久。所以我厭惡了那一世代，說：他們心中時常迷惑，他們不認識我的道路，所以我在怒中起誓說：他們決不得進入我的安息。』弟兄們！你們要小心，免得你們中有人起背信的惡心，背離生活的天主；反之，只要還有『今天』在，你們要天天互相勸勉，免得你們有人因罪惡的誘惑而硬了心，因為我們已成了有分於基督的人，只要我們保存著起初懷有的信心，堅定不移，直到最後。經上所說：『今天你們如果聽見他的聲音，不要再心硬了，像在叛亂之時，』是誰聽了而起了叛亂呢？豈不是梅瑟從埃及領出來的眾人嗎？四十年之久，天主厭惡了誰呢？不是那些犯了罪，而他們的屍首倒在曠野中的人嗎？他向誰起了誓，不准進入他的安息呢？不是向那些背信的人嗎？於是我們看出：他們不得進入安息，是因了背信的緣故。」（希伯來書　第三章第七—十九節）

「弟茂德啊！要保管所受的寄托，要躲避凡俗的空談，和假冒知識之名的反論。有些人自充有這知識，但終於失落了信德。」（弟茂德前書 第六章第二十—二十一節）

在現在多元的社會中，一切自由，另外是傳播自由，各種思想、各種行爲，馬上傳播到全世界，而且傳到每一個家庭裏，人心又傾向享樂，心裏常求放縱。哲學上反對宗教信仰的學說，在學校和書籍裏傳播。反對倫理道德的思想，特別攻擊天主教的家庭倫理的思想，在報章電視電影上傳播。我們天主教的信徒，無論老少，都受影響，因此，應具有警覺，以免危害自己的信德。對這些學說思想，用《中庸》書裏所說的：「審問之，慎思之，明辨之」（第二十章）多讀聖經，多問神長，多祈禱，使自己的信仰，屹立不搖。

奮鬥競賽

「你們豈不知道在運動場上賽跑的，固然都跑，但只有一個得獎賞嗎？你們也應該這樣跑，好能得到獎賞。凡比武競賽的，在一切事上都有節制；他們只是為得到可朽壞的花冠，而我們卻是為得到不朽壞的花冠。所以我總是這樣跑，不是如同無定向的；我這樣打拳，不是如同打空氣的；我痛擊我身，使它為奴，免得我給別人報捷，自己反而落選。」（格林多前書　第九章第二十四—二十七節）

「凡以前對我有利益的事，我如今為了基督，都看作是損失。不但如此，而且我將一切都看作損失，因為我只以認識我主基督耶穌為至寶；為了他，我自願損失一切，拿一切當廢物，為賺得基督，為結合於他，並非藉我因守法律獲得的正義，而是藉由於信仰基督獲得的正義，即出於天主而本於信義的正義。我只願認識基督和他復活的德能，參與他的苦難，相似他的死，我希望也得到由死者中的復活。」

「這並不是說：我已經達到這目標，或已成為成全的人；我只顧向前跑，看看是否我也能夠奪得，因為基督耶穌已奪得了我。弟兄們！我並不以為我已經奪得，我只顧一件事：即忘盡我背後的，只向在我前面的奔馳，為達到目標，為爭取天主在基督耶穌內召我向上爭奪的獎品。所以，我們凡是成熟的人，都應該懷有這種心情；即使你們另有別種心情，天主也要將這種心情啓示給你們。但是，不拘我們已達到什麼程度，仍應照樣進行。」（斐里伯書第三章 第七—十六節）

人世的生活，好像一仗戰爭，常在奮鬥中，特別在修身的工作，更是一場繼續的鬥爭，理性和慾情對抗，理性節制慾情，慾情淹沒理性，我們內心常覺到這種衝突，爲維持思言行爲合理，必須克制肉慾，克慾的工夫，靠時刻努力，繼續不懈，聖保祿教導我們，眼睛往前看，忘記後面的事；而且眼睛還須看到高，把人世視爲有價值的事物，在基督信仰的光明裏，看作沒有價值的廢物。自己向自己作戰，在修身的路上賽跑，賽到了終點，獲取天主的獎牌。

虔敬操練

「但要在虔敬上操練自己，因為身體的操練益處不多，惟獨虔敬在各方面都有益處，因為有今生與來生的應許。這話是確實的，值得完全接納。我們勞苦奮鬥，正是如此，因為我們已寄望於永生的天主，他是全人類，尤其是信徒們的救主。」—（弟茂德前書　第四章第七—九節）

修身的工夫，好比體操運動，競賽奪獎牌的運動員，每天要作操練，而且還自童年就開始，操賽的舉動非常吃勁，弄得腰痛腿痛。他們不停止，練到越純熟，越要練。聖保祿說運動員是為奪得人世可壞的獎牌，甘願吃苦操練，我們為修身節制慾情，為奪得天上不朽的榮冠，即永生的幸福，難道不要更努力，更不怕吃苦嗎？

我們教會有古老的苦修會，苦修士或苦修女，終生清水素食，長齋苦身，常年守靜默，終身不出門。天主安慰他們、她們，心神安定，長壽保身。還有別的許多修會，雖不同苦修會那麼嚴，但有絕財、絕色、絕意三要，在俗世信徒，基督也教訓遵守規誡。因此，教會有退省的制度，一年中有三天、五天、一週的時間，避居清靜住所，守靜默聽講道，自加反省，以改正一年的過錯，振作精神向前走。

自力操作

「關於弟兄的友愛，不需要給你們寫什麼，因為你們自己由天主受了彼此相愛的教訓。你們對全馬其頓的眾弟兄原已實行了這事；不過，弟兄們，我們勸你們更向前邁進。你們要以過安定的生活，專務己業，親手勞作為光榮，就如我們所吩咐過你們的，好叫你們在外人前來往時有光采，不仰仗任何人。」（得撒洛尼前書 第四章 第九——十二節）

「弟兄們，我們還因我們的主耶穌基督的名，吩咐你們，要遠離一切游手好閒，或不按得自我們的傳授生活的弟兄。你們自己原來知道該怎樣效法我們，因為我們在你們中沒有閑散過，也沒有白吃過人的飯，而是黑夜白日辛苦勤勞地操作，免得加重你們任何人的負擔。這不是因為我們沒有權利，而是為以身作則，給你們立榜樣，叫你們效法我們；並且當我們在你們那裏的時候，早已吩咐過你們：誰若不願意工作，就不應當吃飯，因為我們聽說，你們中有些人游手好閒，什麼也不作，卻好管閒事。我們因主耶穌基督吩咐這樣的人，並勸勉他們安靜工作，吃自己的飯。至於你們，弟兄們，行善總不可懈怠。但是如果有人，不聽從我們書信上的話，應把這人記出，不要與他交際來往，好叫他慚愧；可是不要把他當仇敵看待，但要把他當弟兄規勸。」（得撒洛尼後書　第三章第六—十五節）

孔子一次看見自己的一個門生，白日睡覺，嘆息說：「朽木不可彫也！」一塊壞木頭，不可用來作家具，年青人不操勞，白天睡覺，懶惰，不能有作爲。孔子曾說過這等懶惰人，一天祇吃飯，不作事的人，他若祇弄牌賭博，還算好，通常，他必定要做許多壞事。

信基督的人，必須躲避懶惰，要作好自己的事情，能夠自食其力，聖保祿宗徒當日傳教，白天織地毯，黑夜講道，不用信徒供給伙食。雖然他自認傳教的人，有權讓信徒供養，他卻不用。他所以對遊手好閑的信徒，嚴詞責備，用基督的名義，勸他們安靜工作，吃自己的飯。

基督的信徒，在家庭中、在辦公室、在工廠裏、在學校裏，要表現是盡責的人、是苦幹的人、是可靠的人。

抵抗鬼謀

「你們務要在主內，藉他的能力作堅強的人。要穿上天主的全副武裝，為能抵抗魔鬼的陰謀，……所以，要站穩！用眞理作帶，束起你們的腰，穿上正義作甲，以和平的福音作準備走路的鞋，穿在腳上；此外，還要拿起信德作盾牌，使你們能以此撲滅惡者的一切尖箭；並戴上救恩當盔，拿著聖神作利劍，即天主的話，時時靠著聖神，以各種祈求和哀禱祈禱；且要醒寤不倦。」（厄弗所書 第六章第十、第十四－十八節）

領洗，原祖赦免了，原祖在人身上的餘毒，即私慾偏情，並沒有消滅。我們爲修身克慾，須常努力，同時，還有魔鬼，專門引誘我們向惡。當然，不能信滿天下都是鬼，但也不能信沒有魔鬼。在福音上記載著，基督開始講道時，在曠野守齋四十晝夜，末後，魔鬼來誘惑祂，基督是天主，魔鬼的力量，不能進入祂心內，祂的思慮情感，常純淨無邪，魔只能藉外形來誘惑祂。先誘基督因飢餓，變石頭爲餅以充飢，再誘祂從聖殿跳下，不受傷害，作秀引人驚奇，最後引祂拜魔鬼作主以取得天下王國，基督三次以天主聖言，迫走魔鬼。

聖保祿宗徒教訓我們抵抗魔鬼，用福音的聖言，用信德的教訓，用聖神的利劍，用祈禱作立腳石，小心謹慎，抵抗鬼謀。

天父懲戒

「你們竟全忘了天主勸你們，好像勸子女的話說：『我兒，不要輕視上主的懲戒，也不要厭惡他的譴責，因為上主懲戒他所愛的，鞭打他所接管的每個兒子。』為接受懲戒，你們應該堅忍，因為天主對待你們，就如對待子女；那有兒子，做父親的不懲戒他呢？如果你們缺少眾人所共受的懲戒，你們就是私生子，而不是兒子。再者，我們肉身的父親懲戒我們時，我們尚且表示敬畏；何況靈性的父親我們不是更該服從，以得生活嗎？其實，肉身的父親只是在短暫的時日內，照他們的心意來施行懲戒，但是天主卻是為了我們的好處，為叫我們分沾他的聖善。固然各種懲戒，在當時似乎不是樂事，而是苦事；可是，以後卻給那些這樣受訓練的人，結出義德的和平果實。為此，你們應該伸直痿弱的手和麻木的膝；你們的腳應履行正直的路，叫瘸子不要偏離正道，反叫他能得痊癒。」（希伯來書 第十二章第五—十三節）

每個人一生裏，常遇許多困難，遭遇許多打擊，有些是自己自作孽造成的，有些人是別人有心或無心造成的，有些是自然界偶然發生的，這些遭遇，無論是那方面來的，都是經過天父許可的。天父，有時爲磨鍊一個人，使他受苦；有時爲加增一個的功績，使他受難；但許多時候，是爲警戒一個人，教他改過。聖保祿說明天主如同父親愛我們，父親爲教訓兒子，當兒子有錯，父親有時懲罰，有時勸告。天父用神長、教師、朋友，勸告我們，有時用苦痛懲罰我們，都是爲我們的好處。我們甘心忍受苦痛，努力改過，必定可得天父的恩惠。

愛德誡命

「如果我們遵守他的命令，由此便知道我們認識他。那說『我認識他，』而不遵守他命令的，是撒謊的人，在他內沒有眞理。但是，誰若遵守他的話，天主的愛在他內纔得以圓滿；由此我們也知道，我們是在他內。那說自己住在他內的，就應當照那一位所行的去行。可愛的諸位，我給你們寫的，不是一條新命令，而是你們從起初領受的舊命令；這舊命令就是你們所聽的道理。另一方面說，我給你們寫的也是一條新命令——就是在他和你們身上成為事實的——因為黑暗正在消逝，眞光已在照耀。誰說自己在光中，而惱恨自己的弟兄，他至今仍是在黑暗中。凡愛自己弟兄的，就是存留在光中，對於他就沒有任何絆腳石；但是惱恨自己弟兄的，就是在黑暗中，且在黑暗中行走，不知道自己往那裏去，因為黑暗弄瞎了他的眼睛。」（若望一書 第二章第三—十一節）

「原來你們從起初所聽的訓令就是：我們應彼此相愛；不可像那屬於惡者和

殺害自己兄弟的加音。加音究竟為什麼殺了他？因為他自己的行為是邪惡的，而他兄弟的行為是正義的。」

「弟兄們，如果世界惱恨你們，不必驚奇。我們知道，我們已出死入出了，因為我們愛弟兄們；那不愛的，就存在死亡內。凡惱恨自己弟兄的，便是殺人的；你們也知道：凡殺人的，便沒有永遠的生命存在他內。我們所以認識了愛，因為那一位為我們捨棄了自己的生命，我們也應當為弟兄們捨棄生命。誰若有今世的財物，看見自己的弟兄有急難，卻對他關閉自己憐憫的心腸，天主的愛怎能存在他內？」

「孩子們，我們愛，不可只用言語，也不可只用口舌，而要用行動和事實。在這一點上我們可以認出，我們是出於眞理的，並且在他面前可以安心；縱然我們的心責備我們，我們還可以安心，因為天主比我們的心大，他原知道一切。可愛的諸位，假使我們的心不責備我們，在天主前便可放心大膽；那麼我們無論求什麼，必由他獲得，因為我們遵守了他的命令，行了他所喜悅的事。他的命令就是叫我們信他的子耶穌基督的名字，並按照他給我們所出的命令，彼此相愛。那遵守他命令的，就住在他內，天主也住在這人內。我們所以知道他住在我們內，是藉他賜給我們的聖神。」（若望一書 第三章第

(十一—二十四節)

耶穌基督在最後晚餐，向宗徒們說：「我給你們一項新的誡命，你們要彼此相愛，如同我愛你們」。聖保祿和聖伯鐸在書信裏也說明，愛德是一切誡命的總綱，聖若望宗徒更說：天主如愛，信天主的人必定要有愛德，愛天主又愛人。這兩種愛德不是兩種，而是一種，即是愛天主之愛德。我們愛天主，因愛天主同時愛人。聖若望宗徒說：人是可看見的，可接觸到。若是你連一個可看見可接觸的人都不愛，怎麼會愛不可見不可接觸的天主呢？

基督的信徒，第一樁該守的誡命，便是愛人。在生活上，一定要表現出來。在家庭裏，在學校裏，在工廠裏，在商店裏，在辦公室裏，對同在一處工作的人，須要有愛人，絕不可故意傷害人。

手足之愛

「我因所賜給我的聖寵，告訴你們每一位：不可把自己估計得太高，而過了份；但應按照天主所分與各人的信德尺度，估計得適中。就如我們在一個身體上有許多肢體，但每個肢體，都有不同的作用；同樣，我們眾人在基督內，也都是一個身體，彼此之間，每個都是肢體。按我們各人所受的聖寵，各有不同的恩賜：如果是說預言，就應與信德相符合；如果是服務，就應用在服務上；如果是教導，就應用在教導上；如果是勸勉，就應用在勸勉上；施與的，應該大方；監督的應該殷勤；行慈善的，應該和顏悅色。」

「愛情不可是虛偽的。你們當厭惡惡事，附和善事。論兄弟之愛，要彼此相親相愛；論尊敬，要彼此爭先。論關懷，不可疏忽；論心神，要熱切；對於主，要衷心事奉。論望德，要喜樂；在困苦中，要忍耐；在祈禱上，要恆心；對聖者的急需，要分擔；對客人，要款待。迫害你們的，要祝福；只可祝福，不可詛咒。應與喜樂的一同喜樂，與哭泣的一同哭泣。彼此要同心合意，不可心高妄想，卻要俯就卑微的人。不可自作聰明。對人不可以惡報惡，對眾人要勉勵行善；如若可能，應盡力與眾人和睦相處。諸位親愛的，你們不可為自己復仇，但應給天主的忿怒留有餘地，因為經上記載：『上主說：復仇是我的事，我必報復。』所以：『如果你的仇人餓了，你要給他飯吃；渴了，應給他水喝，因為你這樣作，是將炭火堆在他頭上。』你不可為惡所勝，反應以善勝惡。」（羅瑪人書　第十二章第三—二十一節）

「你們既因服從眞理，而潔淨了你們的心靈，獲得了眞實無偽的弟兄之愛，就該以赤誠的心，熱切相愛，因為你們原以是賴天主生活而永存的聖言，不是由於能壞的，而是由於不能壞的種子，得重生。」（伯鐸前書　第一章第二十二—二十三節）

愛德的誡命，表現在行爲上，是手足之愛。我們受洗的人，和基督結成一個妙體，我們都是基督妙體的肢體，彼此的關係，便是手和足一般的關係，基督也稱自己是信徒的兄長，我們信徒都是基督的弟兄，我們彼此也都是兄弟。

兄弟之愛，是手足之愛，彼此互相關懷，互相協助，互相容忍。一處本堂的教友，應同視爲一個家庭的兄弟姊妹，彼此互相認識，互相關心。然而實際上，則只在主日彌撒時，同在聖堂參加彌撒，出了聖堂，彼此不相顧問，我們要努力改善這種情況。

「四海之內，皆兄弟也。」《論語》書裏已經就有這句話，就是不相信基督的中國人，也相信大家都是兄弟，彼此要有愛心，何況我們相信基督的人，豈不更要以愛天主之愛愛人嗎？

互相支持

「我們強壯者，該擔待不強壯者的軟弱，不可只求自己的喜悅。我們每人都該求近人的喜悅，使他受益，得以建立，因為連基督也沒有尋求自己的喜悅，如所記載的：『辱罵你者的辱罵，都落在我身上。』其實，凡經上所寫的，都是為教訓我們而寫的，為叫我們因著經典上所教訓的忍耐和安慰，獲得希望。願賜忍耐和安慰的天主，賞賜你們倣效耶穌基督的榜樣，彼此同心合意，好一心一口光榮我們的主耶穌基督的天主和父。為此，你們要為光榮天主而彼此接納，猶如基督也接納了你們一樣。我是要說：基督為了彰顯天主的眞實，成了「割損」的僕役，為實踐向先祖們所賜的恩許，而也使外邦人因天主的憐憫而去光榮天主，正如所記載的：『為此，我要在異民中稱謝你，歌頌你的聖名。』又說：『異民！你們要和他的百姓一同歡樂！』又說：『列國萬民請讚美上主！一切民族，請歌頌他！』依撒意亞又說：『葉瑟的根苗將要出現，要起來統治外邦人；外邦人都要寄望於他。』願賜望德的天主，因著你們的信心，使你們充滿各種喜樂和平安，使你們因著聖神的德能，富於望德。」（羅瑪人書　第十五章第一——十三節）

在目前的社會裏，常講女強人、男強人，常講成功的偉人。其實，無論一個男人或一個女人，能力怎樣大，怎樣高，絕不能單獨一個人成就自己的事業，必定要有別人的協助，強人和偉人，就在於知道善用別人的協助。

我們那一個不感覺到自己的能力實在有限，多次遇到困難，急需人家來幫助，得到了幫助，心中覺到安定，覺得輕鬆。我們用同樣的心情，去體會別人，遇到別人有困難時，我們便慷慨伸手去幫他。幫助別人，也是心中的一種快樂；不是看著人家的感激，乃是覺得自己的生命有活力。而且基督爲幫助我們捨了性命，我們效法基督幫助別人，不是一種快樂嗎？

現在東亞經濟的範圍裏，所謂三條小龍，台灣、南韓、新加坡，都是儒家思想的區域，儒家思想重視家庭，三條小龍的經濟，是家庭經濟，家庭經濟就在於父子兄弟的合作，互相支持。

互相擔待

「你們該如天主所揀選的，所愛的聖者，穿上憐憫的心腸，仁慈，謙卑，良善和含忍；如果有人對某人有什麼怨恨的事，要彼此擔待，互相寬恕；就如主怎樣寬恕了你們，你們也要怎樣寬恕人。」（哥羅森書　第三章第十二—十三節）

「我們強壯者，該擔待不強壯者的軟弱，不可只求自己的喜悅。我們每人都該求近人的喜悅，使他受益，得以建立，因為連基督也沒有尋求自己的喜悅，如所記載的：『辱罵你者的辱罵，都落在我身上。』其實，凡經上所寫的，都是為教訓我們而寫的，為叫我們因著經典上所教訓的忍耐和安慰，獲得希望。願賜忍耐和安慰的天主，賞賜你們做效耶穌基督的榜樣，彼此同心合意，好一心一口光榮我們的主耶穌基督的天主和父。為此，你們要為光榮天主而彼此接納，猶如基督也接納了你們一樣。」（羅瑪人書　第十五章第一—七節）

「弟兄們，我們還請求你們尊敬那些在你們中勞苦，在主內管理你們和勸戒你們的人，為了他們的工作，你們更應本著愛，重視他們；你們要彼此平安相處。弟兄們，我們還勸勉你們：要勸戒閑蕩的，寬慰怯懦的，扶持軟弱的，容忍一切人！要小心：人對人不要以惡報惡，卻要時常彼此勉勵，互相善待，且善待一切人。應常歡樂，不斷祈禱，事事感謝；這就是天主在基督耶穌內對你們所有的旨意。不要消滅神恩，不要輕視先知之恩；但應當考驗一切，好的，應保持；各種壞的，要遠避。」（得撒洛尼前書　第五章第十二—二十二節）

人世的人，除天主而人的耶穌基督和無染原罪的聖母瑪利亞以外，沒有不犯過錯的；這是原罪的餘毒，原罪加強了慾情的誘惑力，昏迷人的理智，又削弱了人抵抗邪惡的力量，一個人在平日的生活裏，大過小過常常出現。聖若望宗徒在書合裏說：一個人說自己沒有罪過，那是撒謊，自己欺騙自己，在人際關係裏，便要彼此互相包涵，互相擔待。同時在天主跟前，我們也都有過，我們求天主寬赦我們的罪過，基督說明天父將照我們怎樣寬恕待人，照樣寬恕我們，若不寬恕別人，天父也就不寬恕我們。

在上的人，知道擔待在下的；在下的人知道擔待在上的。這樣才可以平安相處，以共事爲樂。夫婦互相擔待，愛情可以持久，父母、子女、兄弟互相擔待，天倫之樂，充滿家庭。在社會生活裏，知道擔待別人，隨處可得人心。

互相勸勉

「弟兄們，如果見一個人陷於某種過犯，你們既是屬神的人，就該以柔和的心神矯正他；但你們自己要小心，免得也陷入誘惑。你們應彼此協助背負重擔，這樣，你們就滿全了基督的法律。人本來不算什麼，若自以為算什麼，就是欺騙自己。各人只該考驗自己的行為，這樣，對自己也許有可誇耀之處

，但不是對別人誇耀，因為各人要背負自己的重擔。學習眞道的，應讓教師分享自己的一切財物。」（迦拉達書　第六章第一—五節）

「我的弟兄們，你們中間誰若迷失了眞理，而有人引他回頭，該知道，那引罪人從迷途回頭的人，必救自己的靈魂免於死亡，並遮蓋許多罪過。」（雅各伯書　第五章第十九—二十節）

中國人在傳統上，最重友誼，友誼的益處，在於互相勸勉，孔子曾說：「益者三友，友直，友諒，友多聞。」這三種朋友，能夠互相勸勉。

人小時，有父母規勸，有師長教導，大了以後，就須要有朋友直爽地互相勸勉。

向別人或朋友說好聽話，容易說，但是孔子說：「巧言令色，鮮矣仁」（學而）說好話奉承人，不是真正的好話，直爽地指正人的過錯，才是「金石玉言」。不過這話的確很難說，而且必須有很好條件。基督教訓我們不要看不見自己眼中的大樑，卻教別人拔出眼中的木屑。自己要正，才能正別人。再要不在盛怒之下，去指責人，否則，不是勸人，不是罵人，招人怨恨。勸勉別人，必要有愛心，爲愛天主而愛人。

共同祈禱

「首先我勸導眾人，要為一切人懇求、祈禱、轉求和謝恩，並為眾君王和一切有權位的人，為叫我們能以全心的虔敬和端莊，度寧靜平安的生活。這原是美好的，並在我們的救主天主面前是蒙受悅納的，因為他願意所有的人都得救，並得以認識眞理，因為天主只有一個，在天主與人之間的中保也只有一個，就是降生成人的基督耶穌，他奉獻了自己，為眾人作贖價：這事在所規定的時期已被證實，而我也是為了這事，被立為宣道者和宗徒—我說的是實話並非說謊—在信仰和眞理上，做了外邦人的教師。」

「我願意男人們在各地舉起聖潔的手祈禱，不應發怒和爭吵；又願意女人們服裝端正，以廉恥和莊重裝飾自己，不要用鬈髮和金飾，或珍珠和極奢華的服裝，而要以善行裝飾自己，這纔合乎稱為虔敬天主的女人。」（弟茂德前書 第二章第一—十節）

祈禱爲我們生活的共融，在祈禱中，我們和天父交融，和基督、和聖父同融，同時，我們一起祈禱的人，又互相共融。祈禱是愛天主愛人的最好表現。

我們愛天父，愛救主基督，愛聖母，我們便要同天父，同基督，同聖母交談，有若訴苦，有樂同樂，我們常須要幫助，便求，得了恩，就感謝；犯了錯，就求寬恕。

我們彼此爲能互相容忍，互相支持，互相溝通，就要緊一起祈禱。在祈禱中，我們體會是同一天父的子女，彼此是弟兄姊妹。在共同祈禱中，有基督在我們中間，連繫我們彼此的心。在家庭中，家庭的祈禱，乃是保持婚姻的愛和父母兒女的情之最好途徑。

謹守口舌

「誰若自以為虔誠，卻不箝制自己的唇舌，反而欺騙自己的心，這人的虔誠便是虛假的。在天主父前，純正無瑕的虔誠，就是看顧患難中的孩兒和寡婦，保持自己不受世俗的玷污。」（雅各伯書 第一章第二十六－二十七節）

「我的弟兄們，你們作教師的人，不要太多，該知道我們作教師的，要受更嚴厲的審判。實在，我們眾人都犯許多過失；誰若在言語上不犯過失，他便是個完人，也必能控制全身。試看，我們把嚼環放在馬嘴裏，就可叫牠們順服我們，調動牠們的全身。又看，船隻雖然很大，又為大風所吹動，只用小小的舵，便會隨掌舵者的意思往前轉動；同樣，舌頭雖然是一個小小的肢體，卻能誇大。看，小小的火，能燃著廣大的樹林！舌頭也像是火，舌頭，這不義的世界，安置在我們的肢體中，玷污全身，由地獄取出火來，燃燒生命的輪子。各類的走獸、飛禽、爬蟲、水族，都可以馴服，且已被人類馴服了；至於舌頭，卻沒有人能夠馴服，且是個不止息的惡物，滿含致死的毒汁。我們用它讚頌上主和父，也用它詛咒那照天主的肖像而受造的人；讚頌與詛咒竟從同一口裏發出！」（雅各伯書 第三章 第一——十節）

在社會的團體裏，最能離間人心分散團結的，莫過於口舌的亂動，聖雅各伯宗徒說，舌頭看來很小，卻像「一星之火，可以燎原」。口蜜腹劍的心，可以害人致死。惡意造謠，誹謗別人的人，可以摧毀別人的事業和前途。左右傳言，造生是非的人，可以解散一個團體。聖雅各伯宗徒所以痛心說：一個人不知道控制自己的舌頭，他的信德是虛假的。信德教訓我們愛人，基督曾說誰駡自己的弟兄爲瘋子，爲蠢材，要受天主的嚴罰。不控制口舌，用口舌傷害別人，便是傷害愛德。

口舌，用來祈禱，唱歌，爲讚頌天父。

勿批評人

「務要在上主面前自謙自卑，他必要舉揚你們。」

「弟兄們，你們不要彼此詆毁，詆毁弟兄或判斷自己弟兄的，就是詆毁法律，判斷法律；若是你判斷法律，你便不是守法者，而是審判者。只有一位是立法者和審判者，就是那能拯救人，也能消滅人的天主；然而你是誰，你竟判斷近人？」（雅各伯書　第四章第十一—十二節）

口舌通常最容易犯的毛病，是批評人。在社會裏，批評人，是日常慣見的事。可是在基督面前，在宗徒們面前，批評人，乃是很不好的過錯，是傷害愛德的罪。因爲一方面，傷害被批評的人；另一方面，是侵犯天主的裁判權。對於人的好壞，祗有天主是裁判者，批評別人的人，自尊爲裁判者，裁判別人的行動，必遭天主的罰。

孔子也曾經說過：看見人的好處，自己勉力去學；看見人的壞處，則自己反省以求不犯。我們要習慣自己反省，多看自己，少看別人。在公事房，在辦公室，多聽，少說話。不批評別人的人，也少愛人家的批評。另外，將受天主的寵愛。

婚姻眞義

「我認為男人不親近女人倒好。可是，為了避免淫亂，男人當各有自己的妻子，女人當各有自己的丈夫。丈夫對妻子該盡他應盡的義務，妻子對丈夫也是如此。妻子對自己的身體沒有主權，而是丈夫有；同樣，丈夫對自己的身體也沒有主權，而是妻子有。你們切不要彼此虧負，除非兩相情願，暫時分房，為事務祈禱；但事後仍要歸到一處，免得撒殫因你們不能節制，而誘惑你們。我說這話，原是出於寬容，並不是出於命令。我本來願意眾人都如同我一樣，可是，每人都有他各自得自天主的恩寵：有人這樣，有人那樣。」「我對那些尚未結婚的人，特別對寡婦說：如果他們能止於現狀，像我一樣，為他們倒好。但若他們節制不住，就讓他們婚嫁，因為與其慾火中燒，倒不如結婚為妙。至於那些已經結婚的，我命令—其實不是我，而是主命令：妻子不可離開丈夫；若是離開了，就應該持身不嫁，或是仍與丈夫和好；丈夫也不可離棄妻子。」（格林多前書 第七章第一—十一節）

天主造了亞當，認爲單獨一個人不好，要給他造一個相稱的伴侶，乃用亞當的肋骨，造了夏娃。亞當看見夏娃，乃說這是他的骨肉，兩人要結成一體。男女乃天主所選，互相結合，互相完成，結成一個完滿的生活。婚姻便是人的圓滿生活，也是人的通常生活。男女，在生理上，在心理上，都有缺點。彼此要互相補滿，而且天主要亞當、夏娃繁殖人類，婚姻就是傳生人類的管道，子女生了以後，需要長期的養育，婚姻的永久性，就是爲滿足這種需要。基督遂聲明：天主所結合的人不能分析，婚姻是不可離開的，所以在教會是一件聖事，有天主的降福。

目前，社會，女子趨向自由，傾向享受，看著婚姻爲鎖鏈，看著子女爲負擔，便主張獨身，主張不生育，這都是違反人性，受傷害的是女子自身。

家庭倫理

「你們作妻子的，應當服從自己的丈夫，如同服從主一樣，因為丈夫是妻子的頭，如同基督是教會的頭，他又是這身體的救主。教會怎樣服從基督，作妻子的也應怎樣事事服從丈夫。你們作丈夫的，應該愛妻子，如同基督愛了教會，並為她捨棄了自己，以水洗，藉言語，來潔淨她，聖化她，好使她在自己面前呈現為一個光耀的教會，沒有瑕疵，沒有皺紋，或其他類似的缺陷；而使她成為聖潔和沒有污點的。作丈夫的也應當如此愛自己的妻子，如同愛自己的身體一樣；那愛自己妻子的，就是愛自己，因為從來沒有人恨過自己的肉身，反而培養撫育它，一如基督之對教會；因為我們都是他身上的肢體。『為此，人應離開自己的父母，依附自己的妻子，二人成為一體。』這奧秘眞是偉大！但是我是指基督和教會説的。總之，你們每人應當各愛自己的妻子，就如愛自己一樣；至於妻子，應該敬重自己的丈夫。」（厄弗所書第五章第二十二—三十三節）

「你們作子女，要在主內聽從你們父母，因為這是理所當然的。『孝敬你的父親和母親—這是附有恩許的第一條誡命—為使你得到幸福，並在地上延年益壽。』你們作父母的，不要惹你們的子女發怒；但要用主的規範和訓誡，教養他們。」（厄弗所書　第六章第一—四節）

現在台灣社會裏，改變最快的，莫過於家庭倫理，夫權和父權，都消失了。夫妻平等，財產分管，妻將不要冠夫姓，不必以夫之住處爲住處。子女有人格尊嚴，可教不可罰。聖保祿書信上所訓示的，不完全不合時代嗎？但是，中國古代哲學有句話：動中有靜，靜中有動，變中有不變，天主的話不變，實行的方式，隨時代環境有所改換。夫婦成婚，結成一體，一體有頭，丈夫象徵頭，在感情上受到尊重。但既是一體，夫婦是平等的，兩人平等營共同生活，生活的方式和次序，由法律、習慣、夫婦意願，去決定。

單身貴族，不是正常的生活方式，單身媽媽，更不合乎倫理。婚姻生活，爲人的正常生活，爲自由或享受而單身，心靈方面受的傷害，可以很深。婚姻天然地爲生子女，女子天然有作母親的傾向。爲避免子女的困擾，不結婚，或結婚不生子女，都是不合於人性，心靈必會感到痛苦，生育子女乃是父母天生的責任，也是對國家民族的責任，但是生子女的數目，可以由父母決定，可以用天然的方法，節制生育。婚姻和家庭，乃是人生的搖籃，人生的堡壘，人生的避風港。基督乃以婚姻爲聖事。

貞德超凡

「論到童身的人，我沒有主的命令，只就我蒙主的仁慈，作為一個忠信的人，說出我的意見：為了現時的急難，依我看來，為人這樣倒好。你有妻子的束縛嗎？不要尋求解脫；你沒有妻子的束縛嗎？不要尋求妻室。但是你若娶妻，你並沒有犯罪；童女若出嫁，也沒有犯罪；不過這等人要遭受肉身上的痛苦，我卻願意你們免受這些痛苦。弟兄們，我給你們說：時限是短促的，今後有妻子的，要像沒有一樣；哭泣的，要像不哭泣的；歡樂的，要像不歡樂的；購買的，要像一無所得的；享用這世界的，要像不享用的，因為這世界的局面正在逝去，我願你們無所掛慮：沒有妻子的，所掛慮的是主的事，想怎樣悅樂主；娶了妻子的，所掛慮的是世俗的事，想怎樣悅樂妻子；這樣他的心就分散了。沒有丈夫的婦女和童女，所掛慮的是主的事，一心使身心聖潔；至於已出嫁的，所掛慮的是世俗的事，想怎樣悅樂丈夫。我說這話，是為你們的益處，並不是要設下圈套陷害你們，而只是為叫你們更齊全，得以不斷地專心事主。」

「若有人以為對自己的童女待的不合宜，怕她過了韶華年齡，而又事在必行，他就可以隨意辦理，讓她們成親，不算犯罪。但是誰若心意堅定，沒有不得已的事，而又能隨自己的意願處置，這樣心裏決定了要保存自己的童女，的確作得好；所以，誰若叫自己的童女出嫁，作得好；誰若不叫她出嫁，作得更好。」

「丈夫活著的時候，妻子是被束縛的；但如果丈夫死了，她便自由了，可以隨意嫁人，只要是在主內的人。可是，按我的意見，如果她仍能這樣守下去，她更為有福：我想我也有天主的聖神。」（格林多前書　第七章第二十五—四十節）

聖保祿宗徒明白地說明，獨身守貞是一種高超的生活，能夠專心事奉天主。我們教會歷代接受聖保祿的訓示，尊重貞德的高貴，要求司鐸必要保守獨身的貞操，一心爲教會服務。各種的男女修會，也要求修士和修女，宣誓不婚。

貞德的高貴，第一、在心靈的純潔；沒有男女愛情的慾情，一心愛天主。第二、在身體的貞潔，免除性慾的動作。第三、在提前度天堂的永生，以靈魂的生活爲主，肉體祗是爲協助靈魂工作，基督明白地說明，獨身守貞的生活，不是人人都可以的，祗是那些得有天主特選的人，才能夠因爲須要天主特別的助祐。

現在社會有提倡獨身的人，男不婚，女不嫁，因爲他們和她們認爲結婚是鎖鏈，是包袱，他們要自由作單身貴族，實際上，守貞，他們和她們都不守，心中常空洞不同，生活不能幸福，違反人性。

切戒淫亂

「『凡事我都可行，』但不全有益；『凡事我都可行，』但我卻不受任何事物的管制。『食物是為肚腹，肚腹是為食物，』但天主把這兩樣都要廢棄；人的身體不是為淫亂，而是為主，主也是為身體。天主既使主復活了，他也要以自己的能力使我們復活。你們不知道你們的身體是基督的肢體嗎？我豈可拿基督的肢體作為娼妓的肢體？斷乎不可！你們豈不知道那與娼妓結合的，便是與她成為一體嗎？因為經上說：『兩人成為一體。』但那與主結合的，便是與他成為一神。你們務要遠離邪淫。人無論犯的是什麼罪，都是在身體以外；但是，那犯邪淫的，卻是冒犯自己的身體。難道你們不知道，你們的身體是聖神的宮殿，這聖神是你們由天主而得的，住在你們內，而你們已不是屬於自己的了嗎？你們原是用高價買來的，所以務要用你們的身體光榮天主。」（格林多前書　第六章第十二—二十節）

「所以弟兄們！我以天主的仁慈請求你們，獻上你們的身體，當作生活、聖潔和悅樂天主的祭品：這纔是你們合理的敬禮。你們不可與此世同化，反而應以更新的心思變化自己，為使你們能辨別什麼是天主的旨意，什麼是善事，什麼是悅樂天主的事，什麼是成全的事。」（羅瑪人書 第十二章第一—二節）

現在社會最重大的一種染污，是淫污，污穢人們的心，人們還以爲樂。聖保祿宗徒在致羅瑪人書裏，指出羅瑪人的敗德，淫罪不堪入目，就像現在社會的淫污「以致他們的女人把順性之用變爲逆性之用；男人也是如此，放棄與女人的順性之用，彼此慾火中變男人和男人行了醜事。」

聖保祿嚴厲地指責淫亂，因爲人犯別的罪，是在身體以外，犯邪淫，則是污了自己的身體；而身體則是聖神的宮殿。世界末日，身體要復活，淫污的身體，將是可羞恥的身體。

現在大談性教育，在性教育裏，要鄭重、要懇切，教導青年人尊重自己的身體，愛惜心靈的純潔，說明性行爲祇是婚姻的行爲。

勿愛世俗

「你們不要愛世界，也不要愛世界上的事；誰若愛世界，天父的愛就不在他內。原來世界上的一切：肉身的貪慾，眼目的貪慾，以及人生的驕奢，都不是出於，父而是出於世界。這世界和它的貪慾，都要過去。但那履行天主旨意的，卻永遠存在。」（若望一書 第二章第十五—十七節）

「今後為那些在基督耶穌內的人，已無罪可定，因為在基督耶穌內賜與生命之神的法律，已使我獲得自由，脫離了罪惡與死亡的法律。法律因了肉性的軟弱所不能行的，天主卻行了：他派遣了自己的兒子，帶著罪惡肉身的形狀，當作贖罪祭，在這肉身上定了罪惡的罪案，為使法律所要求的正義，成全在我們今後不隨從肉性，而隨從聖神生活的人身上。因為隨從肉性的人，切望肉性的事；隨從聖神的人，切望聖神的事；隨肉性的切望，導入死亡；隨聖神的切望，導入生命與平安。因為隨肉性的切望，是與天主為敵，決不服從，也決不能服從天主的法律；凡隨從肉性的人，決不能得主的歡心。至於你們，你們已不屬於肉性，而是屬於聖神，只要天主的聖神住在你們內。誰若沒有基督的聖神，誰就不屬於基督。如果基督在你們內，身體固然因罪惡而死亡，但神魂卻賴正義而生活。再者，如果那使耶穌從死者中復活者的聖神住在你們內，那麼，那使基督從死者中復活的，也必要藉那住在你們內的聖神使你們有死的身體復活。」（羅馬人書 第八章第一—十一節）

宗徒們懇切勸戒我們要謹守基督的訓言：一個人不能事奉兩個主人，不能事奉天主又事奉金錢。宗徒們常以精神和肉體代表兩個主人；但是今天更好用基督的訓言，以天主和金錢代表兩個主人，或兩個世界。

孔子曾經以義和利代表兩個主人，君子好義，小人好利，義是從天主來的，好義就要遵守天主的規誡，潔身自好。利就是金錢；現代人愛錢，因爲要身體享受。身體的享受，都是用金錢買來的。宗徒們以肉體代表世俗，也就是世俗人要求享受。享受不當，已經是惡，爲享受，又賺錢不擇手段，更是罪惡。因此，宗徒勸信徒不要愛求身體的享受，不愛求身體的享受，便不會一心求錢。

服從政府

「每人要服從上級有權柄的人，因為沒有權柄不是從天主來的，所有的權柄都是由天主規定的。所以誰反抗權柄，就是反抗天主的規定，而反抗的人就是自取處罰。因為長官為行善的人，不是可怕的：為行惡的人，纔是可怕的，你願意不怕掌權的嗎？你行善罷！那就可由他得到稱讚，因為他是天主的僕役，是為相幫你行善；你若作惡，你就該害怕，因為他不是無故帶劍；他既是天主的僕役，就負責懲罰作惡的人；所以必須服從，不祗是為怕懲罰，而也是為了良心。為此，你們也該完糧，因為他們是天主的差役，是專為盡這義務的。凡人應得的，你們要付清；該給誰完糧，就完糧；該給誰納稅，就納稅；該敬畏的，就敬畏；該尊敬的，就尊敬。」（羅馬人書　第十三章　第一——七節）

「你要提醒人服從執政的官長，聽從命令，準備行各種善事。不要辱罵，不要爭吵，但要謙讓，對眾人表示極其溫和，因為我們從前也是昏愚的，悖逆的，迷途的，受各種貪慾和逸樂所奴役，在邪惡和嫉妒中度日，自己是可憎惡的，又彼此仇恨。但當我們的救主天主的良善，和他對人的慈愛出現時，他救了我們，並不是由於我們本著義德所立的功勞，而是出於他的憐憫，藉著聖神所施行的重生和更新的洗禮，救了我們。這聖神是天主藉我們的救主耶穌基督，豐富地傾注在我們身上的，好使我們因他的恩寵成義，本著希望成為永生的承繼人。」（弟鐸書 第三章第一—七節）

「親愛的！我勸你們作僑民和作旅客的，應戒絕與靈魂作戰的肉慾；在外教人中要常保持良好的品行，好使那些誹謗你們為作惡者的人，因見到你們的善行，而在主眷顧的日子，歸光榮於天主。你們要為主的緣故，服從人立的一切制度：或是服從帝王為最高的元首，或是服從帝王派遣來懲罰作惡者，獎賞行善者的總督，因為這原是天主的旨意，要你們行善，使那些愚蒙無知的人，閉口無言。你們要做自由的人，卻不可做以自由為掩飾邪惡的人，但該做天主的僕人；要尊敬眾人，友愛弟兄，敬畏天主，尊敬君王。」（伯鐸前書 第二章第十一—十七節）

基督訓示信徒：屬於天主的事物，歸於天主，屬於凱撒的事物，歸於凱撒；政治和教會互相分離。

政治和教會，兩者分離，但並不互相脫離；因爲基督的信徒，既是信徒，又是一個國家的國民，並不因信仰基督就脫離人世社會，而是仍舊活在人世的社會裏，仍舊有國民的義務和權利。宗徒們訓示我們，要服從政府，政府是爲謀求國民的現世福利，政府的權力來自天主，因爲國家是天然必須的組織，出自人的本然，但是每個國民沒有治理國家的權，集合全國的人，也不能有治國國家的權，這種權力，來自創造人類的天主。

政府謀求國民現世的福利，政策和法律，應符合天主的倫理規誡，不合時，基督的信徒就不能接受，要表示反對。這種現象常可以發生。但教會不主張用暴力抗爭。

貧富互濟

「就如你們在一切事上，在信德、語言、知識和各種熱情上，並在我們所交於你們的愛情上，超群出眾，這樣也要在這慈善事上超群出眾。我説這話並不是出命，而是藉別人的熱情來試驗你們愛情的眞誠，因為你們知道我們的主耶穌基督的恩賜：他本是富有的，為了你們卻成了貧困的，好使你們因著他的貧困而成為富有的。我在這事上只給你們貢獻意見，因為這樣更適合於你們，因為你們從去年不但已開始實行了，而且還是出於自願。所以如今，請完成你們所實行的事罷！好使你們怎樣甘心情願，也怎樣照所有的予以完成，因為只有要甘心情願在，蒙受悅納是照所有的，不是照所無的。這不是說要使別人輕鬆，叫你們為難；而是說要出於均勻；在現今的時候，你們的富裕彌補了他們的缺乏，好使他們的富裕也彌補你們的缺乏，這樣就有了均勻，正如所記載的：『多收的沒有剩餘，少收的也沒有不足。』」（格林多後書 第八章第七—十五節）

「再一說：小量播種的，也要小量收穫；大量播種的，也要大量收穫。每人照心中所酌量的捐助，不要心痛，也不要勉強，因為『天主愛樂捐的人。』天主能豐厚地賜與你們各種恩惠，使你們在一切事上常十分充足，能多多行各種善事，正如經上記載說：『他博施濟貧，他的仁義永世常存。』那供給播種者種子，而又供給食糧作吃食的，必要供給和增多你們的種子，且使你們仁義的出產增加，叫你們事事富足，以致十分慷慨，致使人因此藉著我們而產生出感謝天主的心情，因為辦這種供應的事，不但補助了聖徒的貧乏，而還可叫許多人多多感謝天主。藉著這次供應的證明，他們必要因你們而明認和服從基督的福音，和你們對他們以及眾人的慷慨捐助，而光榮天主；同時，他們也必因天主在你們身上所賜的鴻恩，而為你們祈禱，而嚮往你們。感謝天主，為他莫可名言的恩賜！」（格林多後書　第九章第六—十五節）

樂善好施，中國人幾千年傳爲美德。目前台灣社會裏，有很多這類美德的善行；經常對殘障的人、對雛妓、對孤苦老人，有救濟的團體；意外天災造成重大禍害，臨時捐款救濟。天主教更是以慈善事業，作爲教會事業的一部份，例如孤兒院、老人院，在台灣，我們教會辦的都很好。

近年來，教會舉辦幾種不是慈善救濟的捐款，而是爲補助經費的捐助，有傳教節捐款，有爲教區的捐款，有爲本堂的捐款，有爲教宗的捐款，有爲聖召的捐款。這些已經成爲每年常有的捐款。這些捐款，也是愛心的行動，是愛教會，愛基督而捐錢。聖保祿宗徒指出，爲愛基督而捐錢，基督還報的愛心更大，基督的還報，花樣很多，最重要的是精神的安慰，人品的提高。

尊重貧人

「我的弟兄們，你們既信仰我們已受光榮的主耶穌基督，就不該按外貌待人。如果有一個人，戴著金戒指，穿著華美的衣服，進入你們的會堂，同時一個衣服骯髒的窮人也進來，你們就專看那穿華美衣服的人，且對他說：『請坐在這邊好位上！』而對那窮人說：『你站在那裏！』或說：『坐在我的腳凳下邊！』這豈不是你們自己立定區別，而按偏邪的心思判斷人嗎？」

「我親愛的弟兄們，請聽！天主不是選了世俗視為貧窮的人，使他們富於信德，並繼承他向愛他的人所預許的國嗎？可是你們，竟侮辱窮人！豈不是富貴人仗勢欺壓你們，親自拉你們上法庭嗎？豈不是他們辱罵你們被稱的美名嗎？的確，如果你們按照經書所說『你應當愛你的近人如你自己』的話，滿了最高的法律，你們便作的對了；但若你們按外貌待人，那就是犯罪，就被法律指證為犯法者，因為誰若遵守全部法律，但只觸犯了一條，就算是全犯了，因為那說了『不可行姦淫』的，也說了『不可殺人。』縱然你不行姦淫，你卻殺人，你仍成了犯法的人。你們要怎樣按照自由的法律受審判，你們

就怎樣説話行事罷！因為對不行憐憫的人，審判時也沒有憐憫；憐憫必得勝審判。」（雅各伯書 第二章第一－十三節）

有錢的人，趾高氣揚，到處受人恭維，沒有錢的人，處處受人輕視。聖雅各伯宗徒對這種社會現象，非常氣憤，尤其對於基督信徒有樣這樣的態度，更嚴詞指責，耶穌基督的八端真福的第一端真福，就是讚美心甘處窮的人。孔子也曾經說：「君子憂道不憂貧」。人的品格不在於身外的金錢財產，而是在於心地純潔，謹守法律，不貪財物。

「神貧的人乃真福」，心不貪，常心滿意足；不看金錢，不患得患失；心常可安定；不追求錢，便不弄法取巧，欺騙他人，可以受人看重，得人信任。沒有錢的窮人，在精神上，則富有全地的人心。

警戒富人

「好！你們富有的人啊，現在哭泣哀號罷！因為你們的災難快來到了。你們的財產腐爛了，你們的衣服被蛀蟲吃了，你們的金銀生了鏽，這鏽要作控告你們的證據，也要像火一樣吞食你們的肉。你們竟為末日積蓄了財寶！看，工人們收割了你們的莊田，你們卻扣留他們的工資，這工資喊冤，收割工人的呼聲，已進入了萬軍上主的耳中。你們在世上奢華宴樂，養肥了你們的心，等候宰殺的日子。你們定了義人的罪，殺害了他，他卻沒有抵抗你們。」（雅各伯書　第五章第一—六節）

「至於今世的富人，你要勸告他們，不要心高氣傲，也不要寄望於無常的財富，惟獨寄望於那將萬物豐富地供給我們享用的天主。又要勸他們行善，在善工上致富，甘心施捨，樂意通財，為自己積蓄良好的根基，以備將來能享受那眞正的生命。」（弟茂德前書　第六章第十七—十九節）

耶穌基督在於神貧的人乃真福也說了，禍哉！富有的人，因為有錢的人進天堂，比駱駝穿過針孔還要難。但又說明，在人是不可能，在天主則不是不可能的事，天主也扶祐不少富貴人家，成聖升天，啓示他們在生時，心不在金錢上，常守著正義；另外慷慨捐款賙濟窮人。在聖人中，有國王和王后，他們治國安民，廣興慈善事業。

宗徒們訓示有錢的信徒，用慈愛的款項，可以掩蓋一切的罪過，因為為愛基督而捐款濟貧，愛基督而又愛人，這種愛人，洗除心靈的罪污。

若沒有愛心，而一心愛錢，為自己肯揮霍，追求享受，肉慾猖狂，淹沒了良智。或者，一心吝嗇，只愛蓄錢創業，心離天主很遠。禍哉！富有的人！事奉金錢，不事奉天主！

忍苦耐勞

「你們切不要錯了，天主是嘲笑不得的：人種什麼，就收什麼。那隨從肉情撒種的，必由肉情收穫敗壞；然而那隨從聖神撒種的，必由聖神收穫永生。所以為此，我們行善不要厭倦；如果不鬆懈，到了適當的時節，必可收穫。所以，我們一有機會，就應向眾人行善，尤其應向有同樣信德的家人。」（迦拉達書 第六章第七—十節）

「所以，我們既有如此眾多如雲的證人，圍繞著我們，就該卸下各種累贅和糾纏人的罪過，以堅忍的心，跑那擺在我們面前的賽程，雙目常注視著信德的創始者和完成者耶穌：他為那擺在他面前的歡樂，輕視了凌辱，忍受了十字架，而今坐在天主寶座的右邊。你們要常想，他所以忍受罪人對他這樣的叛逆，是怕你們灰心喪志。你們與罪惡爭鬥，還沒有抵抗到流血的地步。」（希伯來人書 第十二章第一—四節）

「弟兄們直到主的來臨，應該忍耐。看，農夫多麼忍耐，期待田地裏寶貴的出產，直到獲得時雨和晚雨。你們也該忍耐，堅固你們的心，因為主的來臨已接近了。弟兄們，不要彼此抱怨，免得你們受審判；看，審判者已站在門前。弟兄們，應拿那些曾因上主的名，講話的先知們，作為受苦和忍耐的模範。看，我們稱那些先前堅忍的人，是有福的：約伯的堅忍，你們聽見了；上主賜給他的結局，你們也看見了，因為上主是滿懷憐憫和慈愛的。」（雅各伯書 第五章第七—十一節）

亞當背命以後，天主罰他說「你要勞作流汗，在辛苦中謀生度日」。勞作是原罪的罪罰，大家都不能免，連耶穌基督在世時，也流汗勞作，大家都說祂是木匠的兒子，自己也是木匠。

但是勞作具有很大的正面價值，一個人勞作，自力謀生，顯出自己的能力，自己的人格。爲遵天主的安排，甘心勞作，勞作的辛苦，可以抵償自己的罪，效法基督以勞作爲贖世工程。而且在創世時，天主把宇宙萬物交給人管理，人要經理宇宙，要建造人類生活的文明，這種工作由人去做，工作的價值，是對人類有貢獻。

自謙自卑

「所以，如果你們在基督內獲得了鼓勵，愛的勸勉，聖神的交往，哀憐和同情，你們就應彼此意見一致，同氣相愛，同心合意，思念同樣的事，以滿全我的喜樂。不論做什麼，不從私見，也不求虛榮，只存心謙下，彼此該想自己不如人；各人不可只顧自己的事，也該顧及別人的事。你們該懷有基督耶穌所懷有的心情；他雖具有天主的形體，並沒有以自己與天主同等，為應當把持不捨的，卻使自己空虛，取了奴僕的形體，與人相似，形狀也一見如人；他貶抑自己，聽命至死，且死在十字架上。為此，天主極其舉揚他，賜給了他一個名字，超越其他所有的名字，致使上天、地上和地下的一切，一聽到耶穌的名字，無不屈膝叩拜；一切唇舌無不明認耶穌基督是主，以光榮天主聖父，為此，我可愛的，就如你們常常聽了命，不但我與你們同在的時候，就是如今不在的時候，你們更應該聽命。你們要懷著恐懼戰慄，努力成就你們得救的事，因為是天主在你們內工作，使你們願意，並使你們力行，為成就他的善意。你們做一切事，總不可抱怨，也不可爭論，好使你們成為無可指摘和純潔的，在乖僻敗壞的世代中，做天主無瑕的子女；在世人中你們應放光明，有如宇宙間的明星，將生命的話顯耀出來，使我到基督的日子，有可自誇的，那我就沒有白跑，也沒有徒勞。即使我應在你們信德的祭祀和供獻上奠我的血，我也喜歡，且與你們眾位一同喜歡。」（斐里伯書 第二章第一—十七節）

《易經》的謙卦，說明天地鬼神和人，都厭惡驕傲的人，喜愛謙遜的人，也降禍驕傲的人，賜福謙遜的人。

耶穌基督多次教訓宗徒，要變成小孩一樣，自己知道很小，不敢裝大人。又教訓他們，誰要在上，就要替在下的人服務，像祂自己降生成人，不是爲受人服事，而是爲服侍別人，還要爲別人捨掉生命。在最後晚餐，爲給宗徒一個榜樣，祂親自爲宗徒們洗腳。

聖保祿特別舉出耶穌基督自謙的善表，以天主聖子的尊高，自願降世成人，成一個貧窮的人，而且自願被冤枉成爲罪犯，被釘在十字架上，我們人，有甚麼可以自誇的？還不是內心都有罪過嗎？所有才能不是天主賜的嗎？好好地認清自己的身份，追隨基督，甘心走在別人後。

以苦贖罪

「請你們回想回想先前的時日，那時你們纔蒙光照，就忍受了苦難的嚴厲打擊：一方面，你們當眾受嗤笑、凌辱和磨難，另一方面，你們與這樣受苦的人作了同伴。的確，你們同情了監禁的人，又欣然忍受了你們的財物被搶掠，因為你們知道：你們已獲有更高貴且常存的產業，所以千萬不要喪失那使你們可得大賞報的勇敢信心。原來你們所需要的就是堅忍，為使你們承行天主的旨意，而獲得那所應許的。『因為還有很短的一會兒，要來的那一位，就要來到，決不遲緩。我的義人靠信德而生活，假使他退縮，他必不會中悅我心。』我們並不是那般退縮以致喪亡的人，而是有信德得以保全靈魂的人。」（希伯來書 第十章第三十二—三十九節）

「我們既因信德成義，便是藉我們的主耶穌基督，與天主和好了。藉著耶穌我們得因信德進入了現今所站立的這恩寵中，並因希望分享天主的光榮而歡躍。不但如此，我們連在磨難中也歡躍，因為我們知道：磨難生忍耐，忍耐生老練，老練生望德，望德不叫人蒙羞，因為天主的愛，藉著所賜與我們的聖神，已傾注在我們心中了。當我們還在軟弱的時候，基督就在指定的時期為不虔敬的人死了。為義人死，是罕有的事；為善人或許有敢死的；但是，基督在我們還是罪人的時候，就為我們死了，這證明了天主怎樣愛我們。現在，我們既因他的血而成義，我們更要藉著他脫免天主的義怒，因為，假如我們還在為仇敵的時候，因著他聖子的死得與天主和好了；那麼，在和好之後，我們一定更要因著他的生命得救了。不但如此，我們現今既藉著我們的主耶穌基督獲得了和好，也必藉著他的歡躍於天主。」（羅瑪人書 第五章第

（一一十一節）

耶穌基督要求信徒，要每天背著十字架跟著祂走，基督降生，救贖人類，以吃苦作爲代價；因爲罪惡要有罪罰，基督一生吃苦，最後被釘死在十字架上，代人類向天父認罪，代人類擔受罪罰。我們每個人，爲得基督的救恩，要因基督的名，向天父認罪，又要同基督的痛苦相連，自己吃苦，以償罪罰。因爲我們自己用自己的身份，在天主前是輕微不足道，要連同基督的身份相連，以基督妙體的肢體的身份，則可以得到天父的重顧。

我們現世的痛苦，和基督的痛苦相連，可以降免我們自己的罪罰，同時又表現對天父的愛心，將受到天堂永福的賞報。宗徒們勸我們忍受苦難，歷代的聖人們也都樂意接受磨難；而且還自己加添克苦，長齋苦身，以苦爲福。

以苦為福

「親愛的，你們不要因為在你們中，有試探你們的烈火而驚異，好像遭遇了一件新奇的事；反而要喜歡，因為分受了基督的苦難，這樣好使你們在他光榮顯現的時候，也能歡喜踴躍。如果你們為了基督的名字，受人辱罵，便是有福的，因為光榮的神，即天主的神，就安息在你們身上。惟願你們中誰也不要因做兇手，或強盜，或壞人，或做煽亂的人而受苦。但若因為是基督徒而受苦，就不該以此為恥，反要為這名稱光榮天主，因為時候已經到了，審判必從天主的家開始；如果先從我們開始，那些不信從天主福音者的結局，又將怎樣呢？『如果義人還難以得救，那麼惡人和罪人，要有什麼結果呢？』故此，凡照天主旨意受苦的人，也要把自己的靈魂託付給忠信的造物主，專務行善。」（伯鐸前書 第四章第十二—十九節）

「你們要歡躍，雖然如今你們暫時還該在各種試探中受苦，這是為使你們的信德，得以精煉，比經過火煉而仍易消失的黃金，更有價值，好在耶穌基督

顯現時，堪受稱讚、光榮和尊敬。」（伯鐸前書 第一章第六—七節）

孟子曾經說過：上天要重用一個人時，必定先用痛苦艱難，磨煉他的精神和身體，使他能夠堪當後日的職務。聖伯鐸宗徒訓示信徒們要以苦爲福，因爲受苦，是分擔基督的苦難，同基督一齊受苦，表現對基督的愛心。真金必要經過火煉，把雜亂的物質都燒燬，信德也要經過痛苦的火煉，在痛苦中，信德不動搖，屹立不偏，如同殉道的聖人聖女，不怕苦刑，堅持信德。每一個人，在每一天，都有不順心的事；有時，則遭遇重大的痛心事，或是病苦，或是事業的失敗，或是別人的謀害或是家庭親戚的變故。在這些困難的時節，必須虔誠祈禱，以安定自己的心。心裏有基督，祂是天主，可以全心倚恃祂，度過難關。

天主上智

「啊，天主的富饒、上智和知識，是多麼高深！他的決斷是多麼不可測量！他的道路是多麼不可探察！有誰曾知道上主的心意？或者，有誰曾當過他的顧問？或者，有誰曾先施恩於他，而望他還報呢？因為萬物都出於他，依賴他，而歸於他。願光榮歸於他至於永世！阿們。」（羅瑪人書 第十一章第三十三—三十六節）

在我們生命的每一階段中，我們尋找一點空閒時間，自己反省，心中看看這一段生命的經過，我們必定發現一切有天主上智的安排，成功或失敗，羞辱或光彩，互相連繫，意義相通，中間有上主的措置。另外，若到了老年，反觀一生的經歷，經歷越多，越能看出上主的上智，對自己一生的安排。上主的上智和人的智慧不一樣，上主之智慧，看得遠，看得高，看到永生和天主。若我們把自己的智慧和信德結合一起，就驚訝上主的智慧何等高深！祂引導塵世的，滿身肉慾的人，在各種生活環境中，可以擺脫肉慾的誘惑，終於皈依祂。

勿忝身份

「為此，你們要束上腰，謹守心神；要清醒，要全心希望在耶穌基督顯現時，給你們帶來的恩寵；要做順命的子女，不要符合你們昔日在無知中生活的慾望，但要像那召叫你們的聖者一樣，在一切生活上是聖的，因為經上記載：『你們應是聖的，因為我是聖的。』你們既稱呼那不看情面，而只按每人的作為行審判者為父，就該懷著敬畏，度過你們這旅居的時期。該知道：你們不是用能朽壞的金銀等物，由你們祖傳的虛妄生活中被贖出來的，而是用寶血，即無玷無瑕的羔羊基督的寶血。」（伯鐸前書 第一章第十三—十八節）

做基督的信徒，目的在於獲得救恩，救恩從洗禮開始，受洗的人取得救恩的生命，乃是基督的生命，這種生命在人的靈魂上，繼續成長，聖保祿曾經說剛領洗的人，是個救恩生命的小孩，靠著基督的聖言，基督的體血，養育自己的救恩生命，救恩生命的表現是祈禱，是領取聖事，是遵守十誡，救恩生命的成果，是自己奉獻於天主成為「聖者」，即屬於天主的人。

每一位基督信徒，常要自己反省，自己的生活，是不是救恩生命的生活？自己是不是一位名符其實的基督信徒。若是自己一心在金錢上，若是自己一心追求男女性慾的放蕩，或是祇求自己的利益而不顧他人。自己怎麼可以說是基督的信徒呢？

六、永生幸福

生死觀念

「因為我們知道：如果我們這地上帳棚式的寓所拆毀了，我們必由天主獲得一所房舍，一所非人手所造，而永遠在天上的寓所。誠然，我們在此歎息，因為我們切望套上那屬天上的住所，只要我們還穿著衣服，不是赤裸的。我們在這帳棚裏的人，苦惱歎息，是由於我們不願脱去衣服，而就套上另一層，為使這有死的為生命所吸收。但那安排我們如此的，是天主，是他給我們賜下了聖神作抵押。所以不論怎樣，我們時常放心大膽，因為我們知道，我們幾時住在這肉身內，就是與主遠離——因為我們現今只是憑信德往來，並非憑目睹——我們放心大膽，是為更情願出離肉身，與主同住。為此我們或住在或出離肉身，常專心以討主的喜悅為光榮。因為我們眾人都應出現在基督的審判台前，為使各人藉他肉身所行的，或善或惡，領取相當的報應。」（格

林多後書 第五章第一—十節）

「所以現在和從前一樣，我反而放心大膽，我或生或死，總要叫基督在我身上受頌揚。因為在我看來，生活原是基督，死亡乃是利益。如果生活在肉身內，我還能獲得工作的效果：我現在選擇那一樣，我自己也不知道。我正夾在兩者之間：我渴望求解脫而與基督同在一起：這實在是再好沒有了；但存留在肉身內，對你們卻十分重要。我確信不疑：我知道我必要存留，且必要為你們眾人存留於世，為使你們在信德上，得到進展和喜樂，並使你們因著我再來到你們中，同我在基督耶穌內更加歡躍。」（斐里伯書 第一章第二十—二十六節）

「因為我已被奠祭，我離世的時期已經近了。這場好仗，我已打完；這場賽跑，我已跑到終點；這信仰，我已保持了。從今以後，正義的冠冕已為我預備下了，就是主，正義的審判者，到那一日必要賞給我的；不但賞給我，而且也賞給一切愛慕他顯現的人。」（弟茂德後書 第四章第六—八節）

有生必有死；生不是剛生出來的那一刻，而是整個生命的年月；死也不是去世的一刻，而是死後的永生，生和死的道理，在於好好展現世的生命，好好準備身後的永遠生命。

生死是相連的，生從那裏來，死歸到生的來源裏，生命由天主所造，死後生命要歸到天主。生死的道理，就是在現世生命裏，不離開天主，死後便歸到天主；現世犯罪跟天主作對，死後便永遠離開天主，這就是永罰。

在現世的生命，不僅不離開天主，並且和基督的生命，緊緊相結合，一心愛基督而愛天父；如同聖保祿所說，不是自己生活而是基督在他以內生活。他看著死亡，不是死亡，乃是捨棄可朽的身體，靈魂進入天主的光榮生活。

身印十字

「至於我，我只以我們的主耶穌基督的十字架來誇耀，因為藉著基督，世界於我已被釘在十字架上了；我於世界也被釘在十字架上了。其實，割損或不割損都算不得什麼，要緊的是新受造的人。凡以此為規律而行的，願平安與憐憫降在他們身上，即降在天主的新以色列身上！從今以後，我切

願沒有人再煩擾我，因為在我身上我帶有耶穌的烙印。」（迦拉達書 第六章第十四－十七節）

聖保祿宗徒，在達瑪斯各路上，被基督招召以後，全心全力獻身爲宣傳福音，在以色列以外的各民族宣傳基督的救恩，聲明爲得救恩不要經過割損禮，歸屬以色列民族。他宣示自己的新割損禮，乃是基督的十字架，十字架烙印在他身上，到他老年時，他深信自己的生命，已是和基督連同的生命，他爲基督奮鬥，打完了這場勝仗，等著領取基督給他的榮冠。

基督的信徒，要仿效聖保祿的榜樣，雖在身上沒有十字的烙印，但心上必定留有十字的烙印，一生追隨基督，遵守誡命，甘願受苦，克制肉慾。

信仰復活

「弟兄們，關於亡者，我們不願意你們不知道，以免你們憂傷，像其他沒有望德的人一樣。因為我們若是信耶穌死了，也復活了，同樣也必信天主要領那些死於耶穌內的人同他一起來。我們照主的話告訴你們這件事：我們這些活著存留到主來臨時的人，決不會在已死的人以前。因為在發命時，在總領天使吶喊和天主的號聲響時，主要親自由天降來，那些死於基督內的人先要復活，然後我們這些活著還存留的人，同時與他們一起要被提到雲彩上，到空中迎接主：這樣，我們就時常同主在一起。為此，你們要常用這些話彼此安慰。」（得撒洛尼前書　第四章第十三—十八節）

「弟兄們，我指著我在我們的主基督耶穌內，對你們所有的榮耀，起誓說：我是天天冒死的。我若只憑人的動機，當日在厄弗所與野獸搏鬥，為我有什麼益處？如果死人不復活，『我們吃喝罷！明天就要死了。』你們不可為人所誤：『交結惡友必敗壞善行。』你們當徹底醒悟，別再犯罪了。你們中有些人實在不認識天主了；我說這話是為叫你們羞愧。」

「可是有人要說：死人將怎樣復活呢？他們將帶著什麼樣的身體回來呢？糊塗人哪！你所播的種子若不先死了，決不得生出來；並且你所播種的，並不是那將要生出的形體，而是一顆赤裸的籽粒，譬如一顆麥粒，或者別的種粒；但天主隨自己的心意給他一個形體，使每個種子各有各的本體。不是所有的肉體都是同樣的肉體：人體是一樣，獸體又是一樣，鳥體另是一樣，魚體卻又另是一樣。還有天上的物體和地上的物體：天上物體的華麗是一樣，地上物體的華麗又是一樣；太陽的光輝是一樣，月亮的光輝又是一樣，星辰的光輝另是一樣；而且星辰與星辰的光輝又有分別。死人的復活也是這樣：播種的是可朽壞的，復活起來的是不可朽壞的；播種的是可羞辱的，復活起來的是光榮的；播種的是軟弱的，復活起來的是強健的；播種的是屬生靈的身體，復活起來的是屬神的身體；既有屬生靈的身體，也就有屬神的身體。」

「經上也這樣記載說：『第一個人亞當成了生靈，』最後的亞當成了使人生活的神。但屬神的不是在先，而是屬生靈的，然後纔是屬神的。第一個人出於地，屬於土，第二個人出於天。那屬於土的怎樣，凡屬於土的也怎樣；那屬於天上的怎樣，凡屬於天上的也怎樣。我們怎樣帶了那屬於土的肖像，也要怎樣帶那屬於天上的肖像。」

「弟兄們，我告訴你們：肉和血不能承受天主的國，可朽壞的也不能承受不可朽壞的。看，我告訴你們一件奧秘的事：我們眾人不全死亡，但我們眾人卻全要改變，這是在頃刻眨眼之間，在末次吹號筒時發生的。的確，號筒一響，死人必要復活，成為不朽的，我們也必要改變，因為這可朽壞的，必須穿上不可朽壞的；這可死的，必須穿上不可死的。幾時這可朽壞的，穿上了不可朽壞的；這可死的，穿上了不可死的，那時就要應驗經上所記載的這句話：『在勝利中，死亡被吞滅了。』『死亡！你的勝利在那裏？死亡！你的刺在那裏？』死亡的刺就是罪過，罪過的權勢就是法律。感謝天主賜給了我們因我們的主耶穌基督所獲得的勝利。所以，我親愛的弟兄，你們要堅定不移，在主的工程上該時常發憤勉勵，因為你們知道，你們的勤勞在主內決不會落空。」（格林多前書 第十五章第三十一—五十八節）

死亡的陰影，常使人提心弔膽。遇到親人至友的死亡，痛苦破碎自己的心。聖保祿宗徒敦勸信徒們要堅信身體的復活。我們的信經最後兩句，是「我信肉身之復活，我信常生」。基督復活了；基督是我們的頭，我們是祂的肢體，頭既復活了，肢體也要復活。復活而有常生，這是我們的希望，又是我們的安慰，死亡不是毀滅我們的生命，而是改變我們的生命，結束塵世的生命，開啓我們永生的門戶。

老年的人，看著生命的日子逐漸縮短，眼和心，要看到永生，又要看到復活，在基督的生命裏，將有永生，將有復活。

信仰復活，是信仰身體的復活。人死後，身體毀壞，以至於消失。靈魂則仍活著。在世界終窮時，已消失的身體，因天主的萬能，重新聚合肢體，同靈魂重新結合，乃復活有生命。

基督來臨

「弟兄們，至論那時候與日期，不需要給你們寫什麼。你們原確實知道：主的日子要像夜間的盜賊一樣來到。幾時人正說：『平安無事，』那時滅亡會猝然來到他們身上，就像痛苦來到懷孕者身上一樣，決逃脫不了。但是你們，弟兄們，你們不是在黑暗中，以致那日子像盜賊一樣襲擊你們；你們眾人都是光明之子和白日之子；我們不屬於黑夜，也不屬於黑暗。所以我們不當像其他的人一樣貪睡，卻當醒寤清醒，因為人睡覺是黑夜睡覺，喝醉的人是黑夜喝醉；但是我們做白日之子的，應當清醒，穿上信德和愛德作甲，戴上得救的望德作盔，因為天主沒有揀定我們為洩怒，而是藉我們的主耶穌基督為獲得拯救，他為我們死了，為叫我們不論醒寤或睡眠，都同他一起生活。為此，你們應互相安慰，彼此建樹，就如你們所行的。」（得撒洛尼前書　第五章第一—十一節）

「弟兄們，關於我們的主耶穌基督的來臨，和我們聚集到他前的事，我們請求你們，不要因著什麼神恩，或什麼言論，或什麼似乎出於我們的書信，好像說主的日子迫近了，就迅速失去理智，驚慌失措。不要讓人用任何方法欺騙你們，因為在那日子來臨前，必有背叛之事，那無法無天的人，即喪亡之子必先出現。他即是那敵對者，他高舉自己在各種稱為神或崇拜者以上，以致要坐在天主的殿中，宣布自己是神。你們不記得我還在你們那裏時，給你們說過這些事嗎？」（得撒洛尼後書　第二章第一—五節）

「他們故意忘記了：在太古之時，因天主的話，就有了天，也有了由水中出現，並在水中而存在的地；又因天主的話和水，當時的世界為水所淹沒而消滅了；甚至連現有的天地，還是因天主的話得以保存，直存到審判及惡人喪亡的日子，被火焚燒。」

「親愛的諸位，惟有這一件事你們不可忘記：就是在天主前一日如千年，千年如一日。主決不遲延他的應許，有如某些人所想像的；其實是他對你們含忍，不願任何人喪亡，只願眾人回心轉意。可是，主的日子必要如盜賊一樣來到；在那一日，天要轟然過去，所有的原質都要因烈火而溶化，大地及其中所有的工程，也都要被焚毀。」

「這一切既然都要這樣消失，那麼，你們應該怎樣以聖潔和虔敬的態度生活，以等候並催促天主日子的來臨！在這日子上，天要為火所焚毀，所有的原質也要因烈火而溶化；可是，我們卻按照他的應許，等候正義常住在其中的新天新地。為此，親愛的諸位，你們既然等候這一切，就應該勉力，使他見到你們沒有玷污，沒有瑕疵，安然無懼；並應以我們主的容忍當作得救的機會；這也是我們可愛的弟兄保祿，本著賜與他的智慧，曾給你們寫過的；也正如他在談論這些事時，在一切書信內所寫過的。在這些書信內，有些難懂的地方，不學無術和站立不穩的人，便加以曲解，一如曲解其他經典一樣，而自趨喪亡。」

「所以，親愛的諸位，你們既預先知道了這些事，就應該提防，免得為不法之徒的錯謬所誘惑，而由自己的堅固立場跌下來。你們卻要在恩寵及認識我

們的主，和救世者耶穌基督上漸漸增長。願光榮歸於他，從如今直到永遠之日，阿們。」（伯鐸後書 第三章第五－十八節）

人的功過。

基督向宗徒們曾說明祂將再降生人世。再降來時，以天主的威儀降來，審判全人類每個

宗徒們常常講論基督的再臨，勸信徒們潔身自好，能夠安心喜樂地迎接基督。

基督沒有說在甚麼時候再臨，而且說這再臨的時候乃是天父的秘密，連人子都不知道，宗徒們勸信徒們不要聽信謠言，以爲基督快要再臨，引起恐慌。

世界將有終窮的一日，人世的事物都要過去；而且是常在過去，昨天的事，今天已經沒有了，我們不要愛戀這時時過去的事物，而要專心向不變換的天主，預備自己的心，迎候基督再臨。

潔身迎主

「弟兄們！你們要一同效法我，也要注意那些按我們的表樣生活行動的人，因為有許多人，我曾多次對你們說過，如今再含淚對你們說：他們行事為人，是基督十字架的敵人；他們的結局是喪亡，他們的天主是肚腹，以羞辱為光榮，只思念地上的事。至於我們，我們的家鄉原是在天上，我們等待主耶穌基督我們的救主從那裏降來，他必要按他能使一切屈服於他自己的大能，改變我們卑賤的身體，相似他光榮的身體。」（斐里伯書 第三章第十七—二十一節）

耶穌基督在世界終窮的時候，將再度來臨，審判全人類的功過。那次審判，稱爲公審判，在全人類之前，公開每人的賞罰。還有一次私審判，每個人去世，立時要受基督對他一生行爲的審判。耶穌基督在福音裏，多次提醒人要有警戒感。死亡的時間，誰也不知道，基督說像小偷一樣，在人不防備的時候，他來了。我們應該時時謹慎，不要做錯犯罪。聖保祿宗徒懇切訓誡信徒們，不要縱慾飲食，不要一心追求地上的事物，卻要想自己的精神生活，把心超出塵世享受以上，想到天主。在塵世管轄了自己的身體，節制肉慾，死後，靈魂升天，在公審時，身體也要復活，享有光榮。

病人傳油

「你們中間有受苦的嗎？他應該祈禱：有心安神樂的嗎？他應該歌頌。你們中間有患病的嗎？他該請教會的長老們來；他們該為他祈禱，因主的名給他傳油：出於信德的祈禱，必救那病人，主必使他起來；並且如果他犯了罪，也必得蒙赦免。所以你們要彼此告罪，彼此祈禱，為得痊愈。義人懇切的祈禱，大有功效。」（雅各伯書　第五章第十三—十六節）

在人病重，將離開人世，教會爲他施行傳油禮，求天主寬赦他所犯罪過，傳油禮爲教會的一件聖事，聖雅各伯宗徒明白地說明了這件聖事。

病人在臨危以前，神志尚清醒，就應招請神父來傳聖油，同神父一齊唸經祈禱。一生曾用五官，犯了罪過，去世以前悔過求恕，必得天主寬赦，就是病人意志已不清楚，已經昏迷，家中親友，仍然要精神又付油，傳油聖事仍能赦人五官所犯過失。

基督審判

「弟兄們，我們常該為你們感謝天主，這眞是相稱的，因為你們的信德大有進步，你們眾人之間彼此的愛德更為增進，以致我們可在天主的各教會中，為你們誇口，因為你們在所受的一切迫害和磨難中，仍保持了堅忍和信德。這正是天主公義審判的明證，好使你們堪得天主的國，你們也正是為了這國纔受了苦難。既然天主是公義的，必要以苦難報復難為你們的人，卻賞你們受難為的人，同我們一起安寧；主耶穌由天上偕同他大能的天使顯現時，要在火燄中報復那些不認識天主，和不聽從我們的主耶穌福音的人。這些人要受永遠喪亡之罰，遠離主的面，遠離他威能的光榮。當他在那一日降來的時候，要在他的聖徒身上受光榮，在一切信眾身上受讚美。你們也在其中，因為你們確信了我們的證言。為此，我們也為你們祈禱，求我們的天主使你們相稱他的召叫；求他以德能，成全你們各種樂意向善的心，和信德的行為，好使我們的主耶穌基督的名字，在你們內受光榮，你們也在他內，賴我們的天主和主耶穌基督的恩寵受光榮。」（得撒洛尼後書　第一章第三—十二節）

「以後，我看見了一個潔白的大寶座，和坐於其上的那位；地和天都從他面前消失不見了，再也找不到它們的地方了。我又看見死過的人，無論大小，都站在寶座前，案卷就展開了；還有另一本書，即生命冊也展開了，死過的人都按那案卷上所記錄的，照他們的行為受了審判。海洋把其中的死者交出，死亡和陰府都把其中的死者交出，人人都按照自己的行為受了審判。然後死亡和陰府也被投入火坑，這火坑就是第二次死亡。凡是沒有記載在生命冊上的人，就被投入火坑中。」（默示錄　第二十章第十一—十五節）

在社會裏，大家都講正義，政府也力求公正，依法行事，但是社會裏不平的事情多的很；而且，守法的人，正真的人，好心的人，常常受到欺負。說謊枉法的人，作事不擇手段，竟常能事事順利，有錢有勢。我們看到這種現象，不是一個時候的事，而是世世代代常有的事，心裏就要問，公義，究竟還有什麼意思？做好人好事，倒常吃虧，那又何必做呢？耶穌基督答覆我們說，祂要來主持正義，還每個人和每椿事的公道，在世界終窮時祂要聚齊全人類的人，公佈每椿事和每人的賞罰，彰顯人間的正義，公審判所定的賞罰，爲永久的賞罰。

終結歸主

「的確，天主豐厚地把這恩寵傾注在我門身上，賜與我們各種智慧和明達，為使我們知道，他旨意的奧秘，是全照他在愛子內所定的計劃：就是依照他的措施，當時期一滿，就使天上和地上的萬有，總歸於基督元首。我們也是在基督內得作天主的產業，因為我們是由那位按照自己旨意的計劃施行萬事者，早預定了的，為使我們這些首先在默西亞內懷著希望的人，頌揚他的光榮；在基督內你們一定聽到了眞理的話，即你們得救的福音，便信從了，且在他內受了恩許聖神的印證；這聖神就是我們得嗣業的保證，為使天主所置為嗣業的子民，蒙受完全的救贖，為頌揚他的光榮。」（厄弗所書　第一章第八—十四節）

「但是，基督從死者中實在復活了，做了死者的初果。因為死亡即因一人而來，死者的復活也因一人而來；就如在亞當內，眾人都死了，照樣，在基督內，眾人都要復活；不要各人要依照自己的次第：首先是為初果的基督，然後是在基督再來時屬於基督的人，再後纔是結局；那時，基督將消滅一切率領者、一切掌權者和大能者，把自己的王權交於天主父。因為基督必須為王，直到把一切仇敵屈伏在他的腳下。最後被毀滅的仇敵便是死亡；因為天主使萬物都屈伏在他的腳下。既然說萬物都已屈伏了，顯然那使萬物屈伏於他的不在其內。萬物都屈伏於他以後，子自己也要屈伏在那使萬物屈服於自己的，父好叫天主成為萬物之中的萬有。」（格林多前書　第十五章第二十—二十八節）

「同我談話的那位天使拿著金蘆葦測量尺，要測量那城、城門和城牆。城是四方形的，長寬相同。天使同蘆葦測量尺測量了那城，共計一萬二千『斯塔狄，』長、寬、高都相等；又測量了城牆，有一百四十四肘；天使用的，是人的尺寸。城牆是用水蒼玉建造的，城是純金的，好像明淨的玻璃。城牆的基石，是用各種寶石裝飾的：第一座基石是水蒼玉，第二座是藍玉，第三座是玉髓，第四座是翡翠，第五座是赤瑪瑙，第六座是斑瑪瑙，第七座是橄欖石，第八座是綠柱石，第九座是黃玉，第十座是綠玉，第十一座是紫玉，第十二座是紫晶。十二座門是十二種珍珠，每一座門是由一種珍珠造的；城中的街道是純金的，好似透明的玻璃。」

「在城內我沒有看見聖殿，因為上主全能的天主和羔羊就是她的聖殿。那城也不需要太陽和月亮光照，因為有天主的光榮照耀她；羔羊就是她的明燈。萬民都要藉著她的光行走，世上的君王也要把自己的光榮帶到她內。她的門白日總不關閉，因為那裏已沒有黑夜。萬民都要把自己的光榮和財富運到她內。凡不潔淨、行可恥的事及撒謊的，絕對不得進入她內；只有那些記載在羔羊生命冊上的，纔得進入。」

「天使又指示給我一條生命之水的河流，光亮有如水晶，從天主和羔羊的寶座那裏湧出，流在城的街道中央；沿河兩岸，有生命樹，一年結十二次果子，每月結果一次，樹的葉子可治好萬民。一切詛咒不再存在了。天主和羔羊的寶座必在其中，他的眾僕要欽崇他，瞻望他的容貌；他們額上常帶著他的名字。也不再有黑夜了，他們不需要燈光，也不需要日光，因為上主天主要光照他們；他們必要為王，至於無窮之世。」（默示錄 第二十一章第十五—二十七節　第二十二章第一—五節）

天主創造了宇宙萬物，供人們的使用，天主按自己的肖像造了人，彰顯祂的愛心，原祖違命以後，天主派遣聖子，降生人世，救贖人類，更顯示祂的慈愛。天主要人分享祂的永久幸福的生命，召選他們和聖子耶穌的生命相結合，由聖子耶穌進到天主的永久幸福的生命裏，上下都是愛心的交流。世界已經消失了，罪惡的污穢清除了，人和天主在光明的天國裏，享受永福，歌頌天主的慈愛，讚揚天主的美善。人心所渴望的真美善，在天主的光輝中，顯露無遺，永世欣賞，喜樂無涯。

一九九四年十月十八日